28 最新青林法律相談

労災の
法律相談

SEIRIN LEGAL COUNSELING

岩出　誠 ［編集代表］
ロア・ユナイテッド法律事務所 ［編］

青林書院

はしがき

はしがき

　我が国における労働災害の発生件数は，厚生労働省労政審議会安全衛生分科会の平成30年2月「第13次労働災害防止計画」（厚労省より平成30年3月19日に公示）等も指摘しているように，長期的には，死亡災害，死傷災害ともに減少傾向にあります。しかし，未だ毎年900人前後が死亡し，休業4日以上の死傷者も11万人を超えています。

　他方，我が国の自殺の状況をみてみると（「平成30年度・我が国における過労死等の概要及び政府が過労死等の防止のために講じた施策の状況」厚労省HP掲載），自殺者数は，ようやく過労死等防止対策推進法等の諸施策の効果もあり，平成22年以降減少が続き，平成30年は20,840人となっています。一方，自殺者数総数に対する，勤務問題を原因・動機の1つとする自殺者の割合は平成19年以降の推移をみると，おおむね増加傾向にあり，平成30年は9.7％となっています。その中で，業務による心理的負荷を原因とする精神障害についての労災請求件数については（厚労省HP掲載の「平成30年度『過労死等の労災補償状況』参照」），平成12年度においては42件であったものが，平成30年度には1,820件（うち，未遂を含む自殺件数は前年度比21件減の200件）に達するとともに，今後も増加が見込まれる状況にあり，労災支給決定件数は平成17年度の127件から平成30年度の465件へと急増しています。これらは，単に労災認定の問題にとどまらず，企業の健康配慮義務違反による，いわゆる過労自殺などとして，企業に対して高額な賠償が命じられた民事裁判例の急増にも影響しています。自殺に至らないまでも業務に起因する精神疾患の場合の企業に対する損害賠償請求も急増しています。同様の現象は，過重労働に基づく脳・心臓疾患や死亡（過労死）についても多発しています。

　また，粉塵やアスベストや化学物質に起因する災害の労災認定もその範囲の見直しが進むとともに（厚労省「労働基準法施行規則第35条専門検討会　化学物質による疾病に関する分科会」等参照），損害賠償請求も急増しています。

i

はしがき

　以上のほか，労働契約法5条の安全配慮義務の明文化，労働基準法施行規則改正による職業病の例示項目，通勤災害の範囲の拡大等がなされ，さらに，平成30年でも，働き方改革関連法の中で労働安全衛生法の改正が実現されており，企業に課される労働安全衛生法上の健康管理義務はより高度化し，これが，いわゆる労災民事賠償事件の増加の契機となることは否めません。

　かかる状況の中で，本書は，労働災害として認定される補償の種類及び傷病の性質から，業務起因性の認定，損害賠償額の算定，後遺症の認定等，労災の申請から認定，民事賠償訴訟等までの手続を，重要・最新の裁判例などをできる限り盛り込み，解説を加えて，昨今の労災事例の傾向や判決の方向性などを提示しながら，Q&Aの形で簡潔に解説しています。また，労働災害の予防という観点から，使用者による安全配慮義務や従業員の健康管理，メンタルヘルス，企業の防衛策としての労災上積み補償等，労災保険に関する様々な実務上留意すべき論点についても，Q&Aの形で簡潔に詳説しています。

　労災に関して経験の浅い関係者にも参考となるだけでなく，法律実務家にとって，労災関連問題を取り扱う上で，関心のあるテーマについて，Q&Aの形で簡潔にポイントを把握できることはもちろん，社会保険労務士や企業の人事労務担当者等にとっても役立つ1冊となることを目指しています。

　本書が，人事・労務に関係し，あるいは，これに興味のある方々にいささかでもお役に立ち，職場での安全，生命と健康という，根源的な問題につき，企業の発展と従業員の福祉を向上させることに寄与できれば筆者一同の望外の喜びとするところです。

　最後に，本書の企画，刊行全般について，青林書院編集部森敦様，当事務所の担当の吉野麻耶氏をはじめとする皆さんに色々とお骨折りいただいたことに御礼申し上げます。

　　令和元年10月

　　　　　　　　　　　　編集代表
　　　　　　　　　　　　ロア・ユナイテッド法律事務所代表パートナー

　　　　　　　　　　　　　　　弁護士　岩　出　　誠

凡　例

(1)　各設問の冒頭に**Q**として問題文を掲げ，それに対する回答の要旨を**A**でまとめました。具体的な説明は　**解　説**　以下で詳細に行っています。

(2)　判例，裁判例を引用する場合には，本文中に「☆1，☆2……」と注番号を振り，各設問の末尾に　**■判　例■**　として，注番号と対応させて「☆1　最判平23・12・8民集65巻9号3275頁」というように列記しました。なお，判例等の表記については，後掲の「判例・文献関係略語」を用いました。

(3)　文献を引用する場合，及び解説に補足をする場合には，本文中に「＊1，＊2……」と注番号を振り，設問の末尾に　**■注　記■**　として，注番号と対応させて，文献あるいは補足を列記しました。文献は，原則としてフルネームで次のように表記をし，一部の主要な文献については後掲の「判例・文献関係略語」を用いました。

〔例〕著者名『書名』（出版社，刊行年）頁数

　　　編者名編『書名』（出版社，刊行年）頁数〔執筆者名〕

　　　執筆者名「論文タイトル」編者名編『書名』（出版社，刊行年）頁数

　　　執筆者名「論文タイトル」掲載誌○○号／○○巻○○号○○頁

　　　執筆者名・掲載誌○○号／○○巻○○号○○頁

(4)　法令名は，原則として，地の文の引用では正式名称を用いましたが，法令名が長いもので通称があるものについては通称を用いました。カッコ内の引用では後掲の「法令略語」を用いて表しました。

(5)　本文中に引用した判例，裁判例は，巻末の「判例索引」に掲載しました。

(6)　各設問の　**☑キーワード**　に掲げた重要用語は，巻末の「キーワード索引」に掲載しました。

■判例・文献関係略語

最	最高裁判所	決	決定
高	高等裁判所	民集	最高裁判所民事判例集
地	地方裁判所	集民	最高裁判所裁判集民事
支	支部	判時	判例時報
判	判決	判タ	判例タイムズ

凡　例

労経速	労働経済判例速報	労判	労働判例

■法令略語

会社	会社法	労災保	労働者災害補償保険法
行訴	行政事件訴訟法	労災保則	労働者災害補償保険法施行規則
行服	行政不服審査法		
刑	刑法	特別支給則	労働者災害補償保険特別支給金支給規則
国公災	国家公務員災害補償法		
国賠	国家賠償法	労働派遣	労働者派遣事業の適正な運営の確保及び派遣労働者の就業条件の整備等に関する法律
地公災	地方公務員災害補償法		
民執	民事執行法		
民訴	民事訴訟法		
民訴規則	民事訴訟規則	労審	労働審判法
民訴費	民事訴訟費用等に関する法律	労審則	労働審判規則
		労保審査	労働保険審査官及び労働保険審査会法
民調	民事調停法		
民	民法	労保審査令	労働保険審査官及び労働保険審査会法施行令
安衛	労働安全衛生法		
安衛則	労働安全衛生規則	労徴	労働保険の保険料の徴収等に関する法律
労基	労働基準法		
労基則	労働基準法施行規則	労徴規	労働保険の保険料の徴収等に関する法律施行規則
労契	労働契約法		

編集代表・執筆者一覧

■編集代表

岩出　　誠（いわで　まこと）

弁護士　ロア・ユナイテッド法律事務所代表パートナー

《略歴》

昭和44年	都立日比谷高校卒業
昭和48年	千葉大学人文学部法経学科法律専攻卒業
	東京大学大学院法学政治学研究科入学（労働法専攻）
	司法試験合格
昭和50年	同研究科を修了
	司法研修所入所
昭和52年	同所修了
昭和61年	岩出綜合法律事務所を開設
平成 8 年	千葉県女性センター運営委員に就任
平成10年	柏市男女共同参画推進審議会会長就任（～平成14年 3 月）
	東京簡易裁判所調停委員に就任
平成13年	厚生労働省労働政策審議会労働条件分科会公益代表委員に就任（～平成19年 4 月）
	ロア・ユナイテッド法律事務所に改組
平成17年	青山学院大学大学院ビジネス法務専攻講師（労働法）に就任
平成18年	首都大学東京法科大学院講師（労働法），青山学院大学客員教授に各就任（～平成30年 3 月）
平成19年	千葉大学法科大学院講師（労働法）に就任
	人事院職員福祉局補償課精神疾患等認定基準研究会委員に就任
平成20年	千葉大学法科大学院客員教授に就任（～平成29年 3 月）
平成22年	東京地方裁判所調停委員に就任／厚生労働省「外ぼう障害に係る障害等級の見直しに関する専門検討会」専門委員就任
平成30年	明治学院大学客員教授就任

《主な著書》

『注釈労働組合法（上・下）』（共著，有斐閣），『労使関係の法律相談〔第 3 版〕』（共著，有斐閣），『注釈労働時間法』（共著，有斐閣），『注釈労働基準法（上・下）』（共著，有斐閣），『労働法実務大系〔第 2 版〕』（民事法研究会），『実務労働法講義〔第 3 版〕（上・下）』（民事法研究会），『労災民事賠償マニュアル　申請，認定から訴訟まで』（ぎょうせい），『論点・争点　現代労働法〔改訂増補版〕』（編著，民事法研究会），『判例にみる労務トラブル解決のための方法・文例』（編著，中央経済社），『会社と社員の法律相談』（岩出誠ほか編著，学陽書房），『働く人のための法律相談』（編著，青林書院），『改正労働法へ

編集代表・執筆者一覧

の対応と就業規則改訂の実務』（日本法令），『労働事件実務マニュアル』（編著，ぎょうせい），『会社分割における労働契約承継法の実務Q＆A』（共著，日本法令），『雇用機会均等法・育児介護休業法』（共著，中央経済社），『労基法・派遣法の改正点と企業の実務対応』（日本法令），『詳解・労基法改正点と企業実務のすべて』（日本法令），『社員の健康管理と使用者責任』（労働調査会），『人材ビジネスの法務』（編著，第一法規），『職場のトラブル解決の手引き』（共著，日本労働研究機構・改訂），『労働安全衛生法・労災保険法等の改正点と企業の実務対応』（日本法令），『労働契約法・改正労基法の個別的論点整理と企業の実務対応』（日本法令），『労働契約法って何？』（共著，労務行政），『Q＆A労働契約法・パートタイム労働法等の要点』（共著，新日本法規），『変貌する労働と社会システム』（共著，信山社，所収『「過労死・過労自殺」等に対する企業責任と労災上積み補償制度』）ほか多数。

《主な論文》
「従業員の健康管理をめぐる法的諸問題」日本労働研究雑誌441号12頁，「雇用・就職情報誌への法的規制をめぐる諸問題」ジュリスト850号82頁，「脳・心臓疾患等の労災認定基準改正の与える影響」ジュリスト1069号47頁，「パワハラによる自殺と企業の賠償責任」ダイバーシティ21第2号12頁（2010年秋），「派遣元・派遣先に求められる実務対応」（単著，ビジネスロー・ジャーナル平成22年8月29号38頁），「会社分割に伴う労働契約承継手続と同手続違反の効果——日本アイ・ビー・エム事件」旬刊商事法務1915号4頁，「偽装請負的態様で就労中の派遣労働者の過労自殺と企業責任」ジュリスト1414号252頁ほか多数。

■執筆者

岩出　誠（上掲）

中野　博和（なかの　ひろかず）

弁護士　ロア・ユナイテッド法律事務所
《略歴》中央大学法学部卒業，中央大学法科大学院修了。2018年弁護士登録（東京弁護士会）。
《主な著書等》『人材サービスの実務』（共著，第一法規），『労働事件　立証と証拠収集〔改訂版〕』（共著，創耕舎）。

岩野　高明（いわの　たかあき）

弁護士　ロア・ユナイテッド法律事務所
《略歴》茨城県出身。早稲田大学法学部卒業。2007年9月弁護士登録（東京弁護士会）。人事労務分野の訴訟・交渉案件を，使用者側・労働者側を問わず多数手掛けている。
《主な著書等》『労災民事訴訟の実務』（共著，ぎょうせい），『実務解説　労働争訟手続法』（共著，青林書院）『最新整理　働き方改革関連法と省令・ガイドラインの解説』（共著，日本加除出版）。

岩楯めぐみ（いわだて　めぐみ）

特定社会保険労務士　社会保険労務士事務所岩楯人事労務コンサルティング代表
ロア・ユナイテッド法律事務所客員特定社会保険労務士
《主な著書等》『まるわかり労務コンプライアンス』（共著，労務行政），『企業再編・組織再編実践入門』（共著，日本実業出版社），『アルバイト・パートのトラブル相談Q＆A』（共

編集代表・執筆者一覧

著，民事法研究会），『労災民事賠償マニュアル　申請，認定から訴訟まで』（共著，ぎょうせい），『最新整理　働き方改革関連法と省令・ガイドラインの解説』（共著，日本加除出版）ほか。

岩出　　亮（いわで　りょう）

パラリーガル　ロア・ユナイテッド法律事務所

《略歴》法政大学法科大学院法務研究科修了。

《主な著書等》『人材サービスの実務』（共著，第一法規），『労災民事賠償マニュアル　申請，認定から訴訟まで』（共著，ぎょうせい），『メンタルヘルスの法律問題』（共著，青林書院），『Q＆A労働法案務シリーズ7雇用機会均等法・育児介護休業法』（共著，中央経済社）。

髙木　健至（たかぎ　けんじ）

弁護士　ロア・ユナイテッド法律事務所

《略歴》早稲田大学卒業，北海道大学大学院法学研究科法律実務専攻修了。東京弁護士会中小企業法律支援センター委員。東京弁護士会労働法制特別委員会元幹事。

《主な著書等》『実務Q＆Aシリーズ「懲戒処分・解雇」，「募集・採用・内定・入社・試用期間」』（共著，労務行政），『有期契約社員の無期転換制度　実務対応のすべて』（共著，日本加除出版），『労災民事賠償マニュアル　申請，認定から訴訟まで』（共著，ぎょうせい），『人事労務担当者の疑問に答える平成30年改正労働基準法』（共著，第一法規），『最新整理　働き方改革関連法と省令・ガイドラインの解説』（共著，日本加除出版），『新労働事件実務マニュアル〔第4版〕』（共著，ぎょうせい）のほか，「労政時報」「ビジネス法務」等専門誌への寄稿多数。

村木　高志（むらき　たかし）

弁護士　ロア・ユナイテッド法律事務所パートナー

《略歴》早稲田大学法学部卒。2005年弁護士登録（東京弁護士会）。現在，ロア・ユナイテッド法律事務所パートナー。

《主な著書等》『最新整理　働き方改革関連法と省令・ガイドラインの解説』（共著，日本加除出版），『労災民事賠償マニュアル　申請，認定から訴訟まで』（共著，ぎょうせい），『アルバイト・パートのトラブル相談Q＆A』（共著，民事法研究会），『実務Q＆Aシリーズ募集・採用・内定・入社・試用期間』（共著，労務行政）などがある。また，「労政時報」「ビジネスガイド」等専門誌への寄稿多数。

石居　　茜（いしい　あかね）

弁護士　ロア・ユナイテッド法律事務所パートナー

《略歴》2001年同志社大学大学院法学研究科修了。2002年弁護士登録。ロア・ユナイテッド法律事務所勤務。2013年ロア・ユナイテッド法律事務所パートナー弁護士就任。

《主な著書等》『会社と社員の法律相談』（共著，学陽書房），『人材サービスの実務』（共著，第一法規），『論点・争点・現代労働法』（共著，民事法研究会），『Q＆A労働契約法の解説』（共著，ぎょうせい），『労災民事賠償マニュアル　申請，認定から訴訟まで』（共著，ぎょうせい），『人事労務のリスクマネジメント』（共著，民事法研究会），『労働訴訟手続

編集代表・執筆者一覧

法』（共著，青林書院），『労働事件　立証と証拠収集』（共著，創耕舎）などがある。また，「労政時報」「ビジネスガイド」等専門誌への寄稿多数。

織田　康嗣（おだ　やすつぐ）

弁護士　ロア・ユナイテッド法律事務所

《略歴》中央大学法学部卒業，中央大学法科大学院修了。2017年弁護士登録（東京弁護士会）。東京弁護士会労働法制特別委員会幹事。

《主な著書等》『人事労務担当者の疑問に答える平成30年改正労働基準法』（共著，第一法規），『最新整理　働き方改革関連法と省令・ガイドラインの解説』（共著，日本加除出版），『人材サービスの実務』（共著，第一法規），『労働事件　立証と証拠収集』（共著，創耕舎）のほか，「労政時報」等専門誌への寄稿多数。

山﨑　貴広（やまさき　たかひろ）

弁護士　ロア・ユナイテッド法律事務所

《略歴》早稲田大学法学部卒業，早稲田大学法科大学院修了。2017年弁護士登録（東京弁護士会）。東京弁護士会労働法制特別委員会幹事。

《主な著書等》に，『最新整理　働き方改革関連法と省令・ガイドラインの解説』（共著，日本加除出版），『人材サービスの実務』（共著，第一法規），『労働事件　立証と証拠収集〔改訂版〕』（共著，創耕舎）のほか，「ビジネスガイド」等専門誌への寄稿多数。

難波　知子（なんば　ともこ）

弁護士　ロア・ユナイテッド法律事務所

《略歴》首都大学東京社会科学研究科法曹養成専攻修了。2008年弁護士登録（東京弁護士会）。東京都港区法律相談委員。

《主な著書等》『人事労務担当者の疑問に答える平成30年改正労働基準法』（共著，第一法規）『労災民事賠償マニュアル　申請，認定から訴訟まで』（共著，ぎょうせい），『アルバイト・パートのトラブル相談Q＆A』（共著，民事法研究会），『実務Q＆Aシリーズ懲戒処分・解雇』（共著，労務行政）のほか，「労政時報」「ビジネスガイド」等専門誌への寄稿多数。

中村　仁恒（なかむら　よしひさ）

弁護士　ロア・ユナイテッド法律事務所

《略歴》千葉県出身。早稲田大学法学部卒業，早稲田大学法科大学院修了。2015年弁護士登録（東京弁護士会）。

《主な著書等》『人事労務担当者の疑問に答える平成30年改正労働基準法』（共著，第一法規），『労災民事賠償マニュアル　申請，認定から訴訟まで』（共著，ぎょうせい）『有期契約社員の無期転換制度 実務対応のすべて』（共著，日本加除出版），『労働事件　立証と証拠収集』（共著，創耕舎）のほか，専門誌への寄稿多数。

（執筆順，所属・肩書は本書刊行時）

目　次

第 1 章　業務上災害・労災について ———————— *1*

Q 1 ■ 労災から発生する責任類型 ……………………………〔岩出　　誠〕／ *3*
　労働災害が起こった場合の責任にはどのようなものがありますか。

Q 2 ■ 労災民事賠償請求の概要 …………………………………〔岩出　　誠〕／ *8*
　労働災害が起こった場合の民事責任にはどのようなものがありますか。

Q 3 ■ 労働基準法上の補償制度の概要 ……………………………〔岩出　　誠〕／ *11*
　労働災害が起こった場合の労働基準法上の補償制度にはどのようなものがあります
か。

Q 4 ■ 労働安全衛生法・刑法等による刑事責任 ………………〔岩出　　誠〕／ *13*
　労働災害が起こった場合の労働安全衛生法・刑法等による刑事責任はどのように
なっていますか。

Q 5 ■ 労災保険制度の概要 …………………………………………〔岩出　　誠〕／ *16*
　労働災害が起こった場合に適用される労災保険制度とはどのような制度ですか。

第 2 章　業務上認定の基本的な考え――災害性傷病 ——— *23*

Q 6 ■ 業務上外の認定の意義及び一般的認定基準 ……………〔中野　博和〕／ *25*
　労働基準法上の災害補償や労働者災害補償保険法上の保険給付における「業務上」
に該当するか否かはどのような基準で判断されるのですか。

Q 7 ■ 会社主催の社外行事参加時での事故 ……………………〔中野　博和〕／ *28*
　会社主催の宴会やゴルフコンペ等の社外行事の際に怪我をした場合は，「業務上」
の災害として認められますか。

Q 8 ■ 職場での暴力 ……………………………………………………〔中野　博和〕／ *33*
　職場で同僚から殴打されて負傷した場合にも，「業務上」の災害と認められますか。

ix

目　次

Q9 ■ 休憩時間中の災害 ……………………………………〔中野　博和〕／39

職場で休憩時間中に怪我をした場合にも，「業務上」の災害と認められますか。

Q10 ■ 労災保険特別加入者の業務上判断 ……………………〔中野　博和〕／42

中小企業の事業主や個人事業主等の場合，労災保険に加入できないと聞きましたが，一切，労災保険給付を受けることができないのでしょうか。また，労災保険給付の受給をなし得るとしても，通常の労働者の場合と同じ要領で業務上外判断がなされるのでしょうか。

第3章　業務上疾病 ——————————————— 47

Q11 ■ 労災保険の対象となる疾病の範囲 ……………………〔岩野　高明〕／49

労災保険には，適用の対象となる疾病とならない疾病があるのでしょうか。精神疾患についてはどうでしょうか。

Q12 ■ 精神疾患が業務上の疾病と認定されるための条件 …………〔岩野　高明〕／53

うつ病等の精神疾患が労災と認定されるためには，どのような事情が必要でしょうか。

Q13 ■ 長時間労働が原因で精神疾患が発症したと認定される場合

………………………………………………………………〔岩野　高明〕／55

どれくらいの長時間労働があると，これによって精神疾患が発症したと認定されるのでしょうか。

Q14 ■ 過労自殺と労災認定 ………………………………………〔岩野　高明〕／57

過労で自殺をしてしまった場合には，業務上外の判断はどのようにされるのでしょうか。

Q15 ■ 過労死と労災認定 …………………………………………〔岩野　高明〕／60

いわゆる過労死の場合，労災はどのような条件の下で認定されるのでしょうか。

Q16 ■ 不支給決定等に対する不服申立て ……………………〔岩野　高明〕／65

労働者やその遺族が労災申請をしたにもかかわらず，不支給の決定がされた場合に，これに不服を申し立てることはできるのでしょうか。

Q17 ■ 労働基準監督署長等の業務上外認定と裁判所の判断基準

………………………………………………………………〔岩野　高明〕／67

労働基準監督署長による支給・不支給の判断基準や，審査請求・再審査請求に対する審査官等の判断基準は，訴訟でも同じように用いられるのでしょうか。

目　　次

第4章　通勤災害 ─────────────────── 69

Q18 ■ 通勤中の災害の取扱い ······················〔岩野　高明〕／71

　通勤の途中で事故に遭い，負傷してしまった場合も労災保険の給付を受けることができるのでしょうか。単身赴任者が週末に家族のもとへ帰る途中や，仕事を掛け持ちしている者が副業先へ向かう途中に事故に遭った場合はどうでしょうか。

Q19 ■ 帰宅途中の寄り道と通勤災害 ··················〔岩野　高明〕／73

　職場から帰宅するまでの間に，買い物をするために寄り道をした後で事故に遭ってしまった場合でも，通勤災害として扱われるのでしょうか。

Q20 ■ 懇親会等に参加した帰り道での事故と通勤災害 ········〔岩野　高明〕／75

　通常の仕事が終わった後で，会社の懇親会に参加し，帰宅途中で事故に遭った場合には，通勤災害として扱ってもらえるでしょうか。

Q21 ■ 帰宅途中に第三者から暴行を受けた場合と通勤災害 ····〔岩野　高明〕／77

　仕事帰りに電車のホームで他の乗客との間で口論となり，相手方から殴打されて負傷してしまいました。このような負傷も通勤災害として扱ってもらえるのでしょうか。

Q22 ■ 副業先へ向かう途中の事故 ····················〔岩野　高明〕／79

　会社の許可に基づき副業をしています。本業の事業所から副業の事業所へ向かう途中で事故に遭った場合には，通勤災害として扱ってもらえるでしょうか。また，通勤災害に当たるのであれば，どちらの事業所で手続をすることになりますか。

Q23 ■ 自然災害による住居や就業場所の変更と通勤災害 ·······〔岩野　高明〕／80

　地震や津波，台風などの自然災害により，やむを得ず住居や就業場所が変更になった場合の通勤災害の扱いについて教えてください。

第5章　労災保険給付 ─────────────────── 83

Q24 ■ 労災保険給付の一覧 ·························〔岩楯めぐみ〕／85

　労働者が仕事中にケガをしたり，疾病にかかったときに，受けられる労災保険の給付の概要を教えてください。

Q25 ■ 療養補償給付 ····························〔岩楯めぐみ〕／88

　労働者が業務上の事由による傷病により通院する場合，どのような補償を受けることができますか。

目　次

Q26 ▉ 休業補償給付 ……………………………………〔岩楯めぐみ〕／91

　労働者が業務上の事由による傷病の治療のために会社を休む場合，どのような補償を受けることができますか。

Q27 ▉ 傷病補償年金 ……………………………………〔岩楯めぐみ〕／95

　労働者が業務上の事由による傷病について長期にわたって療養が必要になる場合，どのような補償を受けることができますか。

Q28 ▉ 障害補償給付 ……………………………………〔岩楯めぐみ〕／99

　労働者が業務上の事由による傷病が治ったあと障害が残った場合，どのような補償を受けることができますか。

Q29 ▉ 介護補償給付 ……………………………………〔岩楯めぐみ〕／110

　労働者が業務上の事由による傷病により介護が必要になった場合，どのような補償を受けることができますか。

Q30 ▉ 遺族補償給付 ……………………………………〔岩楯めぐみ〕／113

　労働者が業務上の事由で死亡した場合，遺族はどのような補償を受けることができますか。

Q31 ▉ 葬　祭　料 ……………………………………〔岩楯めぐみ〕／121

　労働者が業務上の事由で死亡した場合に受けられる葬祭料の概要を教えてください。

Q32 ▉ 通勤災害の給付 …………………………………〔岩楯めぐみ〕／123

　労働者が通勤途上でケガをしたり，疾病にかかったときに，受けられる労災保険の給付の概要を教えてください。

Q33 ▉ 二次健康診断等給付 ……………………………〔岩楯めぐみ〕／126

　労働者の健康診断の結果によって受けられる二次健康診断等付の概要を教えてください。

Q34 ▉ 社会復帰促進等事業 ……………………………〔岩楯めぐみ〕／129

　労災保険では，被災労働者の社会復帰等の支援も行っていると聞きましたが，その概要を教えてください。

Q35 ▉ 保険給付の支給決定の流れ ………………………〔岩出　　亮〕／134

　仕事中に階段から転落し，1ヵ月間入院生活を送りました。治療費と休職していた期間の補償について，労災申請を行いたいのですが，支給決定までの流れはどのようなものになっているのでしょうか。

Q36 ▉ 保険給付の必要書類 ……………………………〔岩出　　亮〕／140

　夫が業務中に事故で亡くなりました。遺族補償給付（年金）を請求したいと考えていますが，具体的にはどのような書類が必要でしょうか。

xii

目　次

Q37 ▓ 保険給付の支給制限事由 …………………………〔岩出　亮〕／143

　　会社の従業員が営業車で営業中に事故を起こしてしまい，重傷を負ってしまいました。その後，事故の原因は，従業員が運転中にスマートフォンを操作していたことだと判明しました。このような場合であっても，業務災害と認められ，保険給付を受けることができるのでしょうか。

Q38 ▓ 保険給付請求の時効 ………………………………〔岩出　亮〕／147

　　2 年半前にうつ病に罹患し，1 年間会社を休職していました。これまで労災に関する手続はしてきませんでしたが，このうつ病の罹患については，当時の上司によるパワハラが原因で発症したものであると診断されました。このうつ病の罹患によって発生した治療に関する費用と休業補償について，今から療養補償給付や休業補償給付を請求することはできるでしょうか。

第 6 章　労災民事賠償事件 ─────────────── 151

▌第 1 節　法定外補償 ▐

Q39 ▓ 労災保険と損害賠償請求との関係 …………………………〔岩出　誠〕／153

　　労災保険と損害賠償請求とはどのような関係にあるのでしょうか。労災保険給付が出ている場合，使用者が損害賠償を免れるような制度ではないのでしょうか。

Q40 ▓ 労災民事賠償事件の一般的動向 ……………………………〔岩出　誠〕／156

　　労災民事賠償事件の一般的動向はどのような状況でしょうか。

Q41 ▓ 化学物質をめぐる労働安全衛生法の規制強化 ……………〔岩出　誠〕／158

　　化学物質をめぐる労働安全衛生法の規制が強化されたと聞きましたが，具体的にどのような内容なのでしょうか。

Q42 ▓ 化学物質をめぐる労災認定をめぐる紛争の動向 …………〔岩出　誠〕／161

　　化学物質をめぐる労働安全衛生法の規制強化を踏まえて，化学物質をめぐる労災認定をめぐる紛争の動向はどうなっていますか。

Q43 ▓ 化学物質をめぐる民事賠償をめぐる紛争の動向 …………〔岩出　誠〕／163

　　化学物質をめぐる労働安全衛生法の規制強化を踏まえて，化学物質をめぐる民事賠償をめぐる紛争の動向はどうなっていますか。

xiii

目　次

第2節　責 任 論

Q44 ■ 民事損害賠償請求の法的構成 ……………………〔髙木　健至〕／166

　私は，労災事故に遭い，労災保険給付を受けましたが，後遺症が残ってしまい事故前のように働くことができなくなってしまいました。

　労災保険給付では，補償として不十分であり，会社等に対し損害賠償請求を行うことを考えていますが，誰に対し，どのような根拠に基づいて請求すればよいのでしょうか。

Q45 ■ 安全配慮義務 ………………………………………〔髙木　健至〕／172

　私は，建設現場の作業員でしたが，事故に遭い，損害賠償を求めることを検討しています。

　雇い主以外にも損害賠償請求が可能な場合はあるのでしょうか。可能な場合は，どのような要件が必要でしょうか。

　実際に，安全配慮義務違反による債務不履行責任に基づき損害賠償請求をする際には，どのような内容の事実を主張すべきでしょうか。

Q46 ■ 健康配慮義務 ………………………………………〔髙木　健至〕／179

　使用者の負う健康配慮義務はどのような内容でしょうか。
　健康配慮義務と安全配慮義務との関係性はどのように整理すればよいでしょうか。

Q47 ■ 因 果 関 係 ………………………………………〔髙木　健至〕／185

　民事賠償の際の因果関係の考え方，程度について教えてください。

Q48 ■ 安全配慮義務違反の責任主体 …………………………〔髙木　健至〕／189

　建設現場などにおいて，下請従業員が被災した場合，元請企業などの雇用主以外の者が安全配慮義務違反を問われる可能性はあるのでしょうか。

　そのような可能性があるのでしたら，どのような場合に，雇用主以外の者に安全配慮義務違反が問われることになるのでしょうか。

　その場合，下請企業，元請企業間において，賠償に関する責任割合は，どのような内容になると考えられますか。

　また，出向労働者が被災した場合についての責任は，どのように考えたらよいでしょうか。

第3節　損害賠償額算定

Q49 ■ 労災と民事損害賠償請求の関係 ………………………〔村木　高志〕／194

　労災の被災者に労災保険の給付が行われた場合でも，会社はさらに，その被災者に民事上の損害賠償をしなければいけないのでしょうか。

目　　次

Q50 ■ 損害の内容と算定 ……………………………………〔村木　高志〕／*196*

　　労災の被災者が民事上の損害賠償をする場合，どのような損害について賠償請求を
　することができるのでしょうか。また，それぞれの損害額は，どのように算定すれば
　よいのでしょうか。

Q51 ■ 過失相殺と損益相殺 ……………………………………〔村木　高志〕／*205*

　　労災の被災者が民事上の損害賠償を請求する場合にも，過失相殺や損益相殺によっ
　て減額される場合があるのでしょうか。また，過失相殺と損益相殺を両方する場合，
　どちらの相殺を先にするのかによって，賠償される金額が変わってしまいます。この
　場合，どちらの相殺が先に行われるのでしょうか。

Q52 ■ 寄与度減額 …………………………………………………〔村木　高志〕／*209*

　　労災事故において，脳・心疾患による病気・死亡の例で，労働者の基礎疾患にも原
　因があるような場合や，過労死・過労自殺の例で，労働者の性格や心因的要素にも原
　因があるような場合に，損害賠償の責任が軽減されることはありますか。

Q53 ■ 労災保険給付と損害賠償の調整 ………………………〔村木　高志〕／*212*

　　労災の被災者に労災保険の保険給付が支払われている場合，この分は民事上の損害
　賠償から控除されるのでしょうか。また，控除される場合，将来受け取ることになっ
　ている年金についても控除されるのでしょうか。その他，労災の保険給付と損害賠償
　の調整規定があれば教えてください。

▌ 第４節　労災上積み補償制度等による給付，死亡退職金等の調整 ▌

Q54 ■ 上積み補償と労災保険給付との関係 …………………〔石居　　茜〕／*215*

　　会社に上積み補償制度がある場合，あるいは，上積み補償のため保険に加入してい
　る場合，同制度や同保険による給付は，従業員が，労災保険から支給を受けている給
　付に影響を与えますか。

Q55 ■ 上積み補償と損害賠償との関係 ………………………〔石居　　茜〕／*217*

　　会社が，労災の上積み補償制度により，あるいは，上積み補償のために加入してい
　る保険給付により，労働者や遺族に給付を行った場合に，会社の民事損害賠償責任に
　はどのような影響がありますか。

Q56 ■ 上積み補償の原資としての保険利用上の問題 ………〔石居　　茜〕／*222*

　　会社で従業員が傷害を負ったり，死亡した場合に備えて傷害保険や団体生命保険に
　加入している場合に，同保険からの給付金を会社の民事損害賠償の支払に充当するこ
　とは可能でしょうか。

Q57 ■ 死亡退職金・弔慰金等との調整 ………………………〔石居　　茜〕／*227*

　　上積み補償給付とともに，会社規程に基づく退職金や弔慰金・見舞金等の支払につ

xv

目　次

いて，団体生命保険等の保険を利用する場合に，社内規程はどのように整備しておく
必要がありますか。

第5節　後遺障害の認定

Q58 ■ 後遺障害と労災保険給付 ……………………………〔岩野　高明〕／229
業務中の事故で負傷し，その後に後遺障害が残ってしまいました。このような場合
には，どのような補償を受けられるのでしょうか。

Q59 ■ 精神疾患と後遺障害 …………………………………〔岩野　高明〕／231
うつ病等の精神疾患についても，後遺障害が認められることはありますか。

第6節　裁判所における労災民事賠償請求事件処理における留意点

Q60 ■ 調 停 制 度 ………………………………………………〔山﨑　貴広〕／233
私は，先日，会社の上司からセクハラを受け，精神的苦痛を受けたため，会社に対
し損害賠償を求めることを検討しています。しかし，裁判の場で，被害について証言
をしたくはありません。裁判所による非公開の紛争解決手続として，民事調停手続が
あると聞きました。
　⑴　民事調停手続とはどのような制度ですか。
　⑵　利用上の留意点等を教えてください。

Q61 ■ 労 働 審 判 ………………………………………………〔織田　康嗣〕／239
私は，職場のパワーハラスメントが原因で精神疾患となったと考えており，労働審
判を利用しようと考えていますが，労働審判とはどのような制度なのでしょうか。ま
た，利用上の留意点はあるのでしょうか。特に，労災民事訴訟事案において，労働審
判を利用するメリットはあるのでしょうか。

Q62 ■ 証 拠 保 全 ………………………………………………〔織田　康嗣〕／246
私は，家族の労災事案に関し，使用者に対して，損害賠償を求めることを検討して
います。しかしながら，労災であることを立証する証拠の多くは使用者が保有してい
ます。任意に開示を受けられる見込みもなく，むしろ内容を改ざんされる可能性もあ
り，証拠保全の申立てを検討しているのですが，証拠保全の手続について教えてくだ
さい。

Q63 ■ 文書提出命令 ……………………………………………〔山﨑　貴広〕／252
当方は，現在，裁判において，使用者に対し，労災を理由として損害賠償を求めて
います。従前より，相手方に対し，ある事実を立証するために，証拠を提出するよう
求めていますが，相手方から，これを拒絶されています。文書提出命令の申立てを検
討しているのですが，文書提出命令について教えてください。

目　次

Q64 ■ 文書送付嘱託・調査嘱託 ……………………………………〔山﨑　貴広〕／259

労災民事訴訟において，文書送付嘱託や調査嘱託はどのように利用されるのでしょうか。

⑴　文書送付嘱託と調査嘱託はどのような手続ですか。

⑵　文書送付嘱託と調査嘱託ではどのような証拠を収集できますか。

⑶　文書送付嘱託と調査嘱託の留意点を教えてください。

Q65 ■ 損害賠償請求の相手方 ……………………………………〔山﨑　貴広〕／265

労災が発生した場合に，当該労災に関して被災した労働者に対して民事上の損害賠償責任を負うのは，当該労働者との間で直接労働契約を締結している使用者のみに限定されますか。例えば，元請事業者，派遣先，出向先等の事業者は，損害賠償責任を負うことはあるのでしょうか。

Q66 ■ 労災事故の訴訟追行上の留意点 …………………………〔織田　康嗣〕／272

転落事故などの労災事故における損害賠償請求において，訴訟追行上，どのような点に注意して主張・立証を行えばよいのでしょうか。

Q67 ■ 過労死・過労自殺の訴訟追行上の留意点 ………………〔織田　康嗣〕／276

労働者の過労死・過労自殺に関する労災民事賠償事件について，どのような点に留意して主張・立証を行えばよいのでしょうか。使用者が損害賠償責任を負うのはどのような場合なのでしょうか。

Q68 ■ 労災民事訴訟における使用者側の主張 …………………〔山﨑　貴広〕／283

当社は，先日，退職した労働者から，労働災害を理由とする損害賠償請求を提起されました。会社としては，労働者が主張する事故は，労働者自らの失敗によるもので，会社の責任はないと考えています。仮に責任があったとしても，事故について労働者の落ち度があるように思います。

Q69 ■ 和　　解 ……………………………………………………〔織田　康嗣〕／291

職場の上司によるパワーハラスメントを理由に，会社に対して損害賠償請求を行っていましたが，和解することを検討しています。

労災民事賠償事案における和解の留意点について教えてください。

第7章　石綿(アスベスト)による肺がん，中皮腫，じん肺等の労災認定と民事賠償 ── 295

Q70 ■ 石綿（アスベスト）ばく露作業に従事した労働者の労災認定基準

………………………………………………………………〔難波　知子〕／297

過去に石綿（アスベスト）ばく露作業に従事しておりましたが，石綿を原因とした疾病を発症した場合，労災と認定される可能性があると聞きました。具体的に，どのような疾病を発症した場合に，どのような基準で労災認定がなされ，どのような補償

xvii

目　次

が受けられるのでしょうか。また，遺族が受け取ることのできる補償もあるのでしょうか。

Q71 ■ 石綿による健康被害の救済制度（石綿による健康被害の救済に関する法律）
…………………………………………………………〔難波　知子〕／306

　労災補償以外での石綿による健康被害の救済制度（石綿による健康被害の救済に関する法律）の概要，これにより救済される者，救済内容について教えてください。

Q72 ■ 企業に対する損害賠償請求 …………………………〔難波　知子〕／310

　石綿による健康被害を受けた場合に，労災補償給付とは別に，使用者であった企業に対する損害賠償請求をすることができるのでしょうか。また，請求ができる場合，請求する際の法的構成や留意点，同様の請求の過去の判例の内容を教えてください。

Q73 ■ 国に対する損害賠償請求（国家賠償請求）……………〔難波　知子〕／313

　石綿による健康被害を受けた場合に，国に対する損害賠償請求をすることはできるのでしょうか。また，できる場合，請求する際の法的構成や，留意点，また，同様の請求についての過去の判例の内容について教えてください。

Q74 ■ 民事上の損害賠償請求の消滅時効・除斥期間の考え方
………………………………………………………………〔難波　知子〕／316

　石綿による健康被害についての企業や国に対する民事上の損害賠償請求はいつまでできるのでしょうか。退職してから20年以上経っていると一切請求はできなくなってしまうのでしょうか。石綿による健康被害についての損害賠償請求に関する消滅時効や除斥期間の考え方を教えてください。

第8章　労災保険給付をめぐる紛争調整 ———— 321

Q75 ■ 労災保険給付不支給決定処分に対する行政機関への不服申立て
………………………………………………………………〔中村　仁恒〕／323

　労災保険給付の申請をしたものの，それが認められなかった場合に，行政機関に対してどのように不服を申し立てることができるでしょうか。

Q76 ■ 労災保険給付不支給決定処分に対する訴訟手続による救済
………………………………………………………………〔中村　仁恒〕／327

　労災保険不支給決定に対して，訴訟手続によって争う場合の流れを教えてください。

Q77 ■ 取消訴訟への補助参加 …………………………………〔中村　仁恒〕／329

　原告である被災労働者等や被告である国だけでなく，補助参加という手続を利用することにより，事業主も取消訴訟に参加できるということですが，補助参加について教えてください。

目　次

第9章　公務員の公務災害補償制度と民事賠償請求 ── *331*

Q78 ■ 地方公務員公務災害補償制度の概要と留意点 ……………〔難波　知子〕／*333*

地方公務員が公務災害に遭った際には，どのような補償がなされるのでしょうか。
地方公務員の公務災害補償制度の概要また特徴といえる点，そして適用を受ける際の
留意点を教えてください。

Q79 ■ 地方公務員公務災害補償の申請手続及び不服申立て方法

……………………………………………………………〔難波　知子〕／*340*

地方公務員が公務災害補償を申請する際の手続や時効について教えてください。ま
た，不服がある場合の不服申立て方法も教えてください。

Q80 ■ 国家公務員公務災害補償制度の概要と留意点 ……………〔難波　知子〕／*343*

国家公務員が公務災害に遭った際には，どのような補償がなされるのでしょうか。
国家公務員の公務災害補償制度の概要と留意点を教えてください。
また，地方公務員と異なる点があるのであれば，その点についても教えてください。

Q81 ■ 国家公務員公務災害補償の手続及び不服申立て方法 ……〔難波　知子〕／*349*

国家公務員が公務災害補償を申請する際の手続や時効について教えてください。ま
た，不服がある場合の不服申立て方法を教えてください。

Q82 ■ 公務災害における民事賠償請求事件の対応上の留意点

……………………………………………………………〔難波　知子〕／*352*

公務員が公務災害に遭った場合に，地方公務員災害補償法（以下，「地公災法」とい
います），国家公務員災害補償法（以下，「国公災法」といいます）に基づく補償を受け
ることとは別に，一般の民事の損害賠償請求をすることはできるのでしょうか。
できるとすれば，その際に留意すべき点を教えてください。

キーワード索引……………………………………………………………………………*357*
判例索引……………………………………………………………………………………*361*

xix

第 1 章

業務上災害・労災について

労災から発生する責任類型

労働災害が起こった場合の責任にはどのようなものがありますか。

A
　すべての労災に必ず発生するわけではありませんが，予想され得る責任類型としては，次の５つがあります。すなわち，①刑事責任（禁固，罰金などの刑罰），②民事責任（労働基準法上の労災補償責任，労災民事賠償責任），③行政責任（業務停止など），④社会的責任（マスコミ等への公表など），の４つです。

 キーワード

　刑事責任，労災補償責任，労災民事賠償責任，行政責任，社会的責任

解　説

1　労災における過失責任主義に基づく損害賠償請求の問題点

　労働災害が生じた場合，後述のとおり（Q２，第６章），その損害について使用者に労働安全衛生法違反などがあって，判例[1]やこれを明文化した労働契約法５条が定める安全配慮義務違反による債務不履行や，不法行為としての責任が発生する場合，被災労働者又は遺族に対して，事業者には民法上の損害賠償義務があり，被災労働者又は遺族は，事業者に対して民法上の損害賠償請求ができる構造になっています。
　しかし，安全配慮義務違反に基づく債務不履行責任の追及によると，過失責

第1章◇業務上災害・労災について

任主義に基づいた不法行為制度に基づく賠償請求によるとを問わず，基本的に過失責任主義に基づく損害賠償責任制度の下では，被災者である労働者や遺族が，使用者の故意・過失ないし個別の安全配慮義務の特定（安全配慮義務違反による債務不履行責任により損害賠償を求める場合にも，訴訟の実際の場面では，被災者側に，安全配慮「義務違反の内容を特定し，かつ，義務違反に該当する事実を主張・立証する責任」があるとされています。例えば，航空自衛隊芦屋分遣隊事件☆2），過失等と損害との因果関係やそれらの存在を主張・立証する必要があり＊1，被災者側にも過失があれば過失相殺によって賠償額が減額され，また，訴訟遂行には，一般的に，多くの費用や労力が必要とされるため，民法上の損害賠償制度によってその被害の迅速・簡易な回復を図ることは困難な場合が少なくありません。

2　労働基準法・労働者災害補償保険法による労災補償

　そこで，労働基準法は，「第8章　災害補償」において，労災補償制度を設けて，労働者が業務上負傷し，疾病にかかり，又は，死亡した場合は，使用者に，療養補償，休業補償，遺族補償等を支給する制度を設け，後述（Q2）の民事上の損害賠償制度による損害回復の困難を克服し，労働者の保護を図っています。

　しかし，労働基準法上の業務上補償制度は，使用者に支払能力がない場合には補填不能です。その点を，政府が保険制度として管掌（運営）し，使用者は義務としてこれに加入し保険料を納め，労災を被った労働者がこの保険によって補償を受けられるようにして，労働基準法上の業務上補償制度の限界を補うものが労働者災害補償保険法に基づく労災保険制度です（詳細はQ5参照）。

3　労働安全衛生法等に基づく行政上・刑事上の責任

　労災が起きた場合，労働基準監督署（以下，本書において「労基署」といいます）により，労働安全のルールを定めた労働安全衛生法，その細則である労働安全衛生規則等の労働安全関係法規の違反の有無に関する調査が行われ，事業者，労働者，機械等貸与者，建築物貸与者又はコンサルタントに対し，必要な事項

4

を報告させ，又は出頭を命ずることができます（安衛100条）。

　労働安全衛生法や労働安全衛生規則には，事業者（事業を行う者で，労働者を使用する者。個人経営の場合はその事業主）が，労災を防止するために，守らなければならない，膨大な規定が定められています。

　上記の調査により，各違反がある場合で，行政上の指導等にとどまらず，悪質な違反と認められれば，各規定の定める処罰を受けることがあります。

　労災においても，刑法上の業務上過失致死傷の適用があり得ます（詳細は，**Q4**参照）。

4　被災労働者や遺族からの損害賠償請求又は民法536条2項に基づく全額の賃金請求

　後述のとおり（**Q2**），労災が起こった場合，労災保険があっても，被災労働者や遺族は，企業に対して①損害賠償請求や，②民法536条2項に基づく全額の賃金請求を求めることができる場合があります。

　事業者に労働安全衛生法違反などの過失があって，判例（最高裁判例は，前掲・川義事件）やこれを明文化した労働契約法5条の定める安全配慮義務違反や，不法行為として責任が発生する場合，労災保険給付でカバーされない損害については，前述**1**の労働者側の負担はあるものの，事業者には民法上の損害賠償義務があり，被災労働者又は遺族は，事業者に対して民法上の損害賠償請求ができる構造になっています。このため，事業主としては，労災発生の場合，常にこの賠償請求を受けるリスクがあります。

　注目すべきは，最近，有力学説において，労災民事（賠償）事件の賃金全額の請求原因として，民法536条2項「債権者の責めに帰すべき事由によって債務を履行することができなくなったときは，債務者は，反対給付を受ける権利を失わない」の帰責事由（債権者の責めに帰すべき事由）が，①の損害賠償請求の場合の過失・帰責事由と変わらないとして，同項に基づく請求を認める見解が示されていることです*2。これに対して，従前の学説は，同項が適用されるのは，労働者が債務の本旨に従った通常の労務の提供の意思と能力の存在を前提としているとして，その適用は認めていませんでした*3。裁判例でも民法536条2項の適用を認める高裁裁判例が現れ（東芝深谷工場事件☆3。地裁レベルで

第1章◇業務上災害・労災について

は，同事件（原審）☆4，新聞輸送事件☆5，アイフル（旧ライフ）事件☆6。同項の適用を否定するのがアジア航測事件☆7，学校法人専修大学事件☆8），今後の推移が注目されます。

　なぜなら，これを認めた場合，賃金部分については労働基準法76条や労働者災害補償保険法14条の適用の余地がなくなり*4，労災補償制度を設けた趣旨や，使用者の保険利益を喪失させる解釈として重大な疑問があるからです。もし，かかる解釈が定着するような事態を迎えた場合には，労働基準法，労働者災害補償保険法につき，賃金支払の場合の使用者の国に対する労災保険給付相当額の求償を認めるような調整につき，立法的対応が必要でしょう（なぜなら，同様な問題といえる，企業が損害賠償義務を履行した場合に，将来給付分が控除されないとしたら，その将来給付分は，本来，企業が賠償しなければ国から被災者や遺族に対して支払われたはずのものであるとして，企業が，被災者側に支払った将来給付分の損害賠償金について，本来保険給付がなされるべきものを国に代わって立替払したとして代位請求したところ，三共自動車事件☆9は国に対して未支給の労災保険金を使用者に支払えと代位請求してもこれを認めていません。そこで，立法的な解決が求められるのです。企業の自衛策は，民法536条2項が任意規定と解されていることを踏まえて，労災の場合に労災補償制度，労災保険給付，損害賠償のみによる旨を賃金規定に明文化しておくことが想定されます）。

5　社会的責任──IR面での対応

　さらに，労災発生の場合，多くの死傷者を出した重大災害にとどまらず，過労死，過労自殺等についても，その発生，提訴，労災認定，賠償命令判決等のすべてが，とりわけ上場会社等においては，企業イメージを損ない，いわゆるIR上の支障となることは否めません。

〔岩出　誠〕

─■判　例■─

☆1　最判昭59・4・10労判429号12頁〔川義事件〕。
☆2　最判昭56・2・16民集35巻1号56頁〔航空自衛隊芦屋分遣隊事件〕。
☆3　東京高判平23・2・23労判1022号5頁〔東芝深谷工場事件〕。

☆4　東京地判平20・4・22労判965号5頁〔前掲（☆3）事件（原審）〕。
☆5　東京地判昭57・12・24労判403号68頁〔新聞輸送事件〕。
☆6　大阪高判平24・12・13労判1072号55頁〔アイフル（旧ライフ）事件〕。
☆7　大阪地判平13・11・9労判821号45頁〔アジア航測事件〕。
☆8　東京高判平25・7・10労判1076号93頁等〕〔学校法人専修大学事件〕。
☆9　最判平元・4・27民集43巻4号278頁〔三共自動車事件〕。

■注　記■

＊1　岩出誠『労働法実務大系〔第2版〕』（民事法研究会，2019）442～443頁以下参照。

＊2　谷口知平ほか編・甲斐道太郎著『新版・注釈民法（13）〔補訂版〕』（有斐閣，2006）684頁，明確には，土田道夫『労働契約法〔第2版〕』（有斐閣，2016）247頁，同旨，荒木尚志『労働法〔第3版〕』（有斐閣，2016）123頁。

＊3　例えば，北岡大介「メンタルヘルス休職者に対する休職期間満了を理由とした解雇と労基法19条」労働法律旬報1705号45頁以下参照。

＊4　水町勇一郎「労使が読み解く労働判例④」季刊労働法229号129頁もこれを指摘する。この点で，労災保険制度趣旨・沿革にも造詣の深い西村健一郎「判例評釈」ジュリスト1398号261頁が同項の適用を無批判に支持するのには意外な感がある。

第 1 章◇業務上災害・労災について

  労災民事賠償請求の概要

労働災害が起こった場合の民事責任にはどのようなものがありますか。

　　労働災害が起こった場合，被災者や遺族は，労災について，使用者等に安全配慮義務違反等の過失があれば，労災保険給付ではカバーされない損害部分の賠償請求を求めることができます。

☑キーワード
労災民事賠償責任，安全配慮義務，過失，民法536条2項

解　説

1　労災における過失責任主義に基づく損害賠償請求とその限界

　労働災害が生じた場合，被災労働者又は遺族は，前述のとおり（Q1❹），その損害について使用者等に安全配慮義務違反等の過失があり，賠償責任（不法行為責任，債務不履行責任等）がある場合には，使用者に対して民事損害賠償を請求できます。

　ただし，労災認定されたことが当然に労災事故そのものの存在や使用者の賠償責任を肯定することに直結するものではありません（例えば，ユニプラ事件☆1では，労基署事務官による調査結果は控訴人の申告に基づくものであり，控訴人の両膝痛の症状が工場での作業後に発生したことを裏付けるにとどまり，控訴人が労災認定を受けたこ

8

とをもって本件事故が発生したとはいえないとした例で，労災認定がされながら労災事故そのものの証明なしとされています。労災認定が出ている中で賠償責任が否定された例として，医療法人社団明芳会（R病院）事件[2]，日本政策金融公庫（うつ病・自殺）事件[3]，四国化工機ほか1社事件[4]，ヤマダ電機事件[5]，テクノマセマティカル事件[6]）。

2 民法536条2項の使用者の帰責事由に基づく賃金請求

さらに，前述のとおり（**Q1 4**），事の当否は措くとして，民法536条2項の使用者の帰責事由に基づく賃金請求も考えられます。

しかし，**Q1 4**で前述したとおり，安全配慮義務違反に基づく債務不履行責任の追及によると，過失責任主義に基づく不法行為制度に基づく賠償請求とを問わず，基本的に過失責任主義に基づく損害賠償責任制度等の下では，被災者である労働者や遺族が，使用者の故意・過失・帰責事由ないし個別の安全配慮義務の特定，過失等と損害との因果関係やそれらの存在を主張立証する必要があります（民法536条2項の使用者の帰責事由に基づく賃金請求による場合，使用者の同項の帰責事由について同様の問題があります）。

さらに，民法536条2項に基づく請求以外では，被災者側にも過失があれば過失相殺によって賠償額が減額され，また，訴訟遂行には，一般的にいって，多くの費用や労力が必要とされるため，民法上の損害賠償制度によってその被害の迅速・簡易な回復を図ることは困難な場合が少なくありません（なお，民法536条2項の使用者の帰責事由に基づく賃金請求による場合，同項により支払われるのは労働基準法上の賃金であり，労働基準法24条1項の全額払の原則が適用され，同請求分には過失相殺がなされる余地はなく，ここに同項に基づく請求の労働者側のメリットがあるといえるでしょう。なお，令和2年4月1日施行の改正民法536条2項に基づく場合も同旨に解されます）。

〔岩出　誠〕

=== ■判　例■ ===

☆1　東京高判平22・10・13労経速2087号28頁〔ユニプラ事件〕。

☆2　東京地判平26・3・26労判1095号5頁〔医療法人社団明芳会（R病院）事件〕。

第 1 章◇業務上災害・労災について

☆3　大阪高判平26・7・17労判1108号13頁〔日本政策金融公庫（うつ病・自殺）事件〕。

☆4　高松高判平27・10・30労判1133号47頁〔四国化工機ほか1社事件〕。

☆5　前橋地高崎支判平28・5・19労判1141号5頁〔ヤマダ電機事件〕。

☆6　東京地判平29・2・24労判1191号84頁〔テクノマセマティカル事件〕。

3　労働基準法上の補償制度の概要

労働災害が起こった場合の労働基準法上の補償制度にはどのようなものがありますか。

　労働災害が起こった場合，業務起因性がある限り，労働基準法の労災補償制度に従って，補償請求が可能です。実際には，後述（Q5）の労災保険制度による労災補償給付がこれを担保しています。

☑キーワード
　労災補償責任，業務起因性，労災保険制度

解　説

1　概　要

　労働基準法は，前述のとおり（Q1），労働基準法は，「第8章　災害補償」において，労災補償制度を設けて，労働者が業務上負傷し，疾病にかかり，又は，死亡した場合は，使用者に，療養補償（労基75条），休業補償（労基76条），打切補償（労基81条），障害補償（労基77条），遺族補償（労基79条），分割補償（労基82条），葬祭料（労基80条）を支給する制度を設け，前述（Q2）の民事上の損害賠償制度による損害回復の困難を克服し，労働者の保護を図っています。
　現在，労災補償制度は，労働基準法上の災害補償と労働者災害補償保険法の

11

第 1 章◇業務上災害・労災について

2本立ての制度によって営まれていますが，使用者は，労働者災害補償保険法に基づいて保険給付がなされるべき場合には，その価額の限度において労働基準法上の労災補償の責めを免れる，と両者の調整関係が規定されています（労働基準法84条1項。神奈川都市交通事件[☆1]は，労働者も，労働基準法76条に定める休業補償と同一の事由について，労働者災害補償保険法12条の8第1項2号，14条所定の休業補償給付を受けるべき場合においては，使用者は，労働基準法84条1項により，同法76条に基づく休業補償義務を免れる，とこの理を確認しています）。

2 労働基準法上の災害補償の特色

労働基準法上の災害補償の特色は，①業務上の災害に対する使用者の無過失責任であること（無過失責任），②補償は，療養補償を除き，被災労働者，遺族が実際に被った全損害ではなく，平均賃金に対する定率によって算定されること（賠償額の定額化），③補償の履行が行政官庁の指導，罰則をもって確保される仕組みがとられていることの3点です。

3 労働基準法上の災害補償制度の例外的適用の余地

後述（**Q5**）の労災保険制度の拡充・発展の下では，労働基準法上の災害補償制度が例外的に適用されるのは，負傷当初の3日間の休業補償及び業務上災害の定義（業務上の概念），特に，業務上疾病の列挙，労働基準法施行規則40条に基づく身体障害等級，労災保険の暫定的任意適用事業における労災補償に限られ，それら以外は，ほぼ全面的に労働者災害補償保険法が業務上の災害への補償をカバーしています。ただし，分割補償の規定も設けられるなど，意義は失われてはいません（労基82条）。

〔岩出　誠〕

═ ■判　例■ ═

☆1　最判平20・1・24労判953号5頁〔神奈川都市交通事件〕。

Q4 ◆労働安全衛生法・刑法等による刑事責任

 労働安全衛生法・刑法等による刑事責任

労働災害が起こった場合の労働安全衛生法・刑法等による刑事責任はどのようになっていますか。

　労働災害が起こった場合，労基署による労働安全衛生法に基づく同法違反の調査と指導，是正勧告，場合によれば行政命令や検察庁への刑事告発もあります。また，警察が，刑法に基づき業務上過失致傷による捜査をなし，検察庁への送検もあります。

☑キーワード
　労働基準監督署（労基署），警察，労働安全衛生法，業務上過失致傷，告発，送検

解　説

1　労働安全衛生法等に基づく行政上・刑事上の責任

(1)　行政処分・指導・是正勧告等
　労災が起きた場合，労基署により，労働安全のルールを定めた労働安全衛生法，その細則である労働安全衛生規則等の労働安全関係法規の違反の有無に関する調査が行われ，事業者，労働者，機械等貸与者，建築物貸与者又はコンサルタントに対し，必要な事項を報告させ，又は出頭を命ずることができます

第1章◇業務上災害・労災について

（安衛100条）。

　労働安全衛生法や労働安全衛生規則には，事業者（事業を行う者で，労働者を使用する者。個人経営の場合はその事業主）が，労災を防止するために，守らなければならない，膨大な規定が定められています。

　調査・報告によりそれらの規定に違反していれば，厚生労働大臣，都道府県労働局長又は労基署長が，関係規定に沿って，事業者，注文者，機械等貸与者又は建築物貸与者等に対する，指導，是正勧告，関係業務計画変更や差止め命令（安衛88条7項），建設物等の全部又は一部の使用の停止又は変更命令を下すことができます（安衛98条1項）。

(2)　刑　事　罰

　上記(1)の調査により，各違反がある場合で，行政上の指導等にとどまらず，悪質な違反と認められれば，各規定の定める処罰を受けることがあります。労働安全衛生法は，最高で，7年以下の懲役から，300万円の罰金まで，各義務の内容に応じて罰則を定めています（安衛115条の2以下）。

　道路交通法違反でも法律を知らなかったという弁解が通らないように，労働安全衛生法などの違反についても規定を知らなかったでは済まされません。また，労働安全衛生法の特徴として，両罰規定といわれる規定があり（安衛122条），現場の監督者らの労働安全衛生法違反について，法人を含む事業者も一緒に罰せられることがあります。実際にも，既に，過労死認定，過労死民事責任と絡んだ事案における，健康診断に関する労働安全衛生法違反をめぐる刑事判決が示されています[1]。

　労災をめぐる刑事事件で特に多いのは，いわゆる労災隠しといわれる労働者死傷病報告義務違反です（安衛100条1項・120条5号，安衛則97条）。「故意に労働者死傷病報告を提出しないこと」，「虚偽の内容を記載した労働者死傷病報告を提出すること」をいい，厚生労働省は，このような「労災かくし」には罰則を適用して厳しく処罰を求めるなど厳正に対処することを宣言しています（厚生労働省HP）。

14

2 刑法上の業務上過失致死傷

　労災においても，刑法上の業務上過失致死傷の適用があり得ます。刑法は「業務上必要な注意を怠り，よって人を死傷させた者は，5年以下の懲役若しくは禁錮又は100万円以下の罰金に処する」と定めています（刑211条前段）。

　「業務上必要な注意」とは，事故の発生を予想して，それを防止するための必要な措置を講ずることです。先に説明した労働安全衛生法上の安全に関する義務が，「業務上必要な注意」内容として，その義務違反が問われる場合もあります。しかし，最近は，労災への社会的関心の高まりもあり，事故の予想範囲についても，予想後の事故防止措置の内容・程度のいずれについても，それらの明文の規定にとらわれず，さらに高度で厳しい安全義務を要求され得ることに注意を要します。

〔岩出　　誠〕

══ ■判　例■ ══

　☆1　大阪地判平12・8・9判時1732号152頁。

第1章◇業務上災害・労災について

 労災保険制度の概要

労働災害が起こった場合に適用される労災保険制度とはどのような制度ですか。

A
　労働基準法上の業務上補償制度は，使用者に支払能力がない場合には補填不能です。その点を，政府が保険制度として管掌（運営）し，使用者は義務としてこれに加入し保険料を納め，労災を被った労働者がこの保険によって補償を受けられるようにして，労働基準法上の業務上補償制度の限界を補うものが労働者災害補償保険法に基づく労災保険制度です。また，労働基準法補償制度ではなかった，１人親方等の特別加入制度（**Q10**参照）や通勤災害制度（**Q18**〜**Q23**参照）が設けられるなど，大きく発展を遂げています。

キーワード
　労災保険料，特別加入制度，通勤災害制度，労働基準法上の業務上補償の担保

解　説

1　労働基準法上の業務上補償制度の限界

　前述のとおり（**Q３**），労働基準法上の業務上補償制度は，使用者に支払能力がない場合には実効性がありません。その点を，政府が保険制度として管掌

（運営）し，使用者は義務としてこれに加入し保険料を納め，労災を被った労働者がこの保険によって補償を受けられるようにして，労働基準法上の業務上補償制度の限界を補うものが労働者災害補償保険法に基づく労災保険制度です（学校法人専修大学事件☆1は，「労災保険法の制定の目的並びに業務災害に対する補償に係る労働基準法及び労災保険法の規定の内容等に鑑みると，業務災害に関する労災保険制度は，労働基準法により使用者が負う災害補償義務の存在を前提として，その補償負担の緩和を図りつつ被災した労働者の迅速かつ公正な保護を確保するため，使用者による災害補償に代わる保険給付を行う制度であるということができ，このような労災保険法に基づく保険給付の実質は，使用者の労働基準法上の災害補償義務を政府が保険給付の形式で行うものであると解するのが相当である」と同旨を明確に判示しています）。

2 労災保険制度の発展

(1) 制度発展の概要

労働者災害補償保険法は，数次の改正により，その適用範囲，給付内容等において急速に拡大されました。すなわち，①労働基準法上の業務上の事由による災害への補償にとどまらず，②通勤による労働者の負傷，疾病，障害，又は死亡に対して迅速かつ公正な保護をするため，必要な保険給付を行い，③それらの給付内容のうちの一部の年金化やスライド制による給付内容の充実化，あわせて，④業務上の事由ないし通勤により負傷し，又は疾病にかかった労働者の社会復帰の促進，当該労働者及びその家族の援護，適正な労働条件の確保等を図り，もって労働者の福祉の増進に寄与すること（いわゆる社会復帰促進事業）を目的としています。そして，⑤その適用も，現在では，原則として全事業が強制適用となっており，例外は，わずかに経過措置としての，小規模個人経営の農林水産業が任意加入とされているにすぎません。

すなわち，労災保険制度は，業務災害については，前述したように，労働基準法における災害補償制度があくまで個別使用者の責任にとどまり被災労働者が十分な補償を受けられない場合が生じ得ることをケアすると同時に，通勤途上災害についても，通勤と業務の関連性などに着目して業務災害とほぼ同様の保険給付を行おうとするものです。

第 1 章◇業務上災害・労災について

(2) 労災保険料支払懈怠企業の被災者救済

全事業強制適用の結果，例えば，ある事業主が，従業員としてアルバイトしか使用していなかったところから，労災保険料の支払も必要がないと考え，同保険料を支払っていなかった状態で，アルバイトの学生が労災事故に巻き込まれた場合にも，その学生は，事業主が労災保険料を支払っていなくとも，当然に労災保険の適用を求めることができます。この場合，事業主は，さかのぼって労災保険料を徴収されることになります。ただし，2 年間の消滅時効はありますが，逆に，事業主が故意又は重大な過失により保険関係成立届出を怠っていたときは，保険給付に要した費用の全部又は一部（40％まで）を負担させられることがあります（労災保31条1項1号）。

3 労災保険の保険料の仕組み

(1) 使用者負担の原則

労災保険料は，一部の国庫負担を別として，原則として，使用者の全額負担となっており，賃金総額に一定の労災保険率を乗じて算出されます。料率は，適用事業の過去 3 年間の事故発生率等を考慮して，厚生労働大臣により定められ（最終改定平成30年 4 月 1 日施行。平成30年厚生労働省令第13号），1000分の88〜1000分の2.5の間で事業の種類ごとに定められる（労徴12条 2 項，労徴規別表第 1 。全業種の平均料率は 4.5/1,000。改定経緯・詳細につき，厚生労働省HP掲載の別表等参照）。

(2) メリット制

労災保険料については，災害発生防止のインセンティヴとして，一定規模以上の事業について，当該事業の過去 3 年間の労災保険給付の額に応じて次年度の保険料率を40％の範囲で増減させるメリット制がとられています（労徴12条3 項）。

このメリット制の適用を受ける「一定規模以上の事業」とは，「1　100人以上の労働者を使用する事業／2　20人以上100人未満の労働者を使用する事業であって，当該労働者の数に当該事業と同種の事業に係る前項の規定による労災保険率から非業務災害率を減じた率を乗じて得た数が厚生労働省令で定めた数以上であるもの（労徴規17条 2 項によれば，0.4）／3　前 2 号に掲げる事業のほ

か，厚生労働省令で定める規模の事業（労徴規17条3項によれば，①建設の事業及び立木の伐採の事業については当該保険年度の確定保険料の額が40万円以上であること，②建設の事業にあっては請負金額が1億1千万円以上，立木の伐採の事業にあっては素材の生産量が1000㎥以上である事業）」である（各労働局のHP参照＊1）。

単独有期事業のメリット制適用要件

	メリット制の対象となる要件（①，②のいずれかを満たす場合）		
	平成23年度以前	平成23〜26年度まで	平成27年度以降
確定保険料額 ①	100万円以上	40万円以上	
請負金額 ②	1億2000万円以上 （消費税相当額を含む。）		1億1000万円以上 （消費税相当額を除く。）

(3) 数次の請負によって事業が行われる場合の労災保険料の徴収

(a) 建設業等における元請人の労働基準法上の災害補償責任

労働基準法87条により，厚生労働省令で定める事業（労基則48条の2により，労基別表第1の3号（土木，建築その他工作物の建設，改造，保存，修理，変更，破壊，解体又はその準備の事業））については，戦前から，この種の事業の重層的下請実態に鑑みて，数次の請負によって行われる場合においては，災害補償については，その元請負人を使用者とみなす，とされています（戦前からの歴史的経緯・意義については，拙稿「社外工の労働災害」ジュリスト584号150頁以下参照。ただし，同条2項・3項で，一定の下請人への補償引受けは可能となっています）。

(b) 建設業等における元請人の労災保険料負担

上記(a)の建設業等における元請人の労働基準法上の災害補償責任を踏まえて，労災保険料についても，労働者災害補償保険法6条は，保険関係の成立及び消滅については，労働保険の保険料の徴収等に関する法律（以下，「労徴法」といいます）の定めるところによると定め，労徴法8条1項は，「厚生労働省令で定める事業が数次の請負によって行なわれる場合には，この法律の規定の適用については，その事業を一の事業とみなし，元請負人のみを当該事業の事業主とする」と定めています。

この場合の元請人の範囲が争われた東京労働局長ほか事件☆2では，建設の

事業が数次の請負によって行われる場合には，数次の請負に係る事業を一括して，その元請負人のみを事業者とみなし，当該事業者から事業全体の労働保険料を一括して徴収することになります。この労徴法8条1項の「数次の請負」及び「元請負人」の意味について，労徴法の解釈については，憲法84条の課税要件明確の原則が直接に適用されることはないものの，租税以外の公課であっても，賦課徴収の強制の度合いにおいて租税に類似する性質を有するものについては，憲法84条の趣旨が及ぶ☆3と解した上で，労災保険料は，法律上当然に保険関係が成立し，納付しなければ国税徴収の例により強制徴収されるものであるから，賦課強制の度合いにおいて租税に類似した性格を有するものであるとし，憲法84条の趣旨が及ぶと解すべきで，労徴法8条1項の解釈にあたっても，法的安定性及び予測可能性を害しないように明確性を重視して，文言に即して解釈されるべきであるとした上で，労徴法8条1項の「数次の請負」にいう「請負」とは，民法632条以下のいわゆる借用概念であり，「数次の請負」とは，請負契約が，元請けから下請け，下請けから孫請けというように，複数の段階を経て行われるものをいい，「元請負人」とは，そのような複数の段階を経て請負契約がされた場合における最先次の請負契約の請負人と解するのが相当であるとしました。

　この裁判例の実務への影響は大きく，いわゆる建売住宅販売業者のように自ら建築主として建物建築を請負業者に注文する者はあくまで注文者であり，請負契約において請負人の相手方である注文者を「請負人」と解することは法的安定性及び予測可能性を重視して行うべき文言解釈としては困難であり，数次の請負の「元請負人」は注文者から最初に請け負った請負人であって注文者が「元請負人」となるわけではないとした先例です。このため，本判決を受けて，国は労徴法の取扱いを変更し，実務上の混乱が起きました。

　例えば，プレハブメーカーや大手建売住宅販売業者が，従前は，「元請負人」として一括して労災保険料を負担してきたものが，文字どおり，最先次の請負契約の請負人たる「元請負人」がその負担をすることになったため，一時，そのような事務態勢や，請負契約上の改定等が整備されていない業界が混乱した訳です。

〔岩出　　誠〕

Q5 ◆労災保険制度の概要

―■判 例■―

☆1　最判平27・6・8労判1118号18頁〔学校法人専修大学事件〕。
☆2　東京地判平20・4・17判時2008号78頁〔東京労働局長ほか事件〕。
☆3　最判平18・3・1民集60巻2号587頁。

―■注 記■―

＊1　①の要件が適用されるのは平成24年度以降に労災保険の保険関係が成立した事業であり，平成23年度以前に成立した事業については，「確定保険料の額が100万円以上」となります。また，②の要件が適用されるのは平成27年度以降に労災保険の保険関係が成立した事業であり，平成26年度以前に成立した事業では，「請負金額（消費税相当額を含む）が1億2千万円以上）」となります。

21

第 2 章

業務上認定の基本的な考え
——災害性傷病

業務上外の認定の意義及び一般的認定基準

労働基準法上の災害補償や労働者災害補償保険法上の保険給付における「業務上」に該当するか否かはどのような基準で判断されるのですか。

「業務上」に該当するか否かは，業務遂行性と業務起因性の双方が認められるかという観点から判断されます。

☑キーワード
業務上外認定，業務遂行性，業務起因性，相当因果関係

解 説

1 業務上外認定の意義

労働基準法75条以下の災害補償，労働者災害補償保険法7条以下の保険給付では，負傷や疾病等が「業務上」（労基75条1項・76条1項・77条・79条・80条，労災保7条1項1号）の事由により生じることが必要となっています。とりわけ，労働者災害補償保険法上の保険給付については，後遺障害等級7級まで障害補償年金が保障されていたり，遺族補償年金制度が設けられていたりするなど，労働者やその遺族に対する保護が手厚いことから，「業務上」に該当するか否かは重要な問題であるといえます。

25

第2章◇業務上認定の基本的な考え——災害性傷病

2 行政解釈における一般的認定基準

　行政解釈においては，業務遂行性とは，当該労働者が労働契約を基礎として形成される使用者の支配ないし管理下にあることをいい，業務起因性とは，業務又は業務行為を含めて労働者が労働契約に基づき事業主の支配下にあることに伴う危険が現実化したものと経験則上認められること（相当因果関係）をいうものとされています。

　ここにいう相当因果関係とは，民法における相当因果関係とは異なり，相当性判断につき，一般人が予見できた事情に限定せず，傷病等の発生に不可欠な一切の事情を考慮して相当性を判断するものです。

　なお，業務遂行性は，業務起因性との関係において，第一次判断基準とされており，業務起因性の判断に先行して業務遂行性の判断がなされています。

　また，事業主の管理下にあって業務に従事している際の災害の場合には，業務起因性に対する反証がない場合には，業務起因性を認めることが経験法則に反しない限り，一般に業務上の災害と認められるものとされています。

3 裁判例における一般的認定基準

　裁判例は，事故性の傷害等の場合と非事故性の疾病の場合とで，判断枠組みを使い分けているように読むことができます。

　まず，事故性の傷害等については，裁判例は，行政解釈と同様の基準に基づいて判断しています（十和田労基署長事件など☆1）。

　この類型の災害においては，業務起因性については，労働者が具体的業務行為ないしこれに付随する行為を行うなどしていて災害が発生した場合，反証のない限り，それが業務に起因して発生したものと事実上推定されるものとされています（大分労基署（大分放送）事件☆2）。もっとも，かかる場合であっても，災害が自然現象，本人の業務逸脱行為，規律違反行為等による場合には，業務起因性は認められないとされています（倉敷労基署長事件☆3，品川労基署長事件など☆4）。

他方，裁判例は，非事故性の疾病については，業務遂行性や業務起因性について特に言及することなく，業務に内在する危険が現実化したか否かを基準に判断しています（町田高校事件[5]，国・三田労基署長（ヘキストジャパン）事件など[6]）。なお，非事故性の疾病についての解説は，第3章をご参照ください。

〔中野　博和〕

■判　例■

[1]　最判昭59・5・29労判431号52頁〔十和田労基署長事件〕。
[2]　福岡高判平5・4・28労判648号82頁〔大分労基署長（大分放送）事件〕。
[3]　最判昭49・9・2民集28巻6号1135頁〔倉敷労基署長事件〕。
[4]　東京地判平27・1・21労経速2241号3頁〔品川労基署長事件〕。
[5]　最判平8・1・23労判687号16頁〔町田高校事件〕。
[6]　東京地判平23・11・10労判1042号43頁〔国・三田労基署長（ヘキストジャパン）事件〕。

●参考文献●

(1)　岩出誠『労働法実務大系〔第2版〕』（民事法研究会，2019）469頁以下。
(2)　菅野和夫『労働法〔第11版補正版〕』（弘文堂，2017）611頁。
(3)　労務行政研究所『労災保険　業務災害及び通勤災害認定の理論と実際（上）〔改訂4版〕』（労務行政，2014）86頁以下。

第2章◇業務上認定の基本的な考え——災害性傷病

 会社主催の社外行事参加時での事故

会社主催の宴会やゴルフコンペ等の社外行事の際に怪我をした場合は，「業務上」の災害として認められますか。

A
　原則として認められませんが，当該社外行事への参加の強制の有無，当該社外行事の目的と業務との関連性等の諸事情から，例外的に「業務上」の災害として認められることがあります。

キーワード

社外行事の際の事故，業務遂行性

解　説

1　行政解釈

(1)　運動競技会での事故の場合

　運動競技会の事故については，対外的な運動競技会の場合と，事業場内の運動競技会の場合の2つに区分されています。

　対外的な運動競技会の場合には，運動競技会出場が出張又は出勤として取り扱われるものであること，及び運動競技会出場に関して，必要な旅行費用等を事業主が負担することを要するものとされています。

　他方，事業場内の運動競技会の場合には，当該運動競技会が，同一事業場又

は同一企業に所属する労働者全員の出場を意図して行われるものであること，及び運動競技会当日は，勤務を要する日とされ，出場しない場合には欠勤したものとして取り扱われることを要するものとされています*1。

(2) 宴会等での事故の場合

宴会等での事故の場合には，その行事の世話役等が自己の職務として参加する場合（例えば，営業課員，庶務課員などに多い。）には，一般に，業務遂行性が認められるものとされています。それ以外の労働者の場合には，その行事の主催者，目的，内容（経過），参加方法，運営方法，費用負担等を総合的に考慮して判断するものとされていますが，特別の事情がない限り，業務遂行性がないのが通例であるとされています。

2 裁 判 例

先例的な裁判例としては，従業員が忘年会の際に宿泊していたホテルの玄関付近でひき逃げされ頭部等を負傷した事案（福井労基署長事件☆1）において，裁判所は，「社外行事を行うことが事業運営上緊要なものと客観的に認められ，かつ労働者に対しこれへの参加が強制されているときに限り，労働者の右社外行事への参加が業務行為になる」という要件を示した上で，当該会合は従業員の慰安と親睦を目的とするものであったことから，事業運営上緊要なものであることを認めず，また，会社役員が従業員に対し，特に都合が悪い場合は格別，できるだけ参加するようにと勧め，参加者を出勤扱いにすることを伝えたことは認めましたが，当該会合に参加することを強制したことまでは認めず，いずれの要件も充たさないと判断しました。

また，従業員がゴルフコンペへ行く途中での交通事故により死亡した事案（高崎労基署長事件☆2）では，裁判所は，「出席が，事業運営上緊要なものと認められ，かつ事業主の積極的特命によってなされたと認められるものでなければならない」という要件を示した上で，会社代表取締役によるゴルフコンペへの出席命令や出席費用の会社負担を認定したものの，いずれの要件充足性も認めませんでした。

このように，先例的な裁判例は，当該行事が事業運営上緊要なものであるこ

第2章◇業務上認定の基本的な考え——災害性傷病

と及び行事への参加が強制され，又は積極的特命によってなされていることという要件を明確に定立し，業務上外判断を行っていますが，基本的に「業務上」とは認めない傾向にあります。

その後の裁判例も，基本的に「業務上」とは認めない傾向にありますが，上記2つの裁判例のように具体的な要件を示すのではなく，諸事情を総合考慮して判断する傾向にあります。

例えば，立川労基署長事件☆3では，従業員が出張先の同じ現場で働いていた者の送別会に出席し，飲酒して宿舎に帰った後行方不明になり，後日近くの川で溺死しているのが発見された事案において，裁判所は，「本件会合への参加に業務遂行性が認められるかについてみるに，本件会合は……一緒に仕事をした他社の従業員を送別する趣旨で会社従業員の有志が企画し，回覧を回して任意で参加者を募り，……勤務終了後に会費制で行われ，幹事が開会の挨拶をし，閉会も挨拶なしの流れ解散であったもので，このような本件会合の趣旨及び開催の経緯からすれば，本件会合への参加に業務遂行性があるとは認められない。」と判断しました。

多治見労基署長事件☆4では，従業員が研修旅行中の航空機事故によって死亡した事案において，裁判所は，「(1) 本件旅行の主たる目的は観光及び慰安にあること，(2) 本件旅行においては1人あたり3万円の高額な自己負担金があること，(3) 前年度までの社員旅行では，日給社員については旅行の参加，不参加にかかわらず無給の扱いをするものとされており，本件旅行についても旅行の時点では，その取扱いは変更されていなかったこと，(4) 従業員中，不参加者の占める割合が相当高く，その中には不参加のやむを得ない理由が認められない者も少なくないこと，(5) 本件旅行への参加，不参加は従業員に任されて，参加について特段の強制もなされていなかったこと，これらの諸事情を総合して勘案してみると，本件旅行は……業務として行われたものとは解し難く，従って，被災者らの本件旅行への参加については業務遂行性が認められず，同人らの本件事故による死亡を，労災保険法所定の業務上の事故による死亡と認めることはできない。」と判断しました。

品川労基署長事件☆5は，仕事納めの納会での飲酒で，急性アルコール中毒により死亡した事案において，裁判所は，「業務遂行性とは……労働者が現に

30

業務ないしはこれに付随する一定の行為に従事している場合のみならず，現に
これらに従事していなくとも，労働関係上，事業主の支配下にあるものと認め
られる場合を含む」とした上で，納会は懇親，慰労の趣旨であり，従業員の任
意参加によって行われたものであると認定しながらも，納会は会社内において
会社が主催し，費用も会社全額負担の下，所定労働日における所定労働時間を
含む時間帯に開催されたこと等を認定し，「本件納会の趣旨・性格や……一連
の事実関係を総合考慮すれば，本件納会をもって本件会社の本来の業務やこれ
に付随する一定の行為に属するとはいいがたいが，……なお，その延長線上に
おいて，労働関係上，本件会社の支配下にあったものと認めるのが相当」とし
て，業務遂行性を認めています。そして，この裁判例では，納会は任意参加と
されていたと認定したにもかかわらず，結論として，業務遂行性を認めていま
す（ただし，労働者の飲酒行為が，納会の目的から明らかに逸脱した過度の態様によるもの
であることを理由として，業務起因性を否定しました）。

　また，行橋労基署長事件☆6では，歓送迎会から会社へ戻る途中で交通事故
により死亡した事案において，裁判所は，「労働者の負傷，疾病，障害又は死
亡が労働者災害補償保険法に基づく業務災害に関する保険給付の対象となるに
は，それが業務上の事由によるものであることを要するところ，そのための要
件の一つとして，労働者が労働契約に基づき事業主の支配下にある状態におい
て当該災害が発生したことが必要である」とした上で，歓送迎会に参加しない
わけにはいかない状況に置かれ，その結果，歓送迎会の終了後に業務を再開す
るために職場へ戻ることを余儀なくされたこと，及び歓送迎会が会社の事業活
動に密接に関連して行われたものであること等を認定し＊2，これらの「諸事
情を総合すれば……本件事故の際，なお本件会社の支配下にあったというべき
である。」と判示し，「業務上」の災害であることを認めました。

　以上の判例・裁判例からすると，裁判所は社外行事の際の事故につき，必ず
しも，当該行事が事業運営上緊要なものであること及び行事への参加が強制さ
れ，又は積極的特命によってなされていることという要件を立てて，業務上外
判断をしているというわけではなく，これらの要素を含めた諸事情を総合考慮
して判断しているものといえます。そして，その際の具体的な考慮要素として
は，前述の行政解釈が参考になるでしょう。

第2章◇業務上認定の基本的な考え——災害性傷病

〔中野　博和〕

■判　例■

☆1　名古屋高金沢支判昭58・9・21労働関係民事裁判例集34巻5〜6号809頁〔福井労基署長事件〕。
☆2　前橋地判昭50・6・24労判230号26頁〔高崎労基署長事件〕。
☆3　東京地判平11・8・9労判767号22頁〔立川労基署長事件〕。
☆4　岐阜地判平13・11・1労判818号17頁〔多治見労基署長事件〕。
☆5　東京地判平27・1・21労経速2241号3頁〔品川労基署長事件〕。
☆6　最判平28・7・8労判1145号6頁〔行橋労基署長事件〕。

■注　記■

＊1　平成12年5月18日基発366号。
＊2　なお，当該事案では，当該従業員が会社の社長業務を代行していた部長から歓送迎会への参加を個別に打診された際に，資料の提出期限が翌日に迫っていることを理由に断ったにもかかわらず，「今日が最後だから」などとして歓送迎会に参加してほしい旨の強い意向を示されたこと等から，歓送迎会に参加しないわけにはいかない状況に置かれ，その結果，歓送迎会の終了後に業務を再開するために職場へ戻ることを余儀なくされたことを認定し，部長の発案により，中国人研修生と従業員との親睦を図る目的で歓送迎会が開催され，部長の意向により当時の従業員及び研修生全員が参加し，その費用が会社の経費から支払われ，研修生については，会社が所有していた自動車によって送迎が行われたこと等から，歓送迎会が会社の事業活動に密接に関連して行われたものであることを認定しました。

●参考文献●

(1)　岩出誠『労働法実務大系〔第2版〕』（民事法研究会，2019）469頁以下。
(2)　林史高『最高裁時の判例』ジュリスト1508号（有斐閣，2017）96頁以下。
(3)　岩村正彦『社会保障判例百選〔第5版〕』（有斐閣，2016）102頁以下。

職場での暴力

職場で同僚から殴打されて負傷した場合にも,「業務上」の災害と認められますか。

　　職場での暴行の場合には,業務遂行性が認められる可能性が高いですが,暴行が加害者の私的怨恨や被害者の挑発に基づくものである等の場合には,業務起因性が否定されることになります。

☑キーワード
他人の故意に基づく暴行,業務起因性,私的怨恨,自招行為

解　説

1　行政解釈

　通達(平成21年7月23日基発0723第12号)では,「業務に従事している場合又は通勤途上である場合において被った負傷であって,他人の故意に基づく暴行によるものについては,当該故意が私的怨恨に基づくもの,自招行為によるものその他明らかに業務に起因しないものを除き,業務に起因する又は通勤によるものと推定することとする。」とされています。
　これは,業務遂行性が認められる中での他人の故意に基づく暴行については,原則として,業務起因性が認められることを意味します。

第2章◇業務上認定の基本的な考え——災害性傷病

2 裁 判 例

(1) 具体的事例

　裁判例においては，加害者の故意が被害者の自招行為によるものや加害者の私的怨恨に基づくものとして，業務起因性を認めない例も多いです。

(a) 被害者の自招行為として業務起因性が否定されるかが問題となった例

　まず，建設会社の建築現場で大工仕事をしていた被害者が，訪ねてきた元同僚と仕事上のことに端を発してけんかとなり，その際，頭部を殴打され，それがもとで死亡した事案[1]において，裁判所は，被害者が加害者に対し，その感情を刺激するような言辞を述べ，嘲笑的態度をとり，暴力を挑発したことによるものであり，被害者の一連の行為は，業務と関連せず，また，業務妨害者に退去を求めるために必要な行為と解することもできない，として業務起因性を否定しました。

　次に，会社がタイムカードの廃止を宣言していたにもかかわらず，被害者が会社からの退場に際してタイムカード打刻の手続を行おうとしたところ，会社の警備員らによりタイムカード打刻を阻止された際に傷害を負った事案[2]において，裁判所は「タイムカードの打刻は，会社がその廃止を宣言し，始終業の時間管理について他の方法を提供しているような場合には，会社側の制止を排除し暴行を働いてまでなすべきものではなく，……むしろ，原告が会社側の制止するタイムカードの打刻を強行しようとして自ら作り出した危険に基づいて生じたもの」と認定し，業務起因性を否定しました。

　また，イカ流し網漁の漁船の船長が乗組員の腹部を刺して傷害を負わせた事案（北海道知事（第八八宝来丸）事件[3]）では，裁判所は「本件災害は，原告が，職務待機中，……船長の些細な言葉に反発して口論となり，一旦は……船長が原告のもとを離れたものの，原告において……船長の態度に我慢することができず……船長のもとに赴き暴言をはいたり，小暴力を加えるなどして……船長を挑発しそれが……船長の立腹を誘発した結果生じたもの」として，「本件災害は……蓄積された憤まんが一気に昂じて偶発的に起った私的喧嘩の色彩が強いものであり，……船長が加害行為に及んだのはその直前の原告の私的挑発行

34

為によるものというべきである」と認定し，業務起因性を否定しました。

さらに，市バスの運転手が自らのバス運転業務に対する苦情処理の公務の遂行中に乗客から殴打されて傷害を負った事案（地公災基金京都市支部長（京都市バス）事件☆4）において，裁判所は「本件傷害の直接の原因は原告の現場における態度にあ」ること等を理由として，業務起因性を否定しました。

(b) 加害者の私的怨恨に基づくものとして業務起因性が否定されるかが問題となった例

まず，農協支所貯金係の女性職員が，同人に対して一方的に恋慕の情を抱いていた顧客により，職場で刺殺された事案（呉労基署長事件☆5）において，裁判所は，本件災害は加害者の故意による殺害行為により生じたもので，その動機は，同人が一方的に被害者に恋愛感情を持ち，同女との結婚を望んだが，これが実現できそうになかったことにあることや貯金の受入れ，払戻し業務及び物品の販売業務という販売係の職務内容として，外来者と接することが必要であるが，接触の仕方は，世間一般の販売係と同じく事務的なものに過ぎないのであって，その職務内容が，ことさら恋愛感情やそれに基づく反感や怨みを誘引するものであるとは言い難いこと等を理由として，業務起因性を否定しました。

他方，同じ職場の従業員から暴行を受けて負傷した事案（新潟労基署長（中野建設工業）事件☆6）において，裁判所は，加害者である従業員らに対して指示を出し，監督をすることは監督者である被害者の職務であり，同人が指示した作業は業務と関係がないとはいえないこと，被害者が加害者に対して指示や注意をする際に侮蔑的な意味合いを含んだ発言をしたのは，加害者が被害者の指示に反抗的な態度をとったことに対する戒めの意味も込められたものであること，及び侮蔑的意味合いを含んだ指示，注意に憤慨した加害者による暴行は時間的，場所的に極めて近接していること等から，本件暴行が，被害者の「仕事上の指示，注意という業務に関連して，その業務に内在または随伴する危険が現実化して発生したものと認めるのが相当である。」として，業務起因性を肯定しました。

また，競馬場のマークレディ（勝馬投票券購入のためのマークシートの記入方法等を案内する担当係員の通称）が，同人に対して一方的に恋慕の情を抱いていた警備

員により殺害された事案（尼崎労基署長（園田競馬場）事件☆7）においては，前掲
呉労基署長事件と異なり，業務起因性を認めました。

すなわち，裁判所は，マークレディが競馬場のマスコットガール的存在とし
て，男性から見て魅力を感じさせる女性（一般的には容姿端麗な女性）に限定され
ていた一方で，警備員は，原則として男性とされており，その年齢も一般に女
性に対して性的関心を有している年齢（満18歳以上66歳未満）に限られているこ
と，及びマークレディと警備員は協働して業務に当たり，相互に一定の私語も
かわすような同僚労働者と同等の関係にあったことから，男性警備員が，圧倒
的に男性が多い競馬場において，近隣で1対1の関係にもなり得る数少ない魅
力的な女性であるマークレディに対して，恋愛感情を抱くことも決してないと
はいえず，その結果，男性警備員が良識を失い，ストーカー的行動を引き起こ
すことも，全く予想できないわけではなく，このことは，マークレディとして
の職務に内在する危険性に基づくものである，と認定しました。

その上で，裁判所は，被害者と加害者との間には業務を離れた付き合いは全
くなく，加害者が被害者に対して憎悪の念を抱き，最終的には殺意を抱いたの
は，被害者が加害者のストーカー的行動に対する防衛的行動として行った，本
件苦情の申出（被害者が加害者の上司に対して，加害者が「にやにやして気持ち悪いわ，
何か変態みたいや」と苦情を述べたこと）などを加害者が逆恨みしたことにあり，
本件苦情の申出自体，職場環境整備上の苦情の申出と評価できること，加害者
の暴行は，本件苦情の申出と時間的，場所的に近接したところで行われている
ことなどから，加害者の加害行為は，業務とは関係がない私的怨恨又は被害者
の職務上の限度を超えた挑発的行為若しくは侮辱的行為，あるいは喧嘩闘争に
よって生じたものではなく，むしろ，本件苦情の申出という被害者の業務と密
接に関連する行為に関連して，その業務に内在する又は随伴する危険が現実化
して発生したものと認めるのが相当であるとして，業務起因性を認めました。

(c) 被害者の私的行為ないし恣意的行為として業務起因性が否定されるかが
問題となった例

被害者の私的行為ないし恣意的行為として業務起因性を否定した例として
は，同僚との口論の際，同人が掴みかかってきたのを避けようとして足を滑ら
せ転倒し死亡した事案（浜松労基署長（雪島鉄工所）事件☆8）において，裁判所

は，被害者が転倒したことは，被害者が口論に際して加害者に対し侮蔑的な言辞を用い，それが同僚の立腹を誘発し，最終的には喧嘩闘争に発展したことに起因することや被害者の一連の行為が本来の業務に含まれないこと等を理由として，被害者の転倒事故は，業務と関連のない被害者の私的行為ないし恣意的行為によって生じたものと認定し，業務起因性を否定しています。

(2) 判断基準

職場での暴行の多くは業務遂行中のものであるため，裁判例においては，業務起因性の有無が争われるケースが多いです。

同僚・部下からの職場における暴行の業務起因性については，判断基準を明確に示した最高裁判例がありません。

もっとも，下級審では，前掲新潟労基署長（中野建設工業）事件☆9や前掲尼崎労基署長（園田競馬場）事件☆10において，「労働者（被災者）が業務遂行中に同僚あるいは部下からの暴行という災害により負傷した場合には，当該暴行が職場での業務遂行中に生じたものである限り，当該暴行は労働者（被災者）の業務に内在または随伴する危険が現実化したものと評価できるのが通常であるから，当該暴行が，労働者（被災者）との私的怨恨または労働者（被災者）による職務上の限度を超えた挑発的行為若しくは侮辱的行為等によって生じたものであるなど，もはや労働者（被災者）の業務とは関連しない事由によって発生したものであると認められる場合を除いては，当該暴行は業務に内在または随伴する危険が現実化したものであるとして，業務起因性を認めるのが相当である。そして，その判断にあたっては，暴行が発生した経緯，労働者（被災者）と加害者との間の私的怨恨の有無，労働者（被災者）の職務の内容や性質（他人の反発や恨みを買い易いものであるか否か。），暴行の原因となった業務上の事実と暴行との時間的，場所的関係などが考慮されるべきである。」と判示し，考慮要素を含め具体的な判断基準を示しています。

前述のように，判断基準を明確に示した最高裁判例がない現状においては，上記判断基準が先例として重要な意味を持つといえます。

〔中野　博和〕

第 2 章◇業務上認定の基本的な考え──災害性傷病

━━■判　例■━━

☆ 1　最判昭49・9・2民集28巻6号1135頁〔倉敷労基署長事件〕。

☆ 2　東京地判昭57・7・14労判393号8頁〔亀戸労基署長事件〕。

☆ 3　札幌地判平2・1・29労判560号54頁〔北海道知事（第八八宝来丸）事件〕。

☆ 4　京都地判平9・9・10労判729号70頁〔地公災基金京都市支部長（京都市バス）事件〕。

☆ 5　広島高判昭49・3・27訟務月報20巻7号95頁〔呉労基署長事件〕。

☆ 6　新潟地判平15・7・25労判858号170頁〔新潟労基署長（中野建設工業）事件〕。

☆ 7　大阪高判平24・12・25労判1079号98頁〔尼崎労基署長（園田競馬場）事件〕。

☆ 8　東京高判昭60・3・25労判451号23頁〔浜松労基署長（雪島鉄工所）事件〕。

☆ 9　前掲注（☆6）。

☆10　前掲注（☆7）。

━━●参考文献●━━

(1)　岩出誠『労働法実務大系〔第2版〕』（民事法研究会，2019）471，472頁。

(2)　労務行政研究所『労災保険　業務災害及び通勤災害認定の理論と実際（上）〔改訂4版〕』（労務行政，2014）338頁以下。

(3)　岩村正彦『社会保障判例百選〔第5版〕』（有斐閣，2016）100頁以下。

(4)　西村健一郎・岩村正彦『社会保障判例百選〔第4版〕』（有斐閣，2008）106頁以下〔林弘子〕。

休憩時間中の災害

職場で休憩時間中に怪我をした場合にも,「業務上」の災害と認められますか。

　休憩時間中であっても,事業場施設内にいる限り,一般的には業務遂行性が認められます。もっとも,休憩時間中は,労働者は基本的には自由行動ですので,休憩時間中にキャッチボール等の私的行為をしている場合には,業務起因性が否定される可能性が高いです。

☑キーワード
　休憩時間,業務遂行性,業務起因性,私的行為

解　説

1　行政解釈

　休憩時間中は,所定の就業場所を離れており,労働者は原則として自由行動を許されています（労基34条3項）ので,そもそも,業務遂行性すら認められないのではないかとも思われます。しかし,休憩時間後の就業が予定されていて,事業主の管理下（事業施設内）において行動している限りでは,事業主の支配下を離れていないといえますので,この場合には,業務遂行性が認められる

39

ことになるとされています。そのため，多くの場合，業務起因性が問題となります。

　もっとも，休憩時間中は，労働者は原則として自由行動を許されていますので，その時間中の個々の行為自体は私的行為であるので，休憩時間中の災害については，それが事業場施設（又はその管理）の状況（欠陥等）に起因することが証明されない限り，一般には，私的行為に起因するものと推定され，業務起因性は認められないことになるものとされており，業務遂行性が認められれば，原則として業務起因性が認められるとした就業中の災害の場合とは異なるものとなっています。

　ただし，休憩時間中の個々の行為には，例えば，飲水，用便等の生理的必要行為，作業と関連がある各種の必要行為，合理的行為等，それ自体としては私的行為であっても，もし就業中であったならば業務行為に含まれたであろうとみられるものがあり，これらの行為については，なお事業主の支配下にある限り，事業主の支配下にあることに伴う行為として業務に付随する行為というべきであるとされています。そして，このような業務付随行為については，就業中の災害の場合に準じて，業務起因性につき反証がなく，かつ，業務起因性を認めることが経験法則に反しない場合には，「業務上」と認められるとされています。

２　裁　判　例

　まず，休憩時間中に公務を遂行していた被害者に，他人が投げた野球ボールが当たり負傷した事案（熊本営林局事件[1]）において，裁判所は，「本件事故現場である渡り廊下の両側の中庭でのキャッチボールには，右渡り廊下を通行する者に危険を及ぼすおそれが当然予想されるところであるから，その管理権者たる被告熊本営林局長は，これに対し何らかの危険防止策をとるべきであり，このことを黙過して何らの措置もとらなかったことは，その施設管理に瑕疵があったものというのほかはなく，この点においても，本件事故は公務に起因するものといわねばならない。」として，業務起因性を認めました。

　また，従業員がハンドボールを使った簡易ゲームにおいて転倒し負傷した事

案（佐賀労基署長（ブリヂストンタイヤ）事件[2]）において，裁判所は，「本件負傷に業務遂行性が認められる以上，特段の事情がない限り，業務起因性も推定される」とした上で，本件簡易ゲームに先立って行われていた体操が業務作業のための準備行為といえるものであったこと，やむを得ない事由のない限り，事実上，本件ゲームに参加せざるを得ない状態にあったこと，会社が業務に支障がない限り，本件簡易ゲーム等が若干就業時間にくい込んで行われることを黙認しており，本件簡易ゲームの終了時間は特に定められていなかったことから，ゲームに参加しなかった従業員は，作業開始に備えて待機していなければならず，その間に私的行動をする余裕はなかったこと等から，本件簡易ゲームは，会社の業務と密接な関連性を有する行為であるから，私的行為と評価することはできないとして，業務起因性を認めました。

〔中野　博和〕

■判　例

☆１　熊本地判昭46・8・23判時649号87頁〔熊本営林局事件〕。

☆２　佐賀地判昭57・11・5労判397号4頁〔佐賀労基署長（ブリヂストンタイヤ）事件〕。

●参考文献●

(1)　岩出誠『労働法実務大系〔第2版〕』（民事法研究会，2019）472頁。

(2)　労務行政研究所『労災保険　業務災害及び通勤災害認定の理論と実際（上）〔改訂4版〕』（労務行政，2014）249頁以下。

(3)　佐藤進・西原道雄・西村健一郎・岩村正彦『社会保障判例百選〔第3版〕』（有斐閣，2000）98頁以下。

第2章◇業務上認定の基本的な考え——災害性傷病

 労災保険特別加入者の業務上判断

　中小企業の事業主や個人事業主等の場合，労災保険に加入できないと聞きましたが，一切，労災保険給付を受けることができないのでしょうか。また，労災保険給付の受給をなし得るとしても，通常の労働者の場合と同じ要領で業務上外判断がなされるのでしょうか。

　　中小企業の事業主や個人事業主等の場合は，原則として労災保険には加入できません。しかし，特別加入制度により，例外的に労災保険に加入することができます。そのため，これにより労災保険に加入している場合には，業務上災害の認定がなされれば，中小企業の事業主や個人事業主等であっても，労災保険給付を受けることができます。
　　ただし，特別加入者が労災保険によって保護される業務の範囲は，特別加入者が行う全ての業務が含まれるわけではないという点に留意が必要です。

☑キーワード
　　特別加入制度，中小事業主，一人親方，特定作業従事者，海外派遣者

解　説

1　特別加入制度の概要

　そもそも，労災保険は，日本国内で労働者として事業主に雇用され賃金の支払を受けている者を対象としています（労災保7条参照）。

　そのため，事業主，家族従業者など労働者以外の者は，労災保険の対象にはならず，業務上負傷した場合であっても原則として労災保険給付を受けることができません。

　もっとも，中小事業の場合，事業主は労働者とともに労働者と同様の業務に従事する場合が多く，また，建設事業等の自営業者は，いわゆる一人親方として，労働者を雇わずに自分自身で業務に従事することが多いです。これらの者の業務の実態は労働者と変わりませんので，労働者災害補償保険法は，一定の要件を満たす場合には，特別に労災保険への加入を認めて，労働者に準じて保護することとしました（労災保33条）。

　特別加入が認められる者の範囲については，

①中小事業主とその事業に従事する者（労災保33条1号，労災保則46条の16，労災保33条2号）

②一人親方等の自営業者とその事業に従事する者（労災保33条3号，労災保則46条の17，労災保33条4号）

③特定作業従事者（労災保33条の5，労災保則46条の18など）

④海外派遣者（労災保33条6号・7号）

に大別されます。

2　行政解釈

　中小事業主や一人親方等の被った災害が業務上災害とされるための業務の範囲は，特別加入者の行う全ての業務を対象とするものではなく，上記特別加入

制度の趣旨から，労働者の行う業務に準じた業務に限定されています。

　具体的には，通達（昭和50年11月14日基発671号等）によって業務災害として保護される業務の範囲が画定されています。

　これは，労働者の場合には，業務の内容が労働契約に基づく使用者の指揮命令によって他律的に決まるのに対し，中小事業主等の場合には，業務内容は自身の判断により主観的に決まるため，保護の対象とする業務行為の範囲を客観的に画定することが難しいからであるといわれています*1。

3　裁　判　例

　裁判例においても，保護の対象とする業務の範囲を労働者の行う業務に準じた業務に限定することや通達によって画定された保護範囲が是認されています。

　塗装用具等の販売及び各種塗装工事の請負等を目的とする会社の代表取締役である者が，自宅に併設された店舗の塗装作業中に脚立から滑り落ちて左足を負傷した事案（国・品川労基署長（後藤塗料商会）事件☆1）において，裁判所は，「特別加入制度は，労働基準法上の労働者に該当しない者であっても，業務の実情，災害の発生状況等に照らし，実質的に労働基準法の適用労働者に準じて保護するにふさわしい者もいることから，かかる者に対し，保険技術的な観点等から可能な範囲において，労災保険を適用しようとする制度であるところ，特別加入者の被った災害が業務災害として保護される場合の業務の範囲をあくまでも労働者の行う業務に準じた業務の範囲としており，特別加入者の行う業務に関するすべての行為に対して労災保険による保護を与える趣旨のものではないと解される。」としています。

　また，林業に従事し，中小事業主として労災保険に特別加入していた者が，振動傷害を負い，その療養のために事業に従事できなかったとして，休業補償給付の申請をしたところ，特別加入者の休業補償給付の支給要件である，療養のために業務遂行性が認められる範囲の業務又は作業について全部労働不能とは認められないとして不支給処分を受けた事案（三好労基署長事件☆2）において，裁判所は，「労働者における支給要件である『労働することができない』

44

Q10 ◆労災保険特別加入者の業務上判断

（法14条）という要件については，全部労働不能の場合に限らず，一部労働不能を含むと解されるところではあるが，中小事業主等が労働者とみなされるのは特別加入制度における擬制であり，その実態は，あくまで事業主等であるという根本的な相違が存在すること，法の規定をみても，一般の労働者に関する法14条1項と法28条1項2号*2とは別に規定されていること，また，一般の労働者についての規定を利用する同項1号とは別に同項2号が規定されていることからすれば，単に沿革上の理由のみから別個の規定になったとはいえず，法が，一般の労働者と特別加入者を完全に同列には扱っていないことは明らかである。」として，特別加入者の場合に全部労働不能を保護要件とすることは平等原則に違反しないと判断しました。

　なお，複数の事業を営む事業主が全ての事業について特別加入者として労災保険給付を受けるためには，事業ごとに特別加入を申請し，承認を受ける必要があります。

　この点について最高裁判例（姫路労基署長（井口重機）事件☆3）では，掘削機等の重機数台を保有して土木工事請負業を営むとともに，重機を他の土木工事請負業者らに賃貸する業務をも行っていた中小事業主が，重機の賃貸のための作業中に掘削機の下敷きとなって死亡した事案において，特別加入の申請書には業務内容につき「土木作業経営全般」とのみ記載されていなかったことから，賃貸業務に保険関係が成立しているのかが問題となったところ，裁判所は，当該事業主の使用する労働者を事業主が建設事業の下請けとして請け負った土木工事にのみ従事させており，重機の賃貸については，労働者を使用することなく，請負に係る土木工事と無関係に行っていたこと等から，土木工事が関係する建設事業について保険関係が成立しているにとどまり，重機の賃貸業務については保険関係が成立していないと判断しています。

　また，国・広島中央労基署長（竹藤工業）事件☆4では，建築工事の請負等を目的とする会社の事業主が，受注を希望した工事予定地の下見に行く道中，運転していた自動車ごと池に転落して溺死した事案において，「保険関係の成立する事業は，主として場所的な独立性を基準とし，当該一定の場所において一定の組織の下に相関連して行われる作業の一体を単位として区分される」として，災害時に被災者が従事していた業務についての保険関係の成立の有無の基

45

準を示した上で、「建設の事業を行う事業主が、その使用する労働者を個々の建設等の現場における事業にのみ従事させ、本店等の事務所を拠点とする営業等の事業に従事させていないときは、上記営業等の事業につき保険関係の成立する余地はないから、上記営業等の事業について、……特別加入の承認を受けることはでき」ないと判示しました。

これらの判例によると、特別加入の申請書においてどのような業務内容を記載するかが重要であり、また、申請する事業には、労働者を使用していることが必要となるといえます。

〔中野　博和〕

■判　例■

☆1　東京地判平24・7・20労判1058号84頁〔国・品川労基署長（後藤塗料商会）事件〕。

☆2　高松地判平23・1・31労判1028号67頁〔三好労基署長事件〕。

☆3　最判平9・1・23労判716号6頁〔姫路労基署長（井口重機）事件〕。

☆4　最判平24・2・24民集66巻3号1185頁〔国・広島中央労基署長（竹藤工業）事件〕。

■注　記■

＊1　西村健一郎・岩村正彦編『社会保障判例百選〔第4版〕』（有斐閣、2008）123頁〔皆川宏之〕。

＊2　現行労働者災害保険法34条1項2号。

●参考文献●

(1)　岩出誠『労働法実務大系〔第2版〕』（民事法研究会、2019）473頁以下。

(2)　菅野和夫『労働法〔第11版補正版〕』（弘文堂、2017）614頁。

(3)　西村健一郎・岩村正彦編『社会保障判例百選〔第4版〕』（有斐閣、2008）122頁以下。

(4)　岩村正彦『社会保障判例百選〔第5版〕』（有斐閣、2016）112頁以下。

第 3 章

業務上疾病

労災保険の対象となる疾病の範囲

　労災保険には，適用の対象となる疾病とならない疾病があるのでしょうか。精神疾患についてはどうでしょうか。

　　労災保険給付の対象となる疾病は，労働基準法施行規則の別表第1の2に列挙されている疾病です。ただし，これに挙げられていない疾病についても，新たな知見に基づき労災認定される場合があります。精神疾患についても，心理的に過度の負担を伴う業務により発症したと認められる場合には，労災保険給付の対象になります。

☑キーワード
労働基準法施行規則別表第1の2

解　説

　労働者が業務上疾病にかかった場合には，労働者災害補償保険法に基づく療養補償給付や休業補償給付等を受給することができます（労災保12条の8第2項）。ただし，保険給付の対象となる疾病の種類は，労働基準法施行規則35条で引用されている同規則別表第1の2に列挙されている疾病です。また，労働者が業務上死亡した場合には，遺族が遺族補償給付や葬祭料を受給することができますが（労災保12条の8第2項），疾病による死亡が業務上の死亡に当たるというためには，やはり当該疾病が同別表に列挙されているものであることが必要です。なお，支給・不支給の決定は，労働者の請求に基づき，労働基準監督署長が行います（労災保則1条3項）。
　いわゆる過労死（脳や心臓等に疾患を発症して突然死すること）や過労自殺の原因

第3章◇業務上疾病

となる疾病については，実務上，同別表のうち「その他業務に起因することの明らかな疾病」（改正前9号）に当たるものとして扱われてきましたが，平成22年の同規則改正に伴い，同別表に脳や心臓等の疾患及び精神障害等が新たに追加されました（8号及び9号）。もっとも，別表には直接記載のない疾病であっても，新たな知見に基づき遡って労災が認められる場合もあります。例えば，印刷工場で勤務していた従業員の中に胆管がんを発症する者が続出した件について，厚生労働省は，これらの胆管がんについて労災認定をした上，平成25年の労働基準法施行規則改正で「一・二—ジクロロプロパンにさらされる業務による胆管がん」を新たに業務上の疾病として追加しました（7号12）。

労働基準法施行規則別表第1の2　（第35条関係）

　一　業務上の負傷に起因する疾病
　二　物理的因子による次に掲げる疾病
　　1　紫外線にさらされる業務による前眼部疾患又は皮膚疾患
　　2　赤外線にさらされる業務による網膜火傷，白内障等の眼疾患又は皮膚疾患
　　3　レーザー光線にさらされる業務による網膜火傷等の眼疾患又は皮膚疾患
　　4　マイクロ波にさらされる業務による白内障等の眼疾患
　　5　電離放射線にさらされる業務による急性放射線症，皮膚潰瘍等の放射線皮膚障害，白内障等の放射線眼疾患，放射線肺炎，再生不良性貧血等の造血器障害，骨壊死その他の放射線障害
　　6　高圧室内作業又は潜水作業に係る業務による潜函病又は潜水病
　　7　気圧の低い場所における業務による高山病又は航空減圧症
　　8　暑熱な場所における業務による熱中症
　　9　高熱物体を取り扱う業務による熱傷
　　10　寒冷な場所における業務又は低温物体を取り扱う業務による凍傷
　　11　著しい騒音を発する場所における業務による難聴等の耳の疾患
　　12　超音波にさらされる業務による手指等の組織壊死
　　13　1から12までに掲げるもののほか，これらの疾病に付随する疾病その他物理的因子にさらされる業務に起因することの明らかな疾病
　三　身体に過度の負担のかかる作業態様に起因する次に掲げる疾病
　　1　重激な業務による筋肉，腱，骨若しくは関節の疾患又は内臓脱
　　2　重量物を取り扱う業務，腰部に過度の負担を与える不自然な作業姿勢により行う業務その他腰部に過度の負担のかかる業務による腰痛
　　3　さく岩機，鋲打ち機，チェーンソー等の機械器具の使用により身体に振動を

与える業務による手指，前腕等の末梢循環障害，末梢神経障害又は運動器障害

4　電子計算機への入力を反復して行う業務その他上肢に過度の負担のかかる業務による後頭部，頸部，肩甲帯，上腕，前腕又は手指の運動器障害

5　1から4までに掲げるもののほか，これらの疾病に付随する疾病その他身体に過度の負担のかかる作業態様の業務に起因することの明らかな疾病

四　化学物質等による次に掲げる疾病

1　厚生労働大臣の指定する単体たる化学物質及び化合物（合金を含む。）にさらされる業務による疾病であつて，厚生労働大臣が定めるもの

2　弗素樹脂，塩化ビニル樹脂，アクリル樹脂等の合成樹脂の熱分解生成物にさらされる業務による眼粘膜の炎症又は気道粘膜の炎症等の呼吸器疾患

3　すす，鉱物油，うるし，テレビン油，タール，セメント，アミン系の樹脂硬化剤等にさらされる業務による皮膚疾患

4　蛋白分解酵素にさらされる業務による皮膚炎，結膜炎又は鼻炎，気管支喘息等の呼吸器疾患

5　木材の粉じん，獣毛のじんあい等を飛散する場所における業務又は抗生物質等にさらされる業務によるアレルギー性の鼻炎，気管支喘息等の呼吸器疾患

6　落綿等の粉じんを飛散する場所における業務による呼吸器疾患

7　石綿にさらされる業務による良性石綿胸水又はびまん性胸膜肥厚

8　空気中の酸素濃度の低い場所における業務による酸素欠乏症

9　1から8までに掲げるもののほか，これらの疾病に付随する疾病その他化学物質等にさらされる業務に起因することの明らかな疾病

五　粉じんを飛散する場所における業務によるじん肺症又はじん肺法（昭和35年法律第30号）に規定するじん肺と合併したじん肺法施行規則（昭和35年労働省令第6号）第1条各号に掲げる疾病

六　細菌，ウイルス等の病原体による次に掲げる疾病

1　患者の診療若しくは看護の業務，介護の業務又は研究その他の目的で病原体を取り扱う業務による伝染性疾患

2　動物若しくはその死体，獣毛，革その他動物性の物又はぼろ等の古物を取り扱う業務によるブルセラ症，炭疽病等の伝染性疾患

3　湿潤地における業務によるワイル病等のレプトスピラ症

4　屋外における業務による恙虫病

5　1から4までに掲げるもののほか，これらの疾病に付随する疾病その他細菌，ウイルス等の病原体にさらされる業務に起因することの明らかな疾病

七　がん原性物質若しくはがん原性因子又はがん原性工程における業務による次に掲げる疾病

1　ベンジジンにさらされる業務による尿路系腫瘍

2　ベーターナフチルアミンにさらされる業務による尿路系腫瘍

第 3 章◇業務上疾病

3　四─アミノジフェニルにさらされる業務による尿路系腫瘍

4　四─ニトロジフェニルにさらされる業務による尿路系腫瘍

5　ビス（クロロメチル）エーテルにさらされる業務による肺がん

6　ベリリウムにさらされる業務による肺がん

7　ベンゾトリクロライドにさらされる業務による肺がん

8　石綿にさらされる業務による肺がん又は中皮腫

9　ベンゼンにさらされる業務による白血病

10　塩化ビニルにさらされる業務による肝血管肉腫又は肝細胞がん

11　オルト─トルイジンにさらされる業務による膀胱がん

12　一・二─ジクロロプロパンにさらされる業務による胆管がん

13　ジクロロメタンにさらされる業務による胆管がん

14　電離放射線にさらされる業務による白血病，肺がん，皮膚がん，骨肉腫，甲状腺がん，多発性骨髄腫又は非ホジキンリンパ腫

15　オーラミンを製造する工程における業務による尿路系腫瘍

16　マゼンタを製造する工程における業務による尿路系腫瘍

17　コークス又は発生炉ガスを製造する工程における業務による肺がん

18　クロム酸塩又は重クロム酸塩を製造する工程における業務による肺がん又は上気道のがん

19　ニッケルの製錬又は精錬を行う工程における業務による肺がん又は上気道のがん

20　砒素を含有する鉱石を原料として金属の製錬若しくは精錬を行う工程又は無機砒素化合物を製造する工程における業務による肺がん又は皮膚がん

21　すす，鉱物油，タール，ピッチ，アスファルト又はパラフィンにさらされる業務による皮膚がん

22　1 から21までに掲げるもののほか，これらの疾病に付随する疾病その他がん原性物質若しくはがん原性因子にさらされる業務又はがん原性工程における業務に起因することの明らかな疾病

八　長期間にわたる長時間の業務その他血管病変等を著しく増悪させる業務による脳出血，くも膜下出血，脳梗塞，高血圧性脳症，心筋梗塞，狭心症，心停止（心臓性突然死を含む。）若しくは解離性大動脈瘤又はこれらの疾病に付随する疾病

九　人の生命にかかわる事故への遭遇その他心理的に過度の負担を与える事象を伴う業務による精神及び行動の障害又はこれに付随する疾病

十　前各号に掲げるもののほか，厚生労働大臣の指定する疾病

十一　その他業務に起因することの明らかな疾病

〔岩野　高明〕

12　精神疾患が業務上の疾病と認定されるための条件

うつ病等の精神疾患が労災と認定されるためには、どのような事情が必要でしょうか。

A

労災保険の手続においては、精神疾患の発症が業務上のものであるか、業務外のものであるかの判断は、厚生労働省が作成した認定基準に基づいて行われます。

キーワード

「心理的負荷による精神障害の認定基準について」（平成23年12月26日基発1226第1号）

解　説

　精神疾患も、これが業務によって心理的に過度の負荷がかかったことによって発症したと認められる場合には、労災保険給付の対象になります（労基則別表第1の2第9号）。
　典型的な精神疾患はうつ病ですが、この病気の発症のメカニズムについては、未だに十分な解明がされていません。現代の医学的知見によれば、環境由来のストレス（業務上又は業務以外の心理的負荷）と個体側の反応性・脆弱性（個体側の要因）との関係で精神破綻が生じるか否かが決まり、ストレスが非常に強ければ、個体側の脆弱性が小さくても精神障害が起こるし、反対に個体側の脆弱性が大きければ、ストレスが小さくても破綻が生ずるとする「ストレス―脆

第3章◇業務上疾病

弱性理論」が支配的です。同理論では，個体側の反応性・脆弱性を考慮することから，業務の過重性を判断する際に，「平均的な労働者」を基準とするのか，あるいは「性格が最も脆弱である者」を基準とするのかによって，結論に差異が生じる場合があります。

　労災保険の実務では，業務上外の判断は，厚生労働省の基準（「心理的負荷による精神障害の認定基準について」平成23年12月26日基発1226第1号。この章において，以下「精神障害認定基準」といいます。）に基づき判断されます。この基準も，ストレス—脆弱性理論に基づき策定されています。精神障害認定基準は，①対象疾病を発病していること，②対象疾病の発病前おおむね6ヵ月の間に，業務による強い心理的負荷が認められること，③業務以外の心理的負荷及び個体側要因により対象疾病を発病したとは認められないこと，という3つの要件が満たされれば，業務上認定をするというものです。具体的には，②及び③に関しては，別途定めた心理的負荷の評価表に基づいて業務上及び業務外の心理的負荷の強弱をそれぞれ評価し（②については「強」「中」「弱」の3段階で総合評価をします），②が認められる場合，つまり，業務による強い心理的負荷があったと認められる場合には，③業務以外の心理的負荷又は個体側要因によって発病したことが医学的に明らかであると判断できない限り，業務上認定されることになります。

　②の心理的負荷を生じさせる出来事としては，事故や災害の体験，仕事の失敗，長時間労働やセクシュアル・ハラスメント，ひどい嫌がらせ・いじめなどが類型化されていますが，それぞれの類型について，心理的負荷が「強」である場合，「中」である場合，「弱」である場合がさらに細かく具体的に記載されています。

〔岩野　高明〕

Q13 長時間労働が原因で精神疾患が発症したと認定される場合

どれくらいの長時間労働があると，これによって精神疾患が発症したと認定されるのでしょうか。

　　行政の基準では，発症前の6ヵ月間に恒常的な長時間労働が認められる場合には，労災認定される可能性が高くなります。この場合の長時間労働というのは，例えば，「発病直前の連続した2ヵ月間に，1月当たりおおむね120時間以上の時間外労働をした場合」などです。

☑キーワード

「心理的負荷による精神障害の認定基準について」（平成23年12月26日基発1226第1号）

解　説

　労災実務上は，業務上外の判断は，前掲の精神障害認定基準によることになります。同基準は，①対象疾病を発病していること，②対象疾病の発病前おおむね6ヵ月の間に，業務による強い心理的負荷が認められること，③業務以外の心理的負荷及び個体側要因により対象疾病を発病したとは認められないこと，という3つの要件が満たされれば，業務上認定をするというものです。

　具体的には，②及び③に関しては，別途定めた心理的負荷の評価表に基づいて業務上及び業務外の心理的負荷の強弱をそれぞれ評価し（②については「強」

第3章◇業務上疾病

「中」「弱」の3段階で総合評価をする），②が認められる場合，つまり，業務による強い心理的負荷があったと認められる場合には，③業務以外の心理的負荷又は個体側要因によって発病したことが医学的に明らかであると判断できない限り，業務上認定されることになります。

　ここで，労働時間に関しては，同基準は，次のとおり定めています。

> ア　極度の長時間労働による評価
> 　極度の長時間労働は，心身の極度の疲弊，消耗を来し，うつ病等の原因となることから，発病日から起算した直前の1か月間におおむね160時間を超える時間外労働を行った場合等には，当該極度の長時間労働に従事したことのみで心理的負荷の総合評価を「強」とする。
> イ　長時間労働の「出来事」としての評価
> 　長時間労働以外に特段の出来事が存在しない場合には，長時間労働それ自体を「出来事」とし，新たに設けた「1か月に80時間以上の時間外労働を行った（項目16）」という「具体的出来事」に当てはめて心理的負荷を評価する。項目16の平均的な心理的負荷の強度は「Ⅱ」であるが，発病日から起算した直前の2か月間に1月当たりおおむね120時間以上の時間外労働を行い，その業務内容が通常その程度の労働時間を要するものであった場合等には，心理的負荷の総合評価を「強」とする。
> ウ　恒常的長時間労働が認められる場合の総合評価
> 　出来事に対処するために生じた長時間労働は，心身の疲労を増加させ，ストレス対応能力を低下させる要因となることや，長時間労働が続く中で発生した出来事の心理的負荷はより強くなることから，出来事自体の心理的負荷と恒常的な長時間労働（月100時間程度となる時間外労働）を関連させて総合評価を行う。具体的には，「中」程度と判断される出来事の後に恒常的な長時間労働が認められる場合等には，心理的負荷の総合評価を「強」とする。なお，出来事の前の恒常的な長時間労働の評価期間は，発病前おおむね6か月の間とする。

　ただし，長時間労働が上記の時間数に満たない場合であっても，他の業務上の心理的負荷要因が認められる場合には，総合的に評価して心理的負荷の程度が「強」と判断される場合があります。他の心理的負荷要因とは，例えば，転勤して新たな業務に従事していたとか，パワーハラスメントの被害を受けていたとか，休日をとることなく連続して勤務していたなどの事情が挙げられます。

〔岩野　高明〕

過労自殺と労災認定

過労で自殺をしてしまった場合には，業務上外の判断はどのようにされるのでしょうか。

　　業務により精神障害を発病したと認められる者が自殺を図った場合には，精神障害によって正常の認識，行為選択能力が著しく阻害され，あるいは自殺行為を思いとどまる精神的抑制力が著しく阻害されている状態に陥ったものと推定されます。この結果，自殺についても労災認定されることになります。

キーワード

２段階の因果関係

解　説

　過労自殺とは，長時間労働等のストレスによってうつ病を発症し，抑うつ状態で自殺に至るというものです。過労自殺に関しては，うつ病発症の原因が業務に起因するものであるか，また，自殺がうつ病にり患したことによるものであるか，という２つの因果関係が問題になります。

　ところで，労働者災害補償保険法12条の２の２第１項は，「労働者が，故意に負傷，疾病，障害若しくは死亡又はその直接の原因となつた事故を生じさせたときは，政府は，保険給付を行わない」と定めているところ，自殺は故意に死亡することですから，労働者の自殺は，当該自殺の原因が業務上のうつ病等

第3章◇業務上疾病

にある場合であっても，一律に労災保険給付の対象とはならないのではない
か，という点が一応問題となり得ます。この点については，裁判所は，同条項
の「故意」とは業務上の疾病と相当因果関係にない他の原因・動機に基づく場
合を指すとか，自由意思の介在を排するような特別の事情がある場合には同条
項は適用されないとか理論づけることによって，この問題をクリアしていま
す。したがって，現在では，業務上の傷病と自殺との間に相当因果関係が認め
られる場合には，同条項によって保険給付を拒絶されることはないと考えてよ
いでしょう。

　一口に過労自殺といっても，自殺に至る類型は，①過労が原因で反応性うつ
病（特定の心理的ストレスが引き金になってうつ症状を発症するもの）を発症し，自殺
に至る場合（典型的な過労自殺型）と，②業務上傷病により療養中の者が，抑う
つ症状を発症して（又は増悪して）自殺に至る場合（業務上傷病原因型）とに分類
することができます。後者は，例えば業務上の怪我をしてしまい，その療養中
に，怪我の痛みや将来への不安からうつ病を発症して自殺を図ってしまうと
いった場合を指します。

　このうち上記の①の場合（典型的な過労自殺型）に関しては，精神障害認定基
準は，「業務によりICD-10のF0からF4に分類される精神障害を発病したと
認められる者が自殺を図った場合には，精神障害によって正常の認識，行為選
択能力が著しく阻害され，あるいは自殺行為を思いとどまる精神的抑制力が著
しく阻害されている状態に陥ったものと推定し，業務起因性を認める」として
います。したがって，業務上のうつ病を発症した者が自殺した場合，自殺の原
因として他に有力な事情のないときは，業務上認定されることになります。

　一方，上記の②の場合（業務上傷病原因型）については，当該業務上傷病と抑
うつ症状発症との間，及び抑うつ症状と自殺との間について，それぞれ相当因
果関係の存否が問題となります。この点に関し，佐伯労基署長（けい肺・自殺）
事件控訴審判決[1]では，長期間の粉じん作業により発症したけい肺結核症患
者が療養中に自殺したことについて，けい肺結核症と抑うつ症状の発症，さら
には自殺との間に「一定の関連性があることは否定できない」としたものの，
けい肺結核症と抑うつ症状発症との間に「法的な意味での相当因果関係がある
ものということができるか否かはなお疑問があるものといわざるを得」ないと

58

し，さらには抑うつ症状と自殺との間の相当因果関係を否定しました。この類型の事案では，ほかに岸和田労基署長事件[2]がありますが，この事件でも，業務上の転落事故による傷害と抑うつ症状発症との間の因果関係が否定されており，業務上の傷病が精神疾患でない場合の相当因果関係の立証は簡単であるとはいえません。

　もっとも，近時の国・大野労基署長（じん肺・自殺）事件[3]のように，業務上傷病原因型について業務起因性を肯定する判決も現れています。同事件では，業務に起因するじん肺の発症から約10年後にうつ病を発症し，さらに4年後に自殺したという事案について，じん肺が不治の死に至る病であることや，呼吸機能の悪化など深刻な身体症状に悩まされていたこと等により，被災労働者が受けていた心理的負担は相当程度に過重であったとして，業務上の傷病とうつ病の発症，さらには自殺との間の相当因果関係を認めました。

〔岩野　高明〕

■判　例■

☆1　福岡高判平6・6・30判タ875号130頁〔佐伯労基署長（けい肺・自殺）事件〕。
☆2　大阪地判平9・10・29労判728号72頁〔岸和田労基署長事件〕。
☆3　福井地判平21・9・9労判990号15頁〔国・大野労基署長（じん肺・自殺）事件〕。

第3章◆業務上疾病

15 過労死と労災認定

いわゆる過労死の場合，労災はどのような条件の下で認定されるのでしょうか。

> 発症前1ヵ月間におおむね100時間又は発症前2ヵ月間ないし6ヵ月間にわたって，1ヵ月あたりおおむね80時間を超える時間外労働が認められる場合は，業務と発症との関連性が強いと評価され，労災認定される可能性が高くなります。

 キーワード

「脳血管疾患及び虚血性心疾患等（負傷に起因するものを除く。）の認定基準について」（平成13年12月12日基発1063号）

解　説

　労災保険においては，いわゆる過労死とは，長時間労働等の業務上の原因によって「脳出血，くも膜下出血，脳梗塞，高血圧性脳症，心筋梗塞，狭心症，心停止（心臓性突然死を含む。）若しくは解離性大動脈瘤又はこれらの疾病に付随する疾病」を発症した上（労基則別表第1の2第8号），死亡することをいいます。
　厚生労働省による過労死の業務上外認定に関する通達としては，「脳血管疾患及び虚血性心疾患等（負傷に起因するものを除く。）の認定基準について」（平成13年12月12日基発1063号。この章において，以下「過労死認定基準」といいます）が示されています。過労死認定基準は，従前の基準（平成7年2月1日基発38号）を刷新

60

Q15 ◆過労死と労災認定

したものですが，その際の主な改正点は次のとおりです。

①脳・心臓疾患の発症に影響を及ぼす業務による明らかな過重負荷として，長期間にわたる疲労の蓄積を考慮することとしたこと

②その評価期間を発症前おおむね6ヵ月間としたこと

③長期間にわたる業務の過重性を評価するにあたって，労働時間の評価の目安を示したこと

④業務の過重性を評価するための具体的負荷要因（労働時間，不規則な勤務，交替制勤務，深夜勤務，作業環境，精神的緊張を伴う業務等）やその負荷の程度を評価する視点を示したこと

注目すべき点は，②に関して，具体的な労働時間の目安をも示した点です。具体的には，

(a)　発症前1ヵ月間ないし6ヵ月間にわたって，1ヵ月あたりおおむね45時間を超える時間外労働が認められない場合は，業務と発症との関連性が弱いが，おおむね45時間を超えて時間外労働時間が長くなるほど，業務と発症との関連性が徐々に強まると評価できる

(b)　発症前1ヵ月間におおむね100時間又は発症前2ヵ月間ないし6ヵ月間にわたって，1ヵ月あたりおおむね80時間を超える時間外労働が認められる場合は，業務と発症との関連性が強いと評価できる

としました。労基署においては，過労死認定基準に基づき業務上外の認定をすることになります。

過労死認定基準（概要）

1　基本的な考え方
(1)　脳・心臓疾患は，血管病変等が長い年月の生活の営みの中で，形成，進行及び増悪するといった自然経過をたどり発症する。
(2)　しかしながら，業務による明らかな過重負荷が加わることによって，血管病変等がその自然経過を超えて著しく増悪し，脳・心臓疾患が発症する場合がある。
(3)　脳・心臓疾患の発症に影響を及ぼす業務による明らかな過重負荷として，発症に近接した時期における負荷のほか，長期間にわたる疲労の蓄積も考慮することとした。
(4)　また，業務の過重性の評価にあたっては，労働時間，勤務形態，作業環境，精

61

第3章◇業務上疾病

神的緊張の状態等を具体的かつ客観的に把握，検討し，総合的に判断する必要がある。

2　対象疾病

(1)　脳血管疾患

　(a)　脳内出血（脳出血）

　(b)　くも膜下出血

　(c)　脳梗塞

　(d)　高血圧性脳症

(2)　虚血性心疾患等

　(a)　心筋梗塞

　(b)　狭心症

　(c)　心停止（心臓性突然死を含む。）

　(d)　解離性大動脈瘤

3　認定要件

　次の(1)，(2)又は(3)の業務による明らかな過重負荷を受けたことにより発症した脳・心臓疾患は，労働基準法施行規則別表第1の2第8号に該当する疾病として取り扱う。

(1)　発症直前から前日までの間において，発生状態を時間的及び場所的に明確にし得る異常な出来事に遭遇したこと（異常な出来事）。

(2)　発症に近接した時期において，特に過重な業務に就労したこと（短期間の過重業務）。

(3)　発症前の長期間にわたって，著しい疲労の蓄積をもたらす特に過重な業務に就労したこと（長期間の過重業務）。

4　認定要件の運用

(1)　脳・心臓疾患の疾患名及び発症時期の特定について

　(a)　疾患名の特定について

　　脳・心臓疾患の発症と業務との関連性を判断する上で，発症した疾患名は重要であるので，臨床所見，解剖所見，発症前後の身体の状況等から疾患名を特定し，対象疾病に該当することを確認すること。

　(b)　発症時期の特定について

　　脳・心臓疾患の発症時期については，業務と発症との関連性を検討する際の起点となるものであるので，臨床所見，症状の経過等から症状が出現した日を特定し，その日をもって発症日とすること。

(2)　過重負荷について

　過重負荷とは，医学経験則に照らして，脳・心臓疾患の発症の基礎となる血管病変等をその自然経過を超えて著しく増悪させ得ることが客観的に認められる負荷をいう。

(a) 異常な出来事について

　㋐　異常な出来事

　　（ⅰ）　極度の緊張，興奮，恐怖，驚がく等の強度の精神的負荷を引き起こす突発的又は予測困難な異常な事態

　　（ⅱ）　緊急に強度の身体的負荷を強いられる突発的又は予測困難な異常な事態

　　（ⅲ）　急激で著しい作業環境の変化

　㋑　評価期間

　　発症直前から前日までの間

　㋒　過重負荷の有無の判断

　　遭遇した出来事が前記㋐に掲げる異常な出来事に該当するか否かによって判断すること。

(b) 短期間の過重業務について

　㋐　特に過重な業務

　　特に過重な業務とは，日常業務（通常の所定労働時間内の所定業務内容をいう。）に比較して特に過重な身体的，精神的負荷を生じさせたと客観的に認められる業務をいう。

　㋑　評価期間

　　発症前おおむね１週間

　㋒　過重負荷の有無の判断

　　特に過重な業務に就労したと認められるか否かについては，⑴発症直前から前日までの間について，⑵発症直前から前日までの間の業務が特に過重であると認められない場合には，発症前おおむね１週間について，業務量，業務内容，作業環境等を考慮し，同僚等にとっても，特に過重な身体的，精神的負荷と認められるか否かという観点から，客観的かつ総合的に判断すること。

　　具体的な負荷要因は，次のとおりである。

　　（ⅰ）　労働時間

　　（ⅱ）　不規則な勤務

　　（ⅲ）　拘束時間の長い勤務

　　（ⅳ）　出張の多い業務

　　（ⅴ）　交替制勤務・深夜勤務

　　（ⅵ）　作業環境（温度環境・騒音・時差）

　　（ⅶ）　精神的緊張を伴う業務

　　（（ⅱ）〜（ⅶ）の項目の負荷の程度を評価する視点は別紙のとおり）

(c) 長期間の過重業務について

　㋐　疲労の蓄積の考え方

第3章◇業務上疾病

　　恒常的な長時間労働等の負荷が長期間にわたって作用した場合には，「疲労の蓄積」が生じ，これが血管病変等をその自然経過を超えて著しく増悪させ，その結果，脳・心臓疾患を発症させることがある。このことから，発症との関連性において，業務の過重性を評価するに当たっては，発症時における疲労の蓄積がどの程度であったかという観点から判断することとする。

(イ)　評価期間

　　発症前おおむね6か月間

(ウ)　過重負荷の有無の判断

　　著しい疲労の蓄積をもたらす特に過重な業務に就労したと認められるか否かについては，業務量，業務内容，作業環境等を考慮し，同僚等にとっても，特に過重な身体的，精神的負荷と認められるか否かという観点から，客観的かつ総合的に判断すること。

　　具体的には，労働時間のほか前記(b)の(ウ)の(ii)〜(vii)までに示した負荷要因について十分検討すること。

　　その際，疲労の蓄積をもたらす最も重要な要因と考えられる労働時間に着目すると，その時間が長いほど，業務の過重性が増すところであり，具体的には，発症日を起点とした1ヵ月単位の連続した期間をみて，

Ⓐ　発症前1ヵ月間ないし6ヵ月間にわたって，1ヵ月あたりおおむね45時間を超える時間外労働が認められない場合は，業務と発症との関連性が弱いが，おおむね45時間を超えて時間外労働時間が長くなるほど，業務と発症との関連性が徐々に強まると評価できること

Ⓑ　発症前1ヵ月間におおむね100時間又は発症前2ヵ月間ないし6ヵ月間にわたって，1ヵ月あたりおおむね80時間を超える時間外労働が認められる場合は，業務と発症との関連性が強いと評価できることを踏まえて判断すること。

〔岩野　高明〕

16 不支給決定等に対する不服申立て

労働者やその遺族が労災申請をしたにもかかわらず，不支給の決定がされた場合に，これに不服を申し立てることはできるのでしょうか。

労基署長が発した不支給決定に対しては，①労働者災害補償保険審査官に対する審査請求，②労働保険審査会に対する再審査請求，③これらの処分の取消しを求める行政訴訟をすることができます。

☑ キーワード

審査請求，再審査請求，取消訴訟

解　説

労働者（又はその遺族。以下同じ）が労災申請をしたにもかかわらず，不支給の決定が出たときは，労働者は，これに対して不服の申立てをすることができます。具体的には，①労働者災害補償保険審査官に対する審査請求，②労働保険審査会に対する再審査請求，そして③これらの処分の取消しを求める行政訴訟です。③の行政訴訟は，①の審査請求に対する決定が出た後でなければ，訴えを提起することができません。

この点については，従前，③の行政訴訟は①の審査請求及び②の再審査請求に対する各決定を経た後でなければ訴えを提起することができませんでしたが，平成28年4月1日からは，上記のとおり①の審査請求に対する決定が出れば，②の再審査請求を経ることなく③の行政訴訟を提起することができるよう

第3章◇業務上疾病

になりました。

　①及び②の手続をする場合には，「労働保険審査請求書」や「労働保険再審査請求書」を厚生労働省のホームページなどから入手し，これに必要事項を記載して都道府県の労働局に提出します。審査・再審査の結果，原決定（多くの場合は労働基準監督署長の不支給決定）が維持されるのであれば請求棄却の決定が，これを見直すのであれば，原決定を取り消す内容の決定が出ます。

〔岩野　高明〕

労働基準監督署長等の業務上外認定と
裁判所の判断基準

　労働基準監督署長による支給・不支給の判断基準や，審査請求・再審査請求に対する審査官等の判断基準は，訴訟でも同じように用いられるのでしょうか。

A

　裁判所は，行政上の基準を一定程度は尊重しつつも，必ずしもこれに依拠して判断するわけではありません。行政の不支給決定は，行政訴訟の判決で度々取り消されています。

キーワード

裁判における行政上の基準の扱い

解　説

　前記のとおり，労働基準監督署長の決定に不服があるときは，審査請求や再審査請求をすることができます。審査請求や再審査請求に対する決定にさらに不服があるときは，行政訴訟を提起することができます。
　このうち，労働基準監督署長の決定や，審査請求・再審査請求に対する審査官等の決定は，厚生労働省で策定された基準等に基づき行われます。例えば，前掲の精神障害認定基準や過労死認定基準のような基準です。
　これに対し，裁判所は，行政機関（厚生労働省）が策定した基準に拘束されるわけではありません。裁判所は，度々この点を明確に判示しています。例えば，国・半田労基署長（医療法人B会D病院）事件控訴審判決[☆1]は，精神障害認

定基準は「法令と異なり，行政上の基準（通達）にすぎない上，最終的な評価に当たっては幅のある判断を加えて行うものであるから，当該労働者が置かれた具体的な立場や状況等を十分に斟酌して適正に心理的負荷の強度を評価するに足りるだけの明確な基準とはいえない」とした上，同基準は「参考資料と位置付けるのが相当である」と説示し，労基署長の不支給処分を是認した一審判決を取り消しています。つまり，裁判所が，行政機関が策定した基準を参考としつつ，具体的な事情を踏まえて総合的に業務上外の認定をしているのです。

　ところで，裁判所による傷病の業務上外の認定は，労基署長等による不支給決定の取消訴訟（行政訴訟）だけでなく，使用者に対する民事訴訟でも問題となります。例えば，被災した従業員が使用者に対して損害賠償を請求する場合や，傷病を理由として使用者から解雇された従業員が，労災を理由に解雇の無効の確認を請求する場合などです。これらの場面においても，裁判所は，行政基準を参考資料としつつ，業務上外の認定について，同基準に必ずしも縛られない判断をすることがあります。

　裁判例を見ると，裁判所は，行政基準に比べていくぶん緩やかに業務上認定をする傾向が認められます。行政手続では業務上の傷病と認められなかった事案でも，他の事情を考慮しつつ，労基署長の決定を取り消しているのです。例えば，国・岐阜労基署長（アピコ関連会社）事件☆2では，労働者が自殺する前の3ヵ月間の労働時間数が83時間（死亡3ヵ月前），68時間30分（同2ヵ月前），108時間30分（同1ヵ月前）であった事案について，他の事情を考慮しつつ業務上認定をしています。

〔岩野　高明〕

━━━■判　例■━━━

☆1　名古屋高判平29・3・16労判1162号28頁〔国・半田労基署長（医療法人B会D病院）事件〕。

☆2　名古屋地判平27・11・18労判1133号16頁〔国・岐阜労基署長（アピコ関連会社）事件〕。

第 4 章

通勤災害

Q18 ◆通勤中の災害の取扱い

 通勤中の災害の取扱い

　通勤の途中で事故に遭い，負傷してしまった場合も労災保険の給付を受けることができるのでしょうか。単身赴任者が週末に家族のもとへ帰る途中や，仕事を掛け持ちしている者が副業先へ向かう途中に事故に遭った場合はどうでしょうか。

　　　通勤途中の事故による負傷は，通勤災害として労災保険給付の対象となります。単身赴任者の帰省時の事故や，副業先へ向かう途中の事故も，給付の対象となり得ます。

☑キーワード

通勤災害

解　説

　通勤途中での負傷，疾病，障害，及び死亡（以下「通勤災害」といいます）については，労災保険による給付を受けることができます（労災保7条1項2号）。給付の種類や金額は，業務上の負傷等の場合とほぼ同じです。ただし，労働基準法上の補償とは異なる制度であることから，給付の名称には「補償」の文言が除かれます。例えば，業務災害における「療養補償給付」は，通勤災害では「療養給付」となります（労災保21条）。
　通勤災害と認定されるためには，「通勤」による負傷等に該当しなければなりません。「通勤」とは，労働者が，就業に関し，①住居と就業の場所との間

第4章◇通勤災害

の往復，②就業の場所から他の就業の場所への移動，③住居と就業の場所との間の往復に先行し，又は後続する住居間の移動を，合理的な経路及び方法により行うことをいいますが，このうち業務の性質を有するものは除かれます（労災保7条2項）。例えば，単身赴任者が週末を自宅で過ごし，日曜日の夕方に自宅から単身赴任先の社宅へ移動する途中で事故に遭ったという場合は，上記のうち③に当たるので通勤災害となります（この場合，自宅と単身赴任先の社宅の両方が「住居」となります）。また，近時に社会的な関心の高い副業に関しては，本業の就業場所から副業の就業場所へ移動することは，上記の②に該当するので，移動中に事故に遭えば，これも通勤災害となります。この場合，保険給付の手続は，副業の事業所において行います（平成18年3月31日基発0331042号）。

〔岩野　高明〕

帰宅途中の寄り道と通勤災害

職場から帰宅するまでの間に，買い物をするために寄り道をした後で事故に遭ってしまった場合でも，通勤災害として扱われるのでしょうか。

A
　　買い物は，通勤経路からの逸脱若しくは通勤の中断と評価されますので，原則として以後の災害は通勤災害には該当しません。ただし，買い物の目的が日用品の購入であった場合には，本来の通勤の経路に復帰した後の災害は通勤災害となり得ます。

キーワード

通勤経路の逸脱，通勤の中断

解　説

　通勤の途中で合理的な経路を逸脱したり，移動を中断したりした場合には，逸脱又は中断の間及びその後の移動は，原則として「通勤」とは認められません。「逸脱」とは，通勤とは無関係な目的で経路を外れることをいい，「中断」とは，経路上で通勤とは無関係な行為を開始することをいいます。
　ただし，逸脱又は中断が，やむを得ない事由によって，日常生活上必要な一定の行為を行うための最小限度のものである場合には，逸脱又は中断から元の経路に復帰した時点から，「通勤」として認められることになります（労災保7条3項ただし書）。この日常生活上必要な行為には，日用品の購入，職業訓練，病院等への通院，親族の介護等が含まれます（労災保則8条）。

第4章◇通勤災害

　例えば，会社の帰りに近くのスーパーへ立ち寄ったという場合，この立ち寄りは日用品の購入に当たると考えられますので，スーパーが帰り道沿いにあれば入店時に，スーパーが経路から離れたところにあれば経路を外れた時点で，それぞれ通勤を中断し，又は通勤経路を逸脱したものと評価されるでしょう。したがって，中断又は逸脱後に事故に遭った場合には通勤災害とはなりませんが，買い物を済ませて通勤経路に復帰した後に事故に遭った場合には通勤災害となります。

　これに対し，仕事帰りに映画を見に行ったり，飲食をしたりした場合には，その後に元の経路に復帰したからといって，以後の移動が通勤として扱われるわけではありません。これらは「日常生活上必要な行為」（労災保7条3項ただし書）とは評価されないからです。

　裁判例の中には極めて厳格な判断を下したものがあります。札幌労基署長（札幌市農業センター）事件☆1では，仕事帰りに夕食の材料を購入するために，自宅と反対方向へわずか140メートル離れた地点にある商店へ向かう途中，40数メートル歩行したところで自動車に追突されてしまったという事案で，合理的な経路からの逸脱に当たるとして，通勤災害と認められませんでした。仮に，買い物を済ませて元の経路に復帰したところで事故に遭ったのであれば，通勤災害と認められたであろうことを考えると，裁判所の判断はいささか酷ではあります。

〔岩野　高明〕

━━━　▨判　例▨　━━━

☆1　札幌高判平元・5・8労判541号27頁〔札幌労基署長（札幌市農業センター）事件〕。

懇親会等に参加した帰り道での事故と通勤災害

通常の仕事が終わった後で，会社の懇親会に参加し，帰宅途中で事故に遭った場合には，通勤災害として扱ってもらえるでしょうか。

　　懇親会の目的や場所，開催時間，飲酒の可否，参加の強制の有無，費用の負担者等の考慮要素に基づいて，懇親会が業務と関連性を有するものと評価できる場合には，懇親会から帰る途中に遭った災害も通勤災害と認められます。

☑ キーワード

会合と業務との間の関連性

解　説

　訴訟等でよく問題となるのは，終業後に懇親会等の会合に参加し，その後帰宅途中で災害に遭った場合に，「通勤」の要件である「就業に関し」に当たるのかという点です。つまり，当該会合が業務と関連性を有するかということです。裁判例においては，会合の目的・場所・出席者・開始時刻・継続時間，出欠席についての自由度，費用の多寡・負担者，及び酒類の提供の有無・分量等を総合して業務関連性を判断しています。

　例えば，中央労基署長（日立製作所・通勤災害）事件[1]では，社内部署で催された歓送迎会の後，帰宅途中に災害に遭った事案について，会場が社外であること，業務時間終了後であること，食事や酒類が供されたこと，目的が慰労や

第4章◇通勤災害

懇親であったこと，参加が強制されていなかったこと，費用は参加者が負担し，会社からは補助がなかったこと等の事情から，業務関連性が否定されました。

一方，国・中央労基署長（通勤災害）事件☆2では，会合の場所が社屋内であったこと，会合が毎月定期的に開催されていたこと，費用を会社が負担していたこと，会合の目的が業務に関するものであったこと，一般には参加が自由であったとしても，少なくとも当該従業員においては当該会合を統括する役目を負っていたこと，酒類の提供を伴うものではあったが，会合の目的からするとなお業務に当たらないとはいえないこと，会合の途中一時居眠りをしたが，一時的な休息の範囲を出るものではないこと等を根拠に，業務関連性が肯定されています。会合の目的や場所，開催時間，飲酒の可否，参加の強制の有無，費用の負担者等の考慮要素に基づいて，業務関連性が総合的に判断されていることがわかります。

〔岩野　高明〕

■判　例■

☆1　東京地判平21・1・16労判981号51頁〔中央労基署長（日立製作所・通勤災害）事件〕。

☆2　東京地判平19・3・28労判943号28頁〔国・中央労基署長（通勤災害）事件〕。

帰宅途中に第三者から暴行を受けた場合と通勤災害

仕事帰りに電車のホームで他の乗客との間で口論となり，相手方から殴打されて負傷してしまいました。このような負傷も通勤災害として扱ってもらえるのでしょうか。

通勤災害として認められる余地があります。

☑キーワード

通勤による負傷（相当因果関係）

解　説

通勤の途中に第三者の不法行為によって負傷した場合には，当該負傷が「通勤による負傷」（労災保7条1項2号）といえるかどうかが問題となります。この点は，通勤と負傷との間に相当因果関係が認められるかどうかによって判断されます。通勤の途中で第三者から殴打されるということは，頻繁に起きる事象ではありませんが，実務上は，このような負傷も通勤に内在する危険が現実化したものとして，つまり，通勤との間で相当因果関係があるものとして，通勤災害に該当するという扱いをしています。ただし，自らが相手方を挑発したり，積極的に攻撃や反撃をしたりした結果，喧嘩がエスカレートして負傷してしまったという場合には，喧嘩の原因を作出した責任は負傷した側にもあると評価される可能性が高いと思われます。このような場合には，負傷は通勤に内在する危険が現実化したものとはいえず，通勤災害とは認められないでしょ

第4章◇通勤災害

う。

　一方，被災労働者の殺害を企図した者が，たまたま通勤中の被災労働者を襲ったという場合には，当該殺害は「通勤による」ものとはいえないとして，通勤災害には該当しないとした裁判例があります☆1。

〔岩野　高明〕

■判　例■

☆1　大阪高判平12・6・28労判798号7頁〔大阪南労基署長（オウム通勤災害）事件〕。

22　副業先へ向かう途中の事故

　会社の許可に基づき副業をしています。本業の事業所から副業の事業所へ向かう途中で事故に遭った場合には，通勤災害として扱ってもらえるでしょうか。また，通勤災害に当たるのであれば，どちらの事業所で手続をすることになりますか。

A 　通勤災害として扱われます。この場合，副業先の労災保険で手続をすることになります。

キーワード

副業と通勤災害

――― 解　説 ―――

　前記のとおり，本業の事業所から副業の事業所へと移動する途中で事故に遭った場合には，「就業の場所から他の就業の場所への移動」（労災保7条2項2号）中の事故として，通勤災害の扱いとなります。この場合，副業先の労災保険を使用して保険給付を受けることになります（平成18年3月31日基発0331042号）。
　ここで注意をしなければならないのは，この場合には，保険の給付額の計算においても本業での賃金が考慮されないことです。副業先の労災保険によって手続が行われる結果，平均賃金から算出される「給付基礎日額」も，副業先での賃金のみを基準に計算されます。

〔岩野　高明〕

第4章◇通勤災害

 自然災害による住居や就業場所の変更と通勤災害

地震や津波，台風などの自然災害により，やむを得ず住居や就業場所が変更になった場合の通勤災害の扱いについて教えてください。

　　　　自然災害によって住居や就業場所に変更が生じた場合，変更後の住居や就業場所の往復は通勤と認められますので，この通勤中に事故に遭った場合には，労災保険給付を受けることができます。

☑キーワード
「東北地方太平洋沖地震に係る業務上外の判断等について」，「東北地方太平洋沖地震と労災保険Q＆A」

解　説

　平成23年3月11日に東日本大震災が発生した際には，津波などで多くの方が被災されました。震災時の負傷等（通勤災害を含む）の業務上・外の判断については，厚生労働省が通達やQ＆A集を出していますので（「東北地方太平洋沖地震に係る業務上外の判断等について」平成23年3月24日，「東北地方太平洋沖地震と労災保険Q＆A」同日付），以下は，主にこれらの通達及びQ＆Aに基づき説明します。
　基本的な考え方としては，通勤途中で自然災害により負傷した場合も，通常の通勤災害と同様に労災保険の対象となります。また，自然災害により避難所など自宅以外の場所から通勤することになった場合でも，当該避難所等が「住居」（労災保7条2項1号）となるので，この場所と就業の場所との間の往復の途

80

中で負傷した場合には，やはり給付を受けることができます。勤務先が被災したために，別の事業所に勤務することになったり，臨時の販売所等で営業をすることになったりした場合には，これらの場所が「就業の場所」（労災保7条2項1号）になります。この結果，避難所と臨時の事業場との間の往復の際に負傷したときは，通勤災害と認定されます。

　Q＆Aのうち，その他の主な内容は次のとおりです。

①電車で通勤中，地震で電車が脱線したことにより負傷した場合

　→通勤に通常内在する危険が現実化したものといえるので，通勤災害と認められます。

②通勤途中に震災が発生し，津波警報が聴こえたため，職場や自宅へ向かわずに，避難場所へ移動する途中で負傷した場合

　→警報に従い避難するために移動することは，「逸脱」には当たらないものと解釈されるので，通勤災害と認められます。

③地震後に電車が止まってしまったため，歩いて帰宅する途中に負傷した場合

　→電車が止まってしまったのであれば，徒歩で帰宅することも合理的な移動方法といえるので，通勤災害と認められます。

④電車が止まってしまったために，その晩は会社やホテルで宿泊し，翌朝帰宅する途中で負傷した場合

　→帰宅できないやむを得ない事情がある場合は，「就業に関し」宿泊したものといえるので，通勤災害と認められます。

⑤地震後に電車のダイヤが大幅に乱れているため，通常より2時間早く自宅を出て会社へ向かう途中で負傷した場合

　→早く出発しなければならない合理的な理由がある場合には，途中で逸脱・中断がない限り，通勤災害と認められます。

⑥電車が止まってしまったために，会社が認めていないオートバイ通勤をしたところ，転倒して負傷した場合

　→会社からの許可の有無にかかわらず，合理的な移動方法であれば，通勤災害と認められます。

⑦地震のために怪我をして入院している親族の看護のために，病院に宿泊し

第4章◇通勤災害

てから会社へ向かう途中で負傷した場合

→病院が「住居」となるので，通勤災害と認められます（労災保7条3項ただし書・労災保則8条5号）。

〔岩野　高明〕

第 5 章

労災保険給付

24 労災保険給付の一覧

労働者が仕事中にケガをしたり，疾病にかかったときに，受けられる労災保険の給付の概要を教えてください。

A

　労災保険は，業務上の事由又は通勤による労働者の負傷，疾病，障害，死亡等に対して，事業主に代わって国が必要な保険給付を行う制度で，業務災害の場合，療養補償給付，休業補償給付，傷病補償年金，障害補償給付，介護補償給付，遺族補償給付及び葬祭料があり，通勤災害の場合も同様の給付があります。また，二次健康診断等給付があります。
　労災保険ではこれらの保険給付に加えて，社会復帰促進事業，被災労働者等援護事業及び安全衛生確保等事業の3つの事業により，被災労働者の社会復帰等に向けた支援も行っています。

キーワード

　労災保険の目的，労災保険給付，社会復帰促進等事業

―― 解　説 ――

1　労災保険の目的

　労災保険は，業務上の事由又は通勤による労働者の負傷，疾病，障害，死亡等に対して，事業主に代わって国が必要な保険給付を行う制度です。これによ

り，仮に事業主に支払能力がない場合でも，被災した労働者は安心して補償を受けることができます。

また，労災保険は，適用事業に使用されるすべての労働者を対象にした保険制度のため，正社員だけでなく，アルバイト・パート等の非正社員も当然に補償を受けることができます。

2　労災保険給付の一覧

労災保険給付の一覧は下記のとおりです。

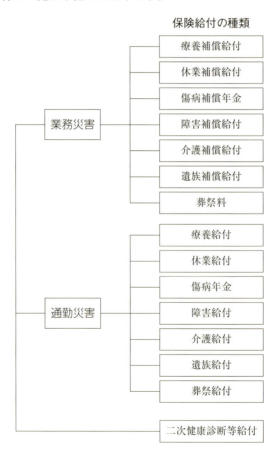

業務災害の場合，傷病により療養するときに給付される「療養補償給付」，療養のため労働することができず賃金を受けられないときに給付される「休業補償給付」，傷病が治癒せずに一定期間経過後に一定の障害の状態にあるときに給付される「傷病補償年金」，傷病が治癒した後に一定の障害の状態にあるときに給付される「障害補償給付」，一定の障害の状態にあり介護を受けているときに給付される「介護補償給付」，死亡したときに給付される「遺族補償給付」「葬祭料」があります。なお，通勤災害の場合も同様の給付があります。

　また，定期健康診断の結果によって給付される「二次健康診断等給付」があります。

3　社会復帰促進等事業

　労災保険では，保険給付に加えて，被災労働者の円滑な社会復帰を促進するために必要な事業である「社会復帰促進事業」，被災労働者及びその遺族の援護を図るために必要な事業である「被災労働者等援護事業」及び労働者の安全及び衛生の確保，保険給付の適切な実施の確保並びに賃金の支払の確保を図るために必要な事業である「安全衛生確保等事業」の３つの事業により，被災労働者の社会復帰等に向けた支援も行っています。

〔岩楯めぐみ〕

第5章◇労災保険給付

 療養補償給付

労働者が業務上の事由による傷病により通院する場合，どのような補償を受けることができますか。

労災保険における療養補償給付を受けることができます。
療養補償給付は，労働者が業務上負傷し，又は疾病にかかったときに，当該労働者本人の請求に基づいて行われるもので，医療機関で治療等の現物の給付を受ける「療養の給付」と，療養の給付を受けることが困難な場合等に現金の給付を受ける「療養の費用の支給」があります。

☑ キーワード
療養補償給付，療養の給付，療養の費用の支給，指定病院等

解　説

1 療養補償給付

療養補償給付は，労働者が業務上負傷し，又は疾病にかかったときに，当該労働者本人の請求に基づいて行われるもので，「療養の給付」と「療養の費用の支給」があります（労災保13条）。
「療養の給付」は，現物の給付で，労働者が業務上負傷し，又は疾病にか

かったときに，労災保険において指定された医療機関（指定病院等）において治療や薬剤の支給を無償で受けることをいいます。

「療養の費用の支給」は，現金の給付で，労働者が業務上負傷し，又は疾病にかかったときに，治療等を受けた医療機関が指定病院等でない場合など療養の給付を受けることが困難な場合等に，その費用の支給を受けるものをいいます。この場合，労働者は治療等を受けた医療機関にその費用の全額を一旦立て替えて支払う必要がありますが，後日，当該分を請求し，労災保険から給付を受けるものとなります。

原則	現物の給付	療養の給付
例外	現金の給付	療養の費用の支給　※療養の給付が困難な場合等

なお，療養の費用の支給は，療養の給付をすることが困難な場合や療養の給付を受けないことについて労働者に相当の理由がある場合に対象となり（労災保則11条の2），通達（昭和41年1月31日基発73号）では次のものが例示されています。

［療養の給付をすることが困難な場合］
　（例）当該地区に指定病院等がない場合
　（例）特殊な医療技術又は診療施設を必要とする傷病の場合に，最寄りの指定病院等にこれらの技術又は施設の設備がなされていない場合

［療養の給付を受けないことについて相当の理由がある場合］
　（例）当該傷病が指定病院等以外の病院，診療所等で緊急な療養を必要とする場合
　（例）最寄りの病院，診療所等が指定病院等でない等の事情がある場合

2 指定病院等

療養の給付は，労災保険において指定された医療機関である指定病院等で受けることができ，指定病院等とは次に該当するものをいいます（労災保則11条1項）。

　○労災保険の社会復帰促進等事業として設置された病院又は診療所

第5章◇労災保険給付

○都道府県労働局長の指定する病院若しくは診療所，薬局又は訪問看護事業者

3 給付の範囲

療養の給付は，次の範囲（政府が必要と認めるものに限ります）で行われます（労災保13条2項）。

○診察
○薬剤又は治療材料の支給
○処置，手術その他の治療
○居宅における療養上の管理及びその療養に伴う世話その他の看護
○病院又は診療所への入院及びその療養に伴う世話その他の看護
○移送

なお，上記の「移送」とは，傷病労働者を輸送することをいい，災害現場や自宅から医療機関への移送だけでなく，医師の指示等による転医や退院に必要な移送，通院（原則として傷病労働者の住居地又は勤務地から片道2キロメートル以上の通院に限ります）も含まれます（昭和37年9月18日基発951号，昭和48年2月1日基発48号）。

当該給付は傷病が治癒するまで又は死亡により療養の必要がなくなるまで行われますが，労災保険における「治癒」とは，「症状が安定し，疾病が固定した状態にあるものをいうのであって，治療の必要がなくなったものである」（昭和23年1月13日基災発3号）とされ，身体の諸器官・組織が健康時の状態に完全に回復した状態のみをいうものではなく，傷病の症状が安定し，医学上一般に認められた医療を行ってもその効果が期待できなくなった状態も含まれるとされています。

〔岩楯めぐみ〕

休業補償給付

　労働者が業務上の事由による傷病の治療のために会社を休む場合，どのような補償を受けることができますか。

　　　労災保険における休業補償給付を受けることができます。
　　　休業補償給付は，労働者が業務上負傷し，又は疾病にかかり，その療養のために労働することができず，賃金を受けないときに，当該労働者の請求に基づいて行われるもので，賃金を受けない日の第４日目から支給されます。
　　　給付額は，原則として，対象となる１日につき給付基礎日額の60％に相当する額となります。

☑キーワード
　休業補償給付，給付基礎日額，休業特別支給金

解　説

1　休業補償給付

　休業補償給付は，労働者が業務上負傷し，又は疾病にかかり，その療養のために労働することができず，賃金を受けないときに，当該労働者の請求に基づいて行われるもので，賃金を受けない日の第４日目から支給されます（労災保14条1項）。

第 5 章◇労災保険給付

　なお，最初の 3 日は待機期間と呼ばれ，労働者災害補償保険法に基づく休業補償給付の対象にはなりませんが，労働基準法に基づく休業補償の対象となり，事業主は休業補償として 1 日につき平均賃金の100分の60を支払う必要があります（労基76条）。

　また，待機期間は連続・断続にかかわらず通算して 3 日となり，所定休日や年次有給休暇を取得した日*¹も当該日数に含まれます。

2 賃金を受けない日

　休業補償給付は，業務上傷病による療養のために労働することができず，「賃金を受けない日」に給付されますが，それは次のいずれかに該当する日をさします。

　　○所定労働時間の「全部」を労働することができない日については，

　　　事業主から支払われる当該日の賃金が平均賃金の100分の60に相当する額未満の日（賃金がまったく支払われない日を含みます）

　　○所定労働時間の「一部」を労働することができない日については，

　　　事業主から支払われる当該一部休業に対する賃金が，平均賃金からその日の労働に応じて支払われる賃金の額を控除した額の100分の60に相当する額未満の日（賃金がまったく支払われない日を含みます）

　したがって，例えば，所定労働時間の「全部」を労働することができない日に，事業主から平均賃金の100分の50に相当する額の賃金の支払を受けた場合は，当該日は「賃金を受けない日」であるため休業補償給付の対象となり，事業主から平均賃金の100分の60に相当する額の賃金の支払を受けた場合は，当該日は「賃金を受けない日」ではないため休業補償給付の対象とはなりません。

3 給付の額

　休業補償給付の額は，原則として，対象となる 1 日につき給付基礎日額の100分の60に相当する額となります。なお，所定労働時間の「一部」を労働す

ることができない日の給付の額も含めてまとめると下表のとおりとなります（労災保14条1項）。

対象となる日	休業補償給付の額
所定労働時間の「全部」を労働することができない日	給付基礎日額の100分の60に相当する額
所定労働時間の「一部」を労働することができない日	給付基礎日額（最高限度額を給付基礎日額とすることとされている場合は，最高限度額の適用がないものとした場合における給付基礎日額）からその日の労働に応じて支払われる賃金の額を控除した額（当該控除して得た額が最高限度額を超える場合は，最高限度額に相当する額）の100分の60に相当する額

4 給付基礎日額

　給付基礎日額とは，原則として労働基準法に定める平均賃金に相当する額をいい，業務上の負傷や死亡の原因である事故が発生した日又は診断によって業務上の傷病の発生が確定した日（賃金締切日が定められているときは，その日の直前の賃金締切日）の直前3ヵ月間にその労働者に対して支払われた賃金（臨時に支払われる賃金，3ヵ月を超える期間ごとに支払われる賃金等を除きます）の総額を，その期間の暦日数で除した額をいいます（労災保8条）。

　なお，平均賃金に相当する額を給付基礎日額とすることが適当でないと認められるときは，特例の取扱いがあります。

　また，補償の実効性の確保や稼得能力の反映等のため，次のような給付基礎日額を調整する仕組みがあります（労災保8条の2等）。

　○最低保障額の定め

　○賃金水準の変動に応じて率を乗じて調整する仕組み

　○年齢階層別の最低・最高限度額を踏まえて調整する仕組み

第5章◇労災保険給付

5 休業補償給付が行われない場合

労働者が次のいずれかに該当する場合は，休業補償給付は行われません（労災保14条の2）。

○刑事施設，労役場その他これに準ずる施設に拘禁されている場合

○少年院その他これに準ずる施設に収容されている場合

また，傷病補償年金を受けることとなった場合も，休業補償給付は行われません（労災保18条2項）。

6 その他

休業補償給付を受ける労働者が同一の事由について厚生年金保険法に基づく障害厚生年金又は国民年金法に基づく障害基礎年金を受けることができるときは，当該労働者に支給される休業補償給付の額は，政令で定める率を乗じて減額されます（労災保14条2項）。

また，休業補償給付を受ける場合は，社会復帰促進等事業として，保険給付に上乗せして休業特別支給金が支給されます（特別支給則3条）。

※社会復帰促進等事業については「**Q34**社会復帰促進等事業」を参照ください。

〔岩楯めぐみ〕

══ ■注　記■ ══

＊1　通達（昭和40年7月31日基発901号）において「休業最初の3日間について使用者が平均賃金の60％以上の金額を支払った場合には，特別の事情がない限り休業補償が行なわれたものとして取り扱うこと。」との解釈が示されており，休業最初の3日間に年次有給休暇を取得した日がある場合は休業補償が行われたものとして取り扱われます。

傷病補償年金

　労働者が業務上の事由による傷病について長期にわたって療養が必要になる場合，どのような補償を受けることができますか。

　　　労災保険における傷病補償年金を受けることができます。
　　　傷病補償年金は，労働者が業務上負傷し，又は疾病にかかり，その療養開始後1年6ヵ月を経過した日又はその日後に，障害の程度が一定の場合に，当該労働者の請求に基づいて行われる年金制度です。
　　　給付される年金額は，障害の程度により給付基礎日額の313日，277日又は245日となります。

☑キーワード

　傷病補償年金，傷病等級，打切補償，傷病特別支給金，傷病特別年金

解　説

1　傷病補償年金

　傷病補償年金は，労働者が業務上負傷し，又は疾病にかかり，その療養開始後1年6ヵ月を経過した日又はその日後に，次のいずれにも該当するときに，当該労働者の請求に基づいて支給されます（労災保12条の8第3項）。
　○当該負傷又は疾病が治癒していないこと。

第5章◇労災保険給付

○当該負傷又は疾病による障害の程度が「傷病等級」に該当すること。

なお,「治癒」については, **Q25 3** を参照ください。

2 傷 病 等 級

傷病補償年金の対象となる傷病等級は,障害の程度に応じて第1級から第3級に区分されたもので,その詳細は下表のとおりとなります(労災保則別表第2)。

傷病等級	障害の状態
第1級	1　神経系統の機能又は精神に著しい障害を有し,常に介護を要するもの 2　胸腹部臓器の機能に著しい障害を有し,常に介護を要するもの 3　両眼が失明しているもの 4　そしゃく及び言語の機能を廃しているもの 5　両上肢をひじ関節以上で失ったもの 6　両上肢の用を全廃しているもの 7　両下肢をひざ関節以上で失ったもの 8　両下肢の用を全廃しているもの 9　前各号に定めるものと同程度以上の障害の状態にあるもの
第2級	1　神経系統の機能又は精神に著しい障害を有し,随時介護を要するもの 2　胸腹部臓器の機能に著しい障害を有し,随時介護を要するもの 3　両眼の視力が0.02以下になっているもの 4　両上肢を腕関節以上で失ったもの 5　両下肢を足関節以上で失ったもの 6　前各号に定めるものと同程度以上の障害の状態にあるもの
第3級	1　神経系統の機能又は精神に著しい障害を有し,常に労務に服することができないもの 2　胸腹部臓器の機能に著しい障害を有し,常に労務に服することができないもの 3　一眼が失明し,他眼の視力が0.06以下になっているもの 4　そしゃく又は言語の機能を廃しているもの 5　両手の手指の全部を失ったもの 6　第1号及び第2号に定めるもののほか常に労務に服することができないものその他前各号に定めるものと同程度以上の障害の状態にあるもの

なお，傷病等級に該当するか否かは，6ヵ月以上の期間にわたる障害の状態によって判断されます（労災保則18条2項）。

3　給付の額

傷病補償年金の額は，傷病等級に応じて次のとおりとなります（労災保則別表第2）。

傷病等級	年金の額
第1級	給付基礎日額の313日分
第2級	給付基礎日額の277日分
第3級	給付基礎日額の245日分

4　休業補償給付との関係

傷病補償年金を受ける場合は，休業補償給付は支給されません（労災保18条2項）。

なお，傷病補償年金を受けていた労働者が当該年金の支給要件を満たさなくなった場合は，労働者の請求に基づき，要件に該当する限り休業補償給付が支給されます。

5　打切補償との関係

業務上負傷し，又は疾病にかかった労働者が，当該傷病の療養の開始後3年を経過した日において傷病補償年金を受けている場合又は同日後において傷病補償年金を受けることとなった場合には，当該3年を経過した日又は傷病補償年金を受けることとなった日において，労働基準法81条の打切補償を支払ったものとみなされます（労災保19条）。

これにより，労働基準法19条1項の解雇制限が解除され，客観的に合理的な理

第5章◇労災保険給付

由があり，社会通念上相当であると認められる場合は解雇が可能となります。

6　その他

　傷病補償年金を受ける労働者が同一の事由について厚生年金保険法に基づく障害厚生年金又は国民年金法に基づく障害基礎年金を受けることができるときは，当該労働者に支給される傷病補償年金の額は，政令で定める率を乗じて減額されます（労災保別表第1）。

政令で定める率

併給される厚生年金・国民年金	調整率
障害厚生年金・障害基礎年金	0.73
障害厚生年金	0.88
障害基礎年金	0.88

　また，傷病補償年金を受ける場合は，社会復帰促進等事業として，保険給付に上乗せして傷病特別支給金（一時金）及び傷病特別年金が支給されます（特別支給則5条の2・11条）。

　※社会復帰促進等事業については「**Q34**社会復帰促進等事業」を参照ください。

〔岩楯めぐみ〕

障害補償給付

労働者が業務上の事由による傷病が治ったあと障害が残った場合，どのような補償を受けることができますか。

　労災保険における障害補償給付を受けることができます。
　障害補償給付は，労働者が業務上負傷し，又は疾病にかかり，それが治癒した後に，一定の障害が残っているときに，当該労働者の請求に基づいて行われるもので，障害の程度に応じて年金又は一時金が支給されます。

☑キーワード

障害補償給付，障害等級，障害補償年金，障害補償一時金，障害補償年金前払一時金，障害補償年金差額一時金，障害特別支給金，障害特別年金，障害特別一時金

解　説

1　障害補償給付

　障害補償給付は，労働者が業務上負傷し，又は疾病にかかってそれが治癒した後に，一定の障害が残っているときに，当該労働者の請求に基づいて行われるもので，障害の程度に応じて年金又は一時金が支給されます（労災保15条1

第5章◇労災保険給付

項)。

なお,「治癒」については,**Q25❸**を参照ください。

2 障 害 等 級

障害補償給付の対象となる傷害等級は,障害の程度に応じて第1級から第14級に区分されたもので,その区分は下表のとおりとなります(労災保則別表第1)。

障害等級	身体障害
第1級	1　両眼が失明したもの 2　そしゃく及び言語の機能を廃したもの 3　神経系統の機能又は精神に著しい障害を残し,常に介護を要するもの 4　胸腹部臓器の機能に著しい障害を残し,常に介護を要するもの 5　削除 6　両上肢をひじ関節以上で失ったもの 7　両上肢の用を全廃したもの 8　両下肢をひざ関節以上で失ったもの 9　両下肢の用を全廃したもの
第2級	1　一眼が失明し,他眼の視力が0.02以下になったもの 2　両眼の視力が0.02以下になったもの 2の2　神経系統の機能又は精神に著しい障害を残し,随時介護を要するもの 2の3　胸腹部臓器の機能に著しい障害を残し,随時介護を要するもの 3　両上肢を手関節以上で失ったもの 4　両下肢を足関節以上で失ったもの
第3級	1　一眼が失明し,他眼の視力が0.06以下になったもの 2　そしゃく又は言語の機能を廃したもの 3　神経系統の機能又は精神に著しい障害を残し,終身労務に服することができないもの 4　胸腹部臓器の機能に著しい障害を残し,終身労務に服することができないもの 5　両手の手指の全部を失ったもの
第4級	1　両眼の視力が0.06以下になったもの 2　そしゃく及び言語の機能に著しい障害を残すもの

	3　両耳の聴力を全く失ったもの
	4　一上肢をひじ関節以上で失ったもの
	5　一下肢をひざ関節以上で失ったもの
	6　両手の手指の全部の用を廃したもの
	7　両足をリスフラン関節以上で失ったもの
第5級	1　一眼が失明し，他眼の視力が0.1以下になったもの
	1の2　神経系統の機能又は精神に著しい障害を残し，特に軽易な労務以外の労務に服することができないもの
	1の3　胸腹部臓器の機能に著しい障害を残し，特に軽易な労務以外の労務に服することができないもの
	2　一上肢を手関節以上で失ったもの
	3　一下肢を足関節以上で失ったもの
	4　一上肢の用を全廃したもの
	5　一下肢の用を全廃したもの
	6　両足の足指の全部を失ったもの
第6級	1　両眼の視力が0.1以下になったもの
	2　そしゃく又は言語の機能に著しい障害を残すもの
	3　両耳の聴力が耳に接しなければ大声を解することができない程度になったもの
	3の2　一耳の聴力を全く失い，他耳の聴力が40cm以上の距離では普通の話声を解することができない程度になったもの
	4　せき柱に著しい変形又は運動障害を残すもの
	5　一上肢の三大関節中の二関節の用を廃したもの
	6　一下肢の三大関節中の二関節の用を廃したもの
	7　一手の五の手指又は母指を含み四の手指を失ったもの
第7級	1　一眼が失明し，他眼の視力が0.6以下になったもの
	2　両耳の聴力が40cm以上の距離では普通の話声を解することができない程度になったもの
	2の2　一耳の聴力を全く失い，他耳の聴力が1m以上の距離では普通の話声を解することができない程度になったもの
	3　神経系統の機能又は精神に障害を残し，軽易な労務以外の労務に服することができないもの
	4　削除
	5　胸腹部臓器の機能に障害を残し，軽易な労務以外の労務に服することができないもの
	6　一手の母指を含み三の手指又は母指以外の四の手指を失ったもの

	7　一手の五の手指又は母指を含み四の手指の用を廃したもの
	8　一足をリスフラン関節以上で失ったもの
	9　一上肢に偽関節を残し，著しい運動障害を残すもの
	10　一下肢に偽関節を残し，著しい運動障害を残すもの
	11　両足の足指の全部の用を廃したもの
	12　外貌に著しい醜状を残すもの
	13　両側のこう丸を失ったもの
第8級	1　一眼が失明し，又は一眼の視力が0.02以下になったもの
	2　せき柱に運動障害を残すもの
	3　一手の母指を含み二の手指又は母指以外の三の手指を失ったもの
	4　一手の母指を含み三の手指又は母指以外の四の手指の用を廃したもの
	5　一下肢を5cm以上短縮したもの
	6　一上肢の三大関節中の一関節の用を廃したもの
	7　一下肢の三大関節中の一関節の用を廃したもの
	8　一上肢に偽関節を残すもの
	9　一下肢に偽関節を残すもの
	10　一足の足指の全部を失ったもの
第9級	1　両眼の視力が0.6以下になったもの
	2　一眼の視力が0.06以下になったもの
	3　両眼に半盲症，視野狭さく又は視野変状を残すもの
	4　両眼のまぶたに著しい欠損を残すもの
	5　鼻を欠損し，その機能に著しい障害を残すもの
	6　そしやく及び言語の機能に障害を残すもの
	6の2　両耳の聴力が1m以上の距離では普通の話声を解することができない程度になったもの
	6の3　一耳の聴力が耳に接しなければ大声を解することができない程度になり，他耳の聴力が1m以上の距離では普通の話声を解することが困難である程度になったもの
	7　一耳の聴力を全く失ったもの
	7の2　神経系統の機能又は精神に障害を残し，服することができる労務が相当な程度に制限されるもの
	7の3　胸腹部臓器の機能に障害を残し，服することができる労務が相当な程度に制限されるもの
	8　一手の母指又は母指以外の二の手指を失ったもの
	9　一手の母指を含み二の手指又は母指以外の三の手指の用を廃したも

Q28 ◆障害補償給付

	の
	10　一足の第一の足指を含み二以上の足指を失ったもの
	11　一足の足指の全部の用を廃したもの
	11の2　外貌に相当程度の醜状を残すもの
	12　生殖器に著しい障害を残すもの
第10級	1　一眼の視力が0.1以下になったもの
	1の2　正面視で複視を残すもの
	2　そしゃく又は言語の機能に障害を残すもの
	3　十四歯以上に対し歯科補てつを加えたもの
	3の2　両耳の聴力が1m以上の距離では普通の話声を解することが困難である程度になったもの
	4　一耳の聴力が耳に接しなければ大声を解することができない程度になったもの
	5　削除
	6　一手の母指又は母指以外の二の手指の用を廃したもの
	7　一下肢を3cm以上短縮したもの
	8　一足の第一の足指又は他の四の足指を失ったもの
	9　一上肢の三大関節中の一関節の機能に著しい障害を残すもの
	10　一下肢の三大関節中の一関節の機能に著しい障害を残すもの
第11級	1　両眼の眼球に著しい調節機能障害又は運動障害を残すもの
	2　両眼のまぶたに著しい運動障害を残すもの
	3　一眼のまぶたに著しい欠損を残すもの
	3の2　十歯以上に対し歯科補てつを加えたもの
	3の3　両耳の聴力が1m以上の距離では小声を解することができない程度になったもの
	4　一耳の聴力が40cm以上の距離では普通の話声を解することができない程度になったもの
	5　せき柱に変形を残すもの
	6　一手の示指，中指又は環指を失ったもの
	7　削除
	8　一足の第一の足指を含み二以上の足指の用を廃したもの
	9　胸腹部臓器の機能に障害を残し，労務の遂行に相当な程度の支障があるもの
第12級	1　一眼の眼球に著しい調節機能障害又は運動障害を残すもの
	2　一眼のまぶたに著しい運動障害を残すもの
	3　七歯以上に対し歯科補てつを加えたもの

103

	4　一耳の耳かくの大部分を欠損したもの
	5　鎖骨，胸骨，ろく骨，肩こう骨又は骨盤骨に著しい変形を残すもの
	6　一上肢の三大関節中の一関節の機能に障害を残すもの
	7　一下肢の三大関節中の一関節の機能に障害を残すもの
	8　長管骨に変形を残すもの
	8の2　一手の小指を失ったもの
	9　一手の示指，中指又は環指の用を廃したもの
	10　一足の第二の足指を失ったもの，第二の足指を含み二の足指を失ったもの又は第三の足指以下の三の足指を失ったもの
	11　一足の第一の足指又は他の四の足指の用を廃したもの
	12　局部にがん固な神経症状を残すもの
	13　削除
	14　外貌に醜状を残すもの
第13級	1　一眼の視力が0.6以下になったもの
	2　一眼に半盲症，視野狭さく又は視野変状を残すもの
	2の2　正面視以外で複視を残すもの
	3　両眼のまぶたの一部に欠損を残し又はまつげはげを残すもの
	3の2　五歯以上に対し歯科補てつを加えたもの
	3の3　胸腹部臓器の機能に障害を残すもの
	4　一手の小指の用を廃したもの
	5　一手の母指の指骨の一部を失ったもの
	6　削除
	7　削除
	8　一下肢を1cm以上短縮したもの
	9　一足の第三の足指以下の一又は二の足指を失ったもの
	10　一足の第二の足指の用を廃したもの，第二の足指を含み二の足指の用を廃したもの又は第三の足指以下の三の足指の用を廃したもの
第14級	1　一眼のまぶたの一部に欠損を残し，又はまつげはげを残すもの
	2　三歯以上に対し歯科補てつを加えたもの
	2の2　一耳の聴力が1m以上の距離では小声を解することができない程度になったもの
	3　上肢の露出面にてのひらの大きさの醜いあとを残すもの
	4　下肢の露出面にてのひらの大きさの醜いあとを残すもの
	5　削除
	6　一手の母指以外の手指の指骨の一部を失ったもの
	7　一手の母指以外の手指の遠位指節間関節を屈伸することができなく

なったもの

8 一足の第三の足指以下の一又は二の足指の用を廃したもの

9 局部に神経症状を残すもの

※上表に定める身体障害が2以上ある場合は，重い方の身体障害が該当する障害等級となります（労災保則14条2項）。

※上表に掲げるもの以外の身体障害については，その障害の程度に応じ，同表に掲げる身体障害に準じてその障害等級が定められます（労災保則14条4項）。

※下表左欄に掲げる状況に該当する場合は，重い方の障害等級を右欄に掲げる等級だけ繰り上げられた障害等級となります（労災保則14条3項）。

第13級以上に該当する身体障害が2以上あるとき	1級
第8級以上に該当する身体障害が2以上あるとき	2級
第5級以上に該当する身体障害が2以上あるとき	3級

3 給付の額

障害補償給付は，障害等級が第1級から第7級に該当するときは「障害補償年金」として年金が，障害等級が第8級から第14級に該当するときは「障害補償一時金」として一時金が支給され，金額は下表のとおりとなります（労災保別表第1・第2）。

105

第5章◇労災保険給付

障害補償年金

障害等級	年金の額
第１級	給付基礎日額の313日分
第２級	給付基礎日額の277日分
第３級	給付基礎日額の245日分
第４級	給付基礎日額の213日分
第５級	給付基礎日額の184日分
第６級	給付基礎日額の156日分
第７級	給付基礎日額の131日分

障害補償一時金

障害等級	一時金の額
第８級	給付基礎日額の503日分
第９級	給付基礎日額の391日分
第10級	給付基礎日額の302日分
第11級	給付基礎日額の223日分
第12級	給付基礎日額の156日分
第13級	給付基礎日額の101日分
第14級	給付基礎日額の56日分

※障害等級が第８級以下である場合で，２以上の身体障害の該当する障害等級に応ずる
障害補償給付の額の合算額が，繰り上げ後の障害等級に応ずる障害補償給付の額に満
たないときは，障害補償給付は当該合算額となります（労災保則14条３項）。
※既に身体障害のあつた者が，同一の部位について障害の程度を加重した場合は，加重
後の障害等級に応じた障害補償給付の額から，加重前の障害等級に応じた障害補償給
付の額を差し引いた額となります。なお，加重後に障害補償年金を支給すべき場合に
おいて，加重前の障害等級に応ずる障害補償給付が一時金の場合は，障害等級に応じ
た障害補償一時金の額を25で除して得た額を差し引いた額となります（労災保則14条
５項）。

Q28 ◆障害補償給付

4 障害補償年金前払一時金

障害補償年金前払一時金は，当分の間の措置として設けられたもので，障害補償年金の受給権者が社会復帰等のためにまとまった資金が必要になる場合があることを考慮して，障害補償年金を一定額まで前払で支給する仕組みとなります（労災保附則59条1項）。

なお，障害補償年金前払一時金の請求は，同一の事由について一回に限り行うことができます（労災保則附則27項）。

障害補償年金前払一時金として前払いで一括支払を受けることができる額は，原則として障害等級に応じて次のとおりとなります（労災保則附則24項）。

障害補償年金前払一時金

障害等級	一時金の額
第1級	給付基礎日額の200日分，400日分，600日分，800日分，1000日分，1200日分又は1340日分
第2級	給付基礎日額の200日分，400日分，600日分，800日分，1000日分又は1190日分
第3級	給付基礎日額の200日分，400日分，600日分，800日分，1000日分又は1050日分
第4級	給付基礎日額の200日分，400日分，600日分，800日分又は920日分
第5級	給付基礎日額の200日分，400日分，600日分又は790日分
第6級	給付基礎日額の200日分，400日分，600日分又は670日分
第7級	給付基礎日額の200日分，400日分又は560日分

障害補償年金前払一時金が支給された場合は，障害補償年金の各月分（1年を経過した以降の分は年5％の単利で割り引いた額）の合計額が当該一時金の額に達

107

第5章◇労災保険給付

するまでの期間，障害補償年金の支給は停止されます（労災保附則59条3項）。

5 障害補償年金差額一時金

障害補償年金差額一時金は，当分の間の措置として設けられたもので，障害補償年金の受給権者が死亡した場合に，その者に支給された障害補償年金と障害補償年金前払一時金の合計額が，障害等級に応じて定められた額に満たない場合に，遺族の請求に基づき，その差額を障害補償年金差額一時金として支給する仕組みとなります（労災保附則58条1項）。

障害等級に応じて定められた額は次のとおりとなります（同上）。

障害補償年金差額一時金

障害等級	一時金の額
第1級	給付基礎日額の1340日分
第2級	給付基礎日額の1190日分
第3級	給付基礎日額の1050日分
第4級	給付基礎日額の920日分
第5級	給付基礎日額の790日分
第6級	給付基礎日額の670日分
第7級	給付基礎日額の560日分

また，障害補償年金差額一時金の支給を受けることができる遺族は，次の受給順位によります（労災保附則58条2項）。

① 労働者の死亡の当時その者と生計を同じくしていた配偶者（婚姻の届出をしていないが，事実上婚姻関係と同様の事情にあった者を含みます。⑦も同様）

② 労働者の死亡の当時その者と生計を同じくしていた子

③ 労働者の死亡の当時その者と生計を同じくしていた父母

④ 労働者の死亡の当時その者と生計を同じくしていた孫

⑤ 労働者の死亡の当時その者と生計を同じくしていた祖父母

Q28 ◆障害補償給付

⑥　労働者の死亡の当時その者と生計を同じくしていた兄弟姉妹

⑦　①に該当しない配偶者

⑧　②に該当しない子

⑨　③に該当しない父母

⑩　④に該当しない孫

⑪　⑤に該当しない祖父母

⑫　⑥に該当しない兄弟姉妹

6　そ　の　他

　障害補償年金を受ける労働者が同一の事由について厚生年金保険法に基づく障害厚生年金又は国民年金法に基づく障害基礎年金を受けることができるときは，当該労働者に支給される障害補償年金の額は，政令で定める率を乗じて減額されます（労災保別表第1）。

政令で定める率

併給される厚生年金・国民年金	調整率
障害厚生年金・障害基礎年金	0.73
障害厚生年金	0.83
障害基礎年金	0.88

　また，障害補償給付を受ける場合は，社会復帰促進等事業として，保険給付に上乗せして障害特別支給金（一時金）及び障害特別年金又は障害特別一時金が支給されます（特別支給則4条・7条・8条）。

※社会復帰促進等事業については「**Q34**社会復帰促進等事業」を参照ください。

〔岩楯めぐみ〕

第5章◇労災保険給付

 介護補償給付

労働者が業務上の事由による傷病により介護が必要になった場合，どのような補償を受けることができますか。

　労災保険における介護補償給付を受けることができます。
　介護補償給付は，障害補償年金又は傷病補償年金を受ける権利を有する労働者が一定の程度の常時介護又は随時介護を要する状態にあり，実際に常時介護又は随時介護を受けているときに，労働者の請求に基づいて給付されます。

☑キーワード

介護補償給付，常時介護，随時介護

解　説

1　介護補償給付

　介護補償給付は，障害補償年金又は傷病補償年金を受ける権利を有する労働者が厚生労働省令で定める程度の常時介護又は随時介護を要する状態にあり，実際に常時介護又は随時介護を受けているときに，労働者の請求に基づいて給付されます（労災保12条の8第4項）。

Q29 ◆介護補償給付

2 厚生労働省令で定める程度

　介護補償給付の対象となる厚生労働省令で定める程度とは，次の状態をいいます（労災保則別表第3）。

常時介護を要する状態	①障害等級1級（3号）に規定する身体障害又は傷病等級1級（1号）に規定する障害の状態にあるもの ②障害等級1級（4号）に規定する身体障害又は傷病等級1級（2号）に規定する障害の状態にあるもの ③障害等級1級に規定する身体障害又は傷病等級1級（3号から9号）に規定する障害の状態のであって，①又は②と同程度の介護を要する状態にあるもの
随時介護を要する状態	①障害等級2級（2号の2）に規定する身体障害又は傷病等級2級（1号）に規定する障害の状態にあるもの ②障害等級2級（2号の3）に規定する身体障害又は傷病等級2級（2号）に規定する障害の状態にあるもの ③障害等級1級に規定する身体障害又は傷病等級1級（3号から9号）に規定する障害の状態であって，①又は②と同程度の介護を要する状態にあるもの

3 給 付 の 額

　介護補償給付の額は，月単位で，介護に要する費用の支出の有無及び親族等による介護を受けた日の有無によって，下表のとおりとなります（労災保則18条の3の4）。

111

第5章◇労災保険給付

常時介護を要する状態の場合

			親族等による介護を受けた日がある	
			有り	無し
介護に要する費用支出	有り	月70,790円以上	実費 （最大165,150円）	実費 （最大165,150円）
		月70,790円未満	70,790円	
	無し		70,790円	―

※介護補償給付の開始月については，月165,150円を上限に実際に介護に要した費用が支給され，当該費用を支出していない場合は支給されません。
※金額は平成31年4月1日時点のものです。

随時介護を要する状態の場合

			親族等による介護を受けた日がある	
			有り	無し
介護に要する費用支出	有り	月35,400円以上	実費 （最大82,580円）	実費 （最大82,580円）
		月35,400円未満	35,400円	
	無し		35,400円	―

※介護補償給付の開始月については，月82,580円を上限に実際に介護に要した費用が支給され，当該費用を支出していない場合は支給されません。
※金額は平成31年4月1日時点のものです。

4 支給対象とならない場合

　次の施設に入所又は入院している間は，すでに十分な介護サービスが提供されていると考えられることから，介護補償給付の支給対象にはなりません（労災保12条の8第4項）。

　　○障害者支援施設（生活介護を受けている場合に限ります）
　　○特別養護老人ホーム等の障害者支援施設（生活介護を行うものに限ります）に準ずる施設として厚生労働大臣が定めるもの
　　○病院又は診療所

〔岩楯めぐみ〕

30 遺族補償給付

労働者が業務上の事由で死亡した場合，遺族はどのような補償を受けることができますか。

　労災保険における遺族補償給付を受けることができます。
　遺族補償給付には，労働者災害補償保険法で定める一定の遺族に給付される「遺族補償年金」と，遺族補償年金の対象となる遺族がいない場合などにその他の遺族に給付される「遺族補償一時金」があります。
　また，遺族補償年金にはその一部を前払いする「遺族補償年金前払一時金」の仕組みがあります。

☑キーワード

遺族補償給付，遺族補償年金，遺族補償前払一時金，遺族補償一時金，遺族特別支給金，遺族特別年金，遺族特別一時金

解　説

1　遺族補償給付

　遺族補償給付は，業務上で労働者が死亡したときに，その遺族の請求に基づいて行われるもので，「遺族補償年金」と「遺族補償一時金」があります（労災保16条）。

第 5 章◇労災保険給付

「遺族補償年金」は労働者災害補償保険法で定める一定の遺族を対象に給付されるもので,「遺族補償一時金」は遺族補償年金の対象となる遺族がいない場合などにその他の遺族を対象に給付されるものです。

2 遺族補償年金

(1) 受給資格者

遺族補償年金の給付対象となり得る遺族（以下,「受給資格者」といいます）は,労働者の死亡の当時その収入によって生計を維持していた配偶者,子,父母,孫,祖父母及び兄弟姉妹で,妻を除き,対象者ごとに下表の一定の要件（年齢又は障害の要件）を満たす者となります（労災保16条の2第1項・附則43条）。

対象者		要件（下記のいずれかを満たす者）
配偶者	妻	（要件なし）
	夫	• 55歳以上 • 一定の障害の状態にある
子		• 18歳に達する日以後の最初の3月31日までの間にある • 一定の障害の状態にある
父母		• 55歳以上 • 一定の障害の状態にある
孫		• 18歳に達する日以後の最初の3月31日までの間にある • 一定の障害の状態にある
祖父母		• 55歳以上 • 一定の障害の状態にある
兄弟姉妹		• 18歳に達する日以後の最初の3月31日までの間にある • 55歳以上 • 一定の障害の状態にある

※「配偶者」には,婚姻の届出をしていなくても,事実上婚姻関係と同様の事情にある者が含まれます（労災保16条の2第1項）。

※「子」には,労働者の死亡当時胎児である子が含まれ,出生のとき以降受給資格者となります（労災保16条の2第2項）。

※「一定の障害の状態」とは,障害等級第5級以上に該当する身体障害がある状態又は傷病が治らず労働が高度の制限を受けるか,若しくは労働に高度の制限を加える必要がある程度以上の身体障害がある状態をいいます（労災保則15条）。

114

なお，「労働者の死亡の当時その収入によって生計を維持していた」とは，労働者の死亡の当時，その収入によって日常の消費生活の全部又は一部を営んでおり，死亡労働者の収入がなければ通常の生活水準を維持することが困難となるような関係が常態であったか否かにより判断することとされており，もっぱら又は主として労働者の収入によって生計を維持されている場合だけでなく，共稼ぎなどの労働者の収入によって生計の一部を維持されている場合も含まれます（昭和41年10月22日基発1108号，昭和41年1月31日基発73号，平成2年7月31日基発486号）。

(2) 受給権者

遺族補償年金の受給の権利を有する遺族（以下，「受給権者」といいます）は，受給資格者のうち下表の順位による最先順位者となります（労災保16条の2第3項・附則43条1項・2項）。

なお，同順位者が2人以上いるときは，その全員が受給権者となります。また，下表の順位が7から10の者については，受給権者であっても60歳に達するまでは支給が停止されます。これを「若年停止」といいます（労災保附則43条3項）。

順位	受給資格者
1	●妻 ●60歳以上又は一定の障害の状態にある夫
2	●18歳に達する日以後の最初の3月31日までの間にある又は一定の障害の状態にある子
3	●60歳以上又は一定の障害の状態にある父母
4	●18歳に達する日以後の最初の3月31日までの間にある又は一定の障害の状態にある孫
5	●60歳以上又は一定の障害の状態にある祖父母
6	●18歳に達する日以後の最初の3月31日までの間にある若しくは60歳以上又は一定の障害の状態にある兄弟姉妹
7	●55歳以上60歳未満の夫
8	●55歳以上60歳未満の父母
9	●55歳以上60歳未満の祖父母
10	●55歳以上60歳未満の兄弟姉妹

第5章◇労災保険給付

(3) **年金の額**

遺族補償年金の額は，遺族の人数により決定され，その額は下表のとおりです（労災保別表第1）。

遺族の人数は，遺族補償年金の受給権者及び受給権者と生計を同じくしている受給資格者の人数をいいます。ただし，若年停止となる55歳以上60歳未満の夫，父母，祖父母，兄弟姉妹は，遺族補償年金の額を決定する際の遺族の人数には含みません（労災保附則43条1項）。

遺族の人数	遺族補償年金の額
1人	給付基礎日額の153日分（ただし，55歳以上又は一定の障害の状態にある妻の場合は給付基礎日額の175日分）
2人	給付基礎日額の201日分
3人	給付基礎日額の223日分
4人以上	給付基礎日額の245日分

遺族補償年金の受給権者が2人以上いるときは，その額を等分した額がそれぞれの受給権者に支給されます（労災保16条の3第2項）。

(4) **失権**

遺族補償年金の受給権者が次のいずれかに該当したときは，受給権は消滅します。なお，最先順位者が全員受給権を失ったときは，その次の順位者が受給権者となります。これを「転給」といいます（労災保16条の4）。

○死亡したとき

○婚姻（届出をしていないが，事実上婚姻関係と同様の事情にある場合を含みます）をしたとき

○直系血族又は直系姻族以外の者の養子（届出をしていないが，事実上養子縁組関係と同様の事情にある者を含みます）となったとき

○離縁によって死亡した労働者との親族関係が終了したとき

○子，孫又は兄弟姉妹が，18歳に達した日以後の最初の3月31日が終了したとき（労働者の死亡の当時から一定の障害の状態にあるときを除きます）

○一定の障害の状態にある夫，子，父母，孫，祖父母又は兄弟姉妹についてその事情がなくなったとき（夫，父母又は祖父母については，労働者の死亡の当

116

時60歳以上であったとき，子又は孫については，18歳に達する日以後の最初の3月31日までの間にあるとき，兄弟姉妹については，18歳に達する日以後の最初の3月31日までの間にあるか又は労働者の死亡の当時60歳以上であったときを除きます）

(5)　支給停止

遺族補償年金の受給権者の所在が1年以上明らかでない場合には，同順位者があるときは同順位者の，同順位者がないときは次順位者の申請によって，その所在が明らかでない間，遺族補償年金の支給は停止されます。この場合に，同順位者がないときは，その間，次順位者が先順位者になります（労災保16条の5第1項）。

3　遺族補償年金前払一時金

遺族補償年金前払一時金は，当分の間の措置として設けられた制度で，遺族補償年金の受給権者がまとまった資金が必要になる場合があることを考慮して，遺族補償年金を一定額まで前払いで支給する仕組みです（労災保附則60条）。

(1)　受給権者

遺族補償年金前払一時金の受給権者は遺族補償年金と同様です（同上）。

また，遺族補償年金前払一時金の請求は，同一の事由について一回に限り行うことができます（労災保則附則33項）。よって，先順位者がすでに遺族補償年金前払一時金を請求している場合は，転給後に再度の請求をすることはできません。

なお，遺族補償年金の若年停止に該当する場合でも，遺族補償年金前払一時金を請求することができます（労災保附則43条3項ただし書）。

(2)　前払一時金の額

遺族補償年金前払一時金として前払いで一括支払いを受けることができる額は，給付基礎日額の200日分，400日分，600日分，800日分及び1000日分のうちから受給権者が選択した額となります（労災保則附則31項）。

(3)　支給停止

遺族補償年金前払一時金が支給された場合は，遺族補償年金の各月分（1年を経過した以降の分は年5％の単利で割り引いた額）の合計額が，当該一時金の額に

第5章◇労災保険給付

達するまでの期間，遺族補償年金の支給は停止されます（労災保附則60条3項）。

4　遺族補償一時金

(1)　支給要件

遺族補償一時金は，次のいずれかに該当する場合に支給されます（労災保16条の6第1項）。

○労働者の死亡の当時遺族補償年金を受けることができる遺族がいないとき
○遺族補償年金の受給権者がすべて失権した場合で，当該労働者の死亡に関して支給された遺族補償年金及び遺族補償年金前払一時金の合計額が給付基礎日額の1000日分に満たないとき

(2)　受給権者

遺族補償一時金の受給権者は，次の受給資格者のうち最先順位者となります（労災保16条の7）。なお，同順位者が2人以上いるときは，その全員が受給権者となります。

順位	受給資格者
1	•配偶者
2	•労働者の死亡の当時その収入によって生計を維持していた子
3	•労働者の死亡の当時その収入によって生計を維持していた父母
4	•労働者の死亡の当時その収入によって生計を維持していた孫
5	•労働者の死亡の当時その収入によって生計を維持していた祖父母
6	•上記以外の子
7	•上記以外の父母
8	•上記以外の孫
9	•上記以外の祖父母
10	•兄弟姉妹

Q30 ◆遺族補償給付

(3) 一時金の額

遺族補償一時金の額は，下表のとおりです（労災保別表第2）。

対象者	遺族補償一時金の額
労働者の死亡の当時遺族補償年金を受けることができる遺族がないとき	給付基礎日額の1000日分
遺族補償年金の受給権者がすべて失権した場合で，当該労働者の死亡に関して支給された遺族補償年金及び遺族補償前払一時金の合計額が給付基礎日額の1000日分に満たないとき	給付基礎日額の1000日分から，すでに支給された遺族補償年金等の金額を差し引いた額

また，遺族補償一時金の受給権者が2人以上いるときは，その額を等分した額がそれぞれの受給権者に支給されます（労災保16条の8第2項）。

5 欠 格

下表に該当する場合は，遺族補償給付の受給資格者とはなりません（労災保16条の9）。

対象	下記の受給資格者としない
労働者を故意に死亡させた者	遺族補償給付
労働者の死亡前に，当該労働者の死亡によつて遺族補償年金の受給資格者（先順位者又は同順位者）となるべき者を故意に死亡させた者	遺族補償年金
遺族補償年金の受給資格者を故意に死亡させた者	遺族補償一時金
労働者の死亡前に，当該労働者の死亡によつて遺族補償年金の受給資格者となるべき者を故意に死亡させた者	遺族補償一時金
遺族補償年金の受給資格者が，先順位又は同順位の他の受給資格者を故意に死亡させたとき	遺族補償年金※

※その者が遺族補償年金の受給権者の場合はその権利は消滅します。

119

第5章◇労災保険給付

6 そ の 他

遺族補償年金を受ける労働者が同一の事由について厚生年金保険法に基づく遺族厚生年金又は国民年金法に基づく遺族基礎年金を受けることができるときは，当該労働者に支給される遺族補償年金の額は，政令で定める率を乗じて減額されます（労災保別表第1）。

政令で定める率

併給される厚生年金・国民年金	調整率
遺族厚生年金・遺族基礎年金	0.80
遺族厚生年金	0.84
遺族基礎年金	0.88

また，遺族補償給付を受ける場合は，社会復帰促進等事業として，保険給付に上乗せして遺族特別支給金（一時金）及び遺族特別年金又は遺族特別一時金が支給されます（特別支給則5条・9条・10条）。

※社会復帰促進等事業については「**Q34**社会復帰促進等事業」を参照ください。

〔岩楯めぐみ〕

31 葬　祭　料

労働者が業務上の事由で死亡した場合に受けられる葬祭料の概要を教えてください。

　　葬祭料は，業務上で労働者が死亡したときに，葬祭を行う者の請求に基づいて給付されるもので，その額は315,000円に給付基礎日額の30日分を加算した額です。
　　ただし，その額が給付基礎日額の60日分に満たない場合は，給付基礎日額の60日分となります。

☑キーワード

　葬祭料，葬祭を行う者

解　説

1　葬　祭　料

　葬祭料は，業務上で労働者が死亡したときに，葬祭を行う者の請求に基づいて給付されます。
　葬祭料の給付の対象となる「葬祭を行う者」とは，通常は遺族となりますが，遺族以外の者になることもあります。例えば，遺族が葬祭を行わない場合に，死亡労働者の友人や勤務していた会社が葬祭を行ったときは，当該葬祭を

第 5 章◇労災保険給付

行った者が葬祭料の給付の対象となります*1。

2 給 付 額

　葬祭料の額は，315,000円に給付基礎日額の30日分を加算した額です。ただ
し，その額が給付基礎日額の60日分に満たない場合は，給付基礎日額の60日分
となります（労災保則17条）。

〔岩楯めぐみ〕

═══■注 記■═══

＊1　死亡労働者の葬祭を社葬として行った後，遺族が葬祭を行った場合の葬祭料の支
　　給については，「社葬を行った場合において，葬祭料を葬祭を行った会社（事業場）
　　に支給すべきか否かは社葬の性質によって決定されるべきであり，社葬を行うこと
　　が会社の恩恵的或は厚意的性質に基くときは葬祭料は遺族に支給すべきであり，葬
　　祭を行う遺族がない場合，社葬として会社において葬祭を行った如き場合は，葬祭
　　料は当該会社に対して支給されるべきである（昭和23年11月29日，基災収2965号）」
　　との解釈が示されています。

通勤災害の給付

労働者が通勤途上でケガをしたり，疾病にかかったときに，受けられる労災保険の給付の概要を教えてください。

　　通勤途上のケガ等による通勤災害の場合も，業務災害の場合と同様の給付を受けることができ，給付の種類には，療養給付，休業給付，傷病年金，障害給付，介護給付，遺族給付及び葬祭給付があります。

☑キーワード

療養給付，休業給付，傷病年金，障害給付，介護給付，遺族給付，葬祭給付，一部負担金

解　説

1　通勤災害の給付

　業務災害によりケガ等をした場合は，使用者に補償を義務づける労働基準法の定めがあります。労災保険における業務災害の給付は，この労働基準法で定める補償を事業主に代わって行うもので，療養補償給付，休業補償給付等があり，給付名には「補償」の文字が含まれています。
　一方，通勤災害によりケガ等をした場合は，使用者に補償を義務づける労働

第5章◇労災保険給付

基準法の定めはありません。労災保険における通勤災害の給付は，通勤と業務との密接な関係等を踏まえて，業務災害の場合に準じた保護を与えるべきとの考え方から創設されたもので，療養給付，休業給付等があり，給付名には「補償」の文字は含まれていません。

2 通勤災害の給付の種類

通勤災害の給付の種類は下表のとおりとなっており，給付名は異なりますが，給付内容は業務災害の場合と同じです（労災保21条）。

給付名		支給事由	給付内容
療養給付		通勤災害による傷病により療養するとき	療養の給付又は療養の費用の支給
休業給付		通勤災害による傷病の療養のため労働することができず，賃金を受けないとき	休業4日目から，休業1日につき給付基礎日額の60％相当額
傷病年金		通勤災害による傷病が治癒せず，一定期間後に障害の程度が傷病等級に該当するとき	傷病等級に応じ，年に給付基礎日額の313日〜245日分
障害給付	障害年金	通勤災害による傷病が治癒した後に障害等級第1級から第7級までの障害の程度に該当するとき	障害等級に応じ，年に給付基礎日額の313日分〜131日分
	障害一時金	通勤災害による傷病が治癒した後に障害等級第8級から第14級までの障害の程度に該当するとき	障害等級に応じ，給付基礎日額の503日分〜56日分
介護給付		障害年金又は傷病年金の受給権者が一定の常時介護又は随時介護を要する状態にあって，現に介護を受けているとき	常時介護の場合は，介護の費用として支出した額（165,150円上限） ただし，親族等により介護を受けており介護費用を支出していない場合，又は支出した額が70,790円を下回る場合は70,790円※

124

			随時介護の場合は，介護の費用として支出した額（82,580円上限）ただし，親族等により介護を受けており介護費用を支出していない場合，又は支出した額が35,400円を下回る場合は35,400円※
遺族給付	遺族年金	通勤災害により死亡したとき	遺族数等に応じ，年に給付基礎日額の245日分〜153日分
	遺族一時金	遺族年金を受けることができる遺族がいないとき等	給付基礎日額の1000日分等
葬祭給付		通勤災害により死亡した労働者の葬祭を行うとき	315,000円に給付基礎日額の30日分を加えた額ただし，その額が給付基礎日額の60日分に満たない場合は，給付基礎日額の60日分

※金額は平成31年4月1日時点のものです。

また，特別支給金についても，業務災害の場合と同様の給付が行われます。

3 一部負担金

　業務災害における療養補償給付を受ける場合は，被災労働者の費用負担はありませんが，通勤災害における療養給付を受ける場合は，被災労働者は原則として200円の一部負担金を支払う必要があります。ただし，休業給付を受けない者など一定の者は一部負担金の支払対象者から除かれています。

　なお，一部負担金の徴収は，医療機関で治療等を受けた際にその窓口で現金を支払う方法ではなく，休業給付から差し引かれる方法で行われます。

〔岩楯めぐみ〕

第 5 章◇労災保険給付

 二次健康診断等給付

労働者の健康診断の結果によって受けられる二次健康診断等給付の概要を教えてください。

　二次健康診断等給付は，労働安全衛生法66条 1 項（健康診断）による直近の健康診断（一次健康診断）の結果，労働者災害補償保険法で定める 4 つのすべての項目において異常の所見があると診断されたときに，当該労働者の請求に基づいて給付されるもので，二次健康診断と特定保健指導があります。

☑キーワード

二次健康診断等給付，二次健康診断，特定保健指導

解　説

1　二次健康診断等給付

　二次健康診断等給付は，脳血管疾患及び心臓疾患の発生を予防するために設けられたもので，労働安全衛生法66条 1 項（健康診断）による直近の健康診断（一次健康診断）の結果，次の 4 つのすべての項目において異常の所見があると診断されたときに，当該労働者の請求に基づいて給付されます（労災保26条 1 項）。

　○血圧の測定

○血中脂質検査

○血糖検査

○腹囲の検査又はBMIの測定

なお，ここでいう「異常の所見」とは，検査数値が高い場合（血中脂質検査の
うちHDLコレステロールについては，低い場合）で，異常なし以外の所見をいいます。

また，一次健康診断の結果，異常なしと診断された場合であっても，労働安
全衛生法に基づき事業場で選任されている産業医等が，就業環境等を総合的に
勘案し異常の所見が認められると診断した場合には，産業医等の意見を優先
し，当該検査項目については異常の所見があるものと取り扱われます。

2 二次健康診断等給付の範囲

二次健康診断等給付の範囲は，二次健康診断と特定保健指導となり，下表の
とおりです（労災保26条2項）。

二次健康診断	次の項目に関する医師による健康診断 • 空腹時の血中脂質検査 • 空腹時の血糖値検査 • ヘモグロビンA1c検査 　（一次健康診断で受検している場合を除きます） • 負荷心電図検査又は胸部超音波検査 • 頸部超音波検査 • 微量アルブミン尿検査 　（一次健康診断の尿蛋白検査で疑陽性（±）又は弱陽性（+） 　の所見があると診断された場合に限ります） 　※1年度（4月1日～3月31日）につき1回に限ります。
特定保健指導	医師又は保健師による栄養指導，運動指導等の保健指導 　※二次健康診断ごとに1回に限ります。 　※二次健康診断により既に脳血管疾患又は心臓疾患の症状を 　　有すると認められる者には特定保健指導は行われません。

第 5 章◇労災保険給付

　これらの二次健康診断等給付は，社会復帰促進等事業として設置された病院
若しくは診療所，又は都道府県労働局長の指定する病院若しくは診療所におい
て受けることができます（労災保則11条の3第1項）。

3　二次健康診断等給付の対象とならない者

　一次健康診断等により既に脳血管疾患又は心臓疾患の症状を有すると認めら
れる者は，二次健康診断等給付の対象にはなりません（労災保26条3項）。
　また，中小事業主や一人親方等の特別加入者は，そもそも労働安全衛生法66
条1項の健康診断の対象ではないため，二次健康診断等給付の対象にはなりま
せん。

〔岩楯めぐみ〕

社会復帰促進等事業

労災保険では，被災労働者の社会復帰等の支援も行っていると聞きましたが，その概要を教えてください。

　労災保険では，業務災害及び通勤災害による保険給付に加えて，被災労働者やその遺族に対する社会復帰促進等事業として，社会復帰促進事業，被災労働者等援護事業，安全衛生確保等事業の３つの事業を行っています。
　なお，被災労働者等援護事業のひとつに特別支給金の支給があります。

☑キーワード

　社会復帰促進等事業，社会復帰促進事業，被災労働者等援護事業，安全衛生確保等事業，特別支給金，算定基礎日額

解　説

1　社会復帰促進等事業

　労災保険では，業務災害及び通勤災害による保険給付に加えて，被災労働者やその遺族に対する社会復帰促進等事業として，次の３つの事業を行っています（労災保29条）。

第5章◇労災保険給付

○社会復帰促進事業
　被災労働者の円滑な社会復帰を促進するために必要な事業
　　例）　労災病院等の施設の運営
　　例）　義肢等補装具費用制度
　　　　　一定の欠損障害又は機能障害等の残った者に，補装具の購入・修理費を支給
　　例）　アフターケア制度
　　　　　治癒後に後遺障害に付随する疾病を発症させるおそれのある一定の傷病に
　　　　　ついて，治癒した後に，診察，保健指導及び検査等の措置を実施

○被災労働者等援護事業
　被災労働者及びその遺族の援護を図るために必要な事業
　　例）　特別支給金の支給
　　例）　被災労働者の遺族や重度障害を受けた被災者などで，その子どもの学資の
　　　　　支払いが困難な場合に学資を支援
　　例）労災特別介護施設などの運営

○安全衛生確保等事業
　労働者の安全及び衛生の確保，保険給付の適切な実施の確保並びに賃金の支払の確
　保を図るために必要な事業
　　例）　労働時間等の設定の改善により成果を上げた中小企業の事業主に対して助
　　　　　成金を支給
　　例）　無料電話相談「労働条件相談ほっとライン」，労働条件ポータルサイト「確
　　　　　かめよう労働条件」の運営，大学・高校等でのセミナーの開催
　　例）　保健衛生業における腰痛災害を減少させるための腰痛予防対策講習会の実施

2 特別支給金

　被災労働者等援護事業のひとつである特別支給金は，業務災害及び通勤災害
の保険給付に上乗せして支給されるもので，その概要は下表のとおりとなって
います。

対象	特別支給金	
休業補償給付又は 休業給付を受けるとき	休業特別 支給金	休業補償給付又は休業給付の対象と なる日につき，給付基礎日額の100 分の20に相当する額

130

Q34 ◆社会復帰促進等事業

		傷病等級	一時金
傷病補償年金又は 傷病年金を受けるとき	傷病 特別支給金	第1級	114万円
		第2級	107万円
		第3級	100万円
	傷病特別年金	傷病等級	年金
		第1級	算定基礎日額の 313日分
		第2級	算定基礎日額の 277日分
		第3級	算定基礎日額の 245日分
障害補償給付又は 障害給付を受けるとき	障害 特別支給金	障害等級	一時金
		第1級	342万円
		第2級	320万円
		第3級	300万円
		第4級	264万円
		第5級	225万円
		第6級	192万円
		第7級	159万円
		第8級	65万円
		第9級	50万円
		第10級	39万円
		第11級	29万円
		第12級	20万円
		第13級	14万円
		第14級	8万円
	障害特別年金	障害等級	年金
		第1級	算定基礎日額の 313日分

第5章◇労災保険給付

		第2級	算定基礎日額の277日分
		第3級	算定基礎日額の245日分
		第4級	算定基礎日額の213日分
		第5級	算定基礎日額の184日分
		第6級	算定基礎日額の156日分
		第7級	算定基礎日額の131日分
	障害 特別一時金	障害等級	一時金
		第8級	算定基礎日額の503日分
		第9級	算定基礎日額の391日分
		第10級	算定基礎日額の302日分
		第11級	算定基礎日額の223日分
		第12級	算定基礎日額の156日分
		第13級	算定基礎日額の101日分
		第14級	算定基礎日額の56日分
遺族補償給付又は遺族給付を受けるとき	遺族 特別支給金	300万円	
	遺族特別年金 ※遺族補償年金又は遺族年金を受けるとき	遺族数	年金
		1人	算定基礎日額の153日分（ただし，55歳以上又は一定の障害の状態にある妻の場合は算定基礎日額の175日分）

	2人	算定基礎日額の201日分
	3人	算定基礎日額の223日分
	4人以上	算定基礎日額の245日分
遺族特別一時金※遺族補償一時金又は遺族一時金を受けるとき	算定基礎日額の1000日分	

なお，特別加入者は，休業特別支給金，障害特別支給金，傷病特別支給金及び遺族特別支給金は対象となりますが，算定基礎日額を基準に支払われる傷病特別年金等の特別支給金は対象となりません。

3 算定基礎日額

傷病特別年金等の特別支給金の基礎となる算定基礎日額とは，算定基礎年額を365で除した額をいい，算定基礎年額とは，原則として，業務上の負傷や死亡の原因である事故が発生した日又は診断によって業務上の疾病の発生が確定した日以前1年間に支給された特別給与（特別給与とは，賞与等の3ヵ月を超える期間ごとに支払われる賃金をいいます）の総額をいいます。ただし，当該額が次に掲げる額よりも高いときは，次に掲げる額のうち最も低い額を算定基礎年額として計算します（特別支給則6条）。

○給付基礎日額※×365日×20％

○150万円

※給付基礎日額については「**Q26**休業補償給付**4**給付基礎日額」を参照ください。

〔岩楯めぐみ〕

第 5 章 ◇ 労災保険給付

  保険給付の支給決定の流れ

　仕事中に階段から転落し，1ヵ月間入院生活を送りました。治療費と休職していた期間の補償について，労災申請を行いたいのですが，支給決定までの流れはどのようなものになっているのでしょうか。

　　仕事や通勤が原因で怪我をしたり，病気にかかったりした場合，労災指定の医療機関を受診した場合には当該医療機関に請求書を提出します。労災指定の医療機関以外で治療を受けた場合などは，直接，労働基準監督署に請求書を提出することになります。そして，請求書を提出後，労働基準監督署で調査の上，支給・不支給が判断されることになります。上記の怪我や病気により，会社を休業した場合なども同様です。

☑キーワード

　療養（補償）給付，休業（補償）給付，障害（補償）給付，遺族（補償）給付

解　説

 労災申請の一般的な流れ

　労災申請の一般的な流れとしては，本人から労災申請がなされると，労働基準監督署は本人及び会社への調査を開始することになります。例えば，治療費

を請求する療養の給付請求書をもって労災指定病院を経由して労働基準監督署に請求した場合，労働基準監督署に請求書が到達するまでに一定程度の期間を要するので，調査開始はその後ということになります。

　また，本人が休業期間中の補償として休業補償給付請求書を労働基準監督署に提出した場合は，担当官の抱えている事件数等によって変わってくると思われますが，申請後1～2ヵ月のうちに調査が開始されるのが通常です。

　労働基準監督署の具体的な調査開始の際は，会社宛に事前に文書若しくは電話で連絡が入ることになります。調査方法としましては，本人の日常的業務内容，発症直前の業務内容，発症場所の業務環境等を中心に個別に双方の事情聴取がなされることになります。また，事業所視察による労働状況の実態調査，代表者，部門管理者，部門同僚，社員等への聴取，また書面による質問事項に関する回答要請等がなされることもあります。

　以下で，主な給付の請求について，簡単に流れを紹介いたします。

2　療養（補償）給付

　療養（補償）給付については，労災指定の医療機関を受診したか，それ以外の医療機関を受診したかで手続の流れが異なります。

　(1)　療養の給付の請求

　労災指定の医療機関などを受診した場合には，当該指定医療機関を経由して労働基準監督署へ請求書を提出します。受理後，労働基準監督署の調査が行われ，指定医療機関に治療費などの支払が行われます。治療を現物で支給（無料で受診）するため，労働者へ費用が支給されることはありません。

　(2)　療養の費用の請求

　一方，労災指定の医療機関以外で受診した場合には，一旦当該医療機関へ治療費を支払うことになります。そして，後日，直接労働基準監督署へ請求書を提出することになります。受理後，労働基準監督署の調査が行われ，労働者の口座に治療費などの支払が行われます。

第5章◇労災保険給付

ケガや病気の治療を受けた場合の給付手続き

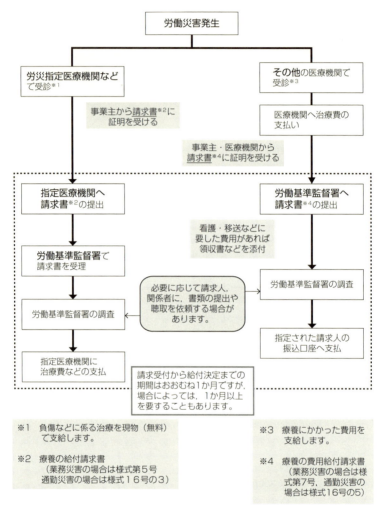

出典：厚生労働省「労災保険請求のためのガイドブック〈第一編〉」4頁

3 休業(補償)給付

　会社を休んだ場合に支給される休業補償給付については、請求書を労働基準監督署に提出し、受理後、監督署による調査の上、支給・不支給の決定が行われます。支給される場合には、振込口座へ保険給付が支払われることになります。

　受理から支給決定まで概ね1ヵ月といわれていますが、業務が原因であるか判断が難しいような場合には、決定に半年以上かかるケースもあります。

休業(補償)給付を受けるための手続き

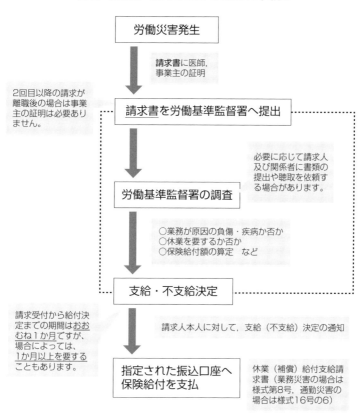

出典：厚生労働省「労災保険請求のためのガイドブック〈第一編〉」6頁

4　障害（補償）給付

　仕事や通勤が原因の怪我等により，障害が残ってしまった場合に支給される障害（補償）給付については，まず，治療してもこれ以上状態が改善しない状態，つまり治癒（症状固定）と呼ばれる状態になることが必要です。症状固定された場合，請求書を労働基準監督署に提出し，受理後，障害等級が認定され，支給・不支給の決定がなされることになります。

後遺障害が残った場合の給付の手続き

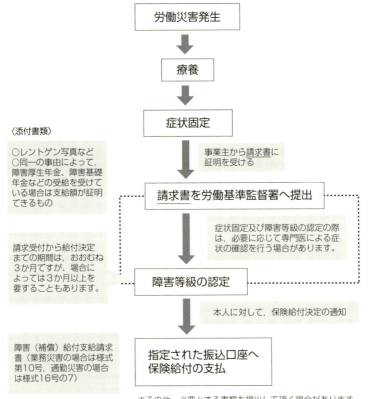

出典：厚生労働省「労災保険請求のためのガイドブック〈第一編〉」12頁

5 遺族（補償）給付

　遺族（補償）給付は，労働者の死亡後，その遺族が請求書を労働基準監督署に提出します。監督署の調査の上，支給・不支給の決定が下されますが，調査に時間がかかるため，受理後支給の決定までに半年前後はかかることが多いようです。

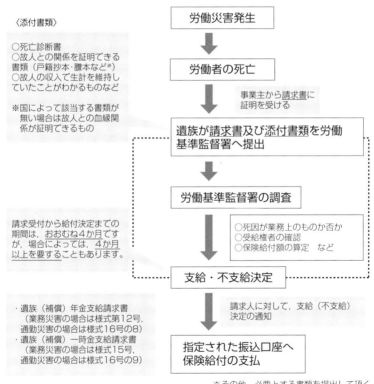

出典：厚生労働省「労災保険請求のためのガイドブック〈第一編〉」8頁

〔岩出　亮〕

第5章◇労災保険給付

 保険給付の必要書類

夫が業務中に事故で亡くなりました。遺族補償給付（年金）を請求したいと考えていますが，具体的にはどのような書類が必要でしょうか。

保険給付ごとに所定の様式の提出書類が定められていますので，そちらを提出することになります。また給付によっては，別途添付が必要な書類がありますので，そちらも合わせて提出する必要があります。

遺族補償給付（年金）の場合には，遺族補償年金支給請求書（様式第12号）に加えて，①夫の死亡診断書等死亡の事実や年月日を証明することができる書類，②夫と遺族との関係を証明することができる戸籍謄本等，③遺族が被災労働者の収入によって生計を維持していた事実を証明することができる書類，④（同一の事由により遺族厚生年金，遺族基礎年金，寡婦年金等が支給される場合には）その支給額を証明することができる書類などを添付する必要があります。

☑キーワード

療養補償給付の提出書類，休業補償給付の提出書類，介護補償給付の提出書類，葬祭料の提出書類，障害補償給付の提出書類，遺族補償給付の提出書類，二次健康診断等給付の提出書類，傷病補償年金の手続

Q36 ◆保険給付の必要書類

解 説

　主な給付の提出書類及び添付書類は次のとおりとなっています。なお，別途書類が必要な場合がありますので，実際に請求書を提出する場合には，提出先の労働基準監督署に問い合わせて必要書類の確認をしてください。

給付の種類	提出書類	主な添付書類
療養（補償）給付（療養の給付）	【業務災害】療養補償給付たる療養の給付請求書(様式第5号)	
	【通勤災害】療養給付たる療養の給付請求書(様式第16号の3)	
療養（補償）給付（療養の費用）	【業務災害】療養補償給付たる療養の費用請求書(様式第7号)	○看護・移送等に要した費用がある場合には，その費用を証明できる書類
	【通勤災害】療養給付たる療養の費用請求書(様式第16号の5)	
休業（補償）給付	【業務災害】休業補償給付支給請求書（様式第8号）	○賃金台帳，出勤簿の写し ○同一事由によって障害基礎年金や障害厚生年金を受給している場合はその支給額を証明できる書類
	【通勤災害】休業給付支給請求書（様式第16号の6）	
傷病（補償）年金	【業務災害】傷病の状態等に関する届	※労働者の請求ではなく，所轄労働基準監督署長の職権によって支給が決定されるので，請求手続はない
	【通勤災害】傷病の状態等に関する報告書	
障害（補償）給付（年金又は一時金）	【業務災害】障害補償給付支給請求書（様式第10号）	○医師の診断書，レントゲン写真等の資料 ○同一事由によって障害基礎年金や障害厚生年金を受給している場合はその支給額を証明できる書類
	【通勤災害】障害給付支給請求書（様式第16号の7）	

第5章◇労災保険給付

遺族（補償）給付（年金）	【業務災害】遺族補償年金支給請求書（様式第12号）	○労働者の死亡診断書等死亡の事実や年月日を証明することができる書類 ○被災労働者と請求人との関係を証明することができる戸籍謄本等 ○請求人が被災労働者の収入によって生計を維持していた事実を証明することができる書類 ○同一の事由により遺族厚生年金，遺族基礎年金，寡婦年金等が支給される場合には，その支給額を証明することができる書類（年金のみ）等
	【通勤災害】遺族年金支給請求書（様式第16号の8）	
遺族（補償）給付(一時金)	【業務災害】遺族補償一時金支給請求書（様式第15号）	
	【通勤災害】遺族一時金支給請求書（様式第16号の9）	
葬祭料（葬祭給付）	【業務災害】葬祭料請求書（様式第16号）	○労働者の死亡診断書等死亡の事実や年月日を証明することができる書類 （併せて遺族補償給付を請求する際に添付してある場合不要）
	【通勤災害】葬祭給付請求書（様式第16号の10）	
介護（補償）給付	【業務災害・通勤災害共通】介護補償給付・介護給付支給請求書（様式第16号の2の2）	○初回請求時には医師又は歯科医師の診断書 ○介護費用の支出があった場合には介護費用の領収書
二次健康診断等給付	二次健康診断等給付請求書（様式第16号10の2）	

〔岩出　　亮〕

Q37 ◆保険給付の支給制限事由

 保険給付の支給制限事由

　会社の従業員が営業車で営業中に事故を起こしてしまい，重傷を負ってしまいました。その後，事故の原因は，従業員が運転中にスマートフォンを操作していたことだと判明しました。このような場合であっても，業務災害と認められ，保険給付を受けることができるのでしょうか。

　　会社の業務中における事故であるため，外形的には業務災害に該当すると考えられますが，事故の原因が従業員による運転中のスマートフォン操作であったことを考えると，労働者災害補償保険法における支給制限に該当し，その保険給付の全部又は一部が行われない可能性があります。

☑キーワード
　支給制限，一時差止め

解　説

1　労働者災害補償保険法における支給制限，一時差止め

　労働者災害補償保険法では，外形上は業務災害や通勤災害に該当する場合であっても，その災害の原因となる行為等について，当該労働者に責任があるような場合等には，保険給付の支給を制限したり，その支払を一時差止めたりすることが定められています。具体的には，次のとおりとなります。

第5章◇労災保険給付

(1) 労働者が，故意に負傷，疾病，障害若しくは死亡又はその直接の原因となった事故を生じさせたときは，保険給付を行わない（労災保12条の2の2第1項，絶対的支給制限）。

(2) 労働者が故意の犯罪行為若しくは重大な過失により，又は正当な理由がなくて療養に関する指示に従わないことにより，負傷，疾病，障害若しくは死亡若しくはこれらの原因となった事故を生じさせ，又は負傷，疾病若しくは障害の程度を増進させ，若しくはその回復を妨げたときは，政府は，保険給付の全部又は一部を行わないことができる（労災保12条の2の2第2項，相対的支給制限）。

(3) 保険給付を受ける権利を有する者が，正当な理由がなくて，届出をせず，若しくは書類その他の物件の提出をしないとき，若しくは必要な報告・出頭等の命令及び受診命令に従わないときは，保険給付の支払を一時差し止めることができる（労災保47条の3，一時差止め）。

以下で，これらの支給制限・一時差止めについて解説していきます。

2 絶対的支給制限（労災保12条の2の2第1項）

(1) 故意とは

労働者が業務災害や通勤災害の原因となる事故を「故意に」生じさせたときは，すべての保険給付が支給制限となり給付は全く支給されないことになります。

この「故意」とは，自分の行為によって当該結果が発生することを意図した行為をいいます。ただし，被災労働者が結果の発生を意図してしたとしても，業務との因果関係が認められる事故については，故意には該当しないと考えられています（通達：昭和40年7月31日基発901号）。

(2) 自殺の取扱いについて

労働者が自殺をした場合，原則としては，当該行為は死亡という結果の発生を意図しているものであるため，「故意」に該当すると考えられています。そのため，自殺の場合には，原則としては，保険給付の支給制限を受けることになります。

144

しかし，精神障害を有するものが自殺した場合には，「業務上の精神障害によって，正常の認識，行為選択能力が著しく阻害され，又は自殺行為を思いとどまる精神的な抑制力が著しく阻害されている状態で自殺が行われたと認められる場合には，結果の発生を意図した故意には該当しない」ものとして取り扱うとされています（通達：廃止された平成11年9月14日基発545号のこの部分が，心理的負荷による精神障害の労災認定基準（平成23年12月26日基発1226号第1）の第8の1で「従前の例による」として維持されています）。つまり，業務によって精神障害を発生し，正常な判断ができない状態になっていた場合には，自殺という行為は，その結果の発生を意図した「故意」には該当しないため，支給制限の対象とはならないとされています。

3　相対的支給制限（労災保12条の2の2第2項）

(1)　故意の犯罪行為とは

「故意の犯罪行為」とは，事故の発生を意図した故意ではないが，その原因となる犯罪行為そのものが故意によるものであることをいいます。負傷しようとするまでの故意はないが，その負傷の原因となる交通事故をわざと起こしたような場合が該当します。

また，「故意の犯罪行為若しくは重大な過失」に当たる行為については，法令（労働関係法，鉱山保安法，道路交通法等）上の危害防止に関する規定で罰則の付されているものに違反すると認められる場合のみとされています。

(2)　療養に関する指示とは

「療養に関する指示」とは，医師又は労働基準監督署長の療養に関する具体的な指示をいいます。

(3)　相対的支給制限のまとめ

相対的支給制限について，支給制限の原因，制限内容，対象となる保険給付をまとめると次のとおりとなります。

145

第 5 章◇労災保険給付

支給制限の原因	対象となる保険給付	制限内容
故意の犯罪行為若しくは重大な過失	休業（補償）給付 傷病（補償）年金 障害（補償）給付	給付のつど，所定給付額の30％分を減額 年金給付の場合，療養開始後 3 年以内に支払われるものに限る
正当な理由がなくて療養に関する指示に従わない	休業（補償）給付 傷病（補償）年金	事案 1 件につき，10日分を減額

4 一時差止め（労災保47条の 3 ）

(1) 保険給付の支払いについて正当な理由が無く，次に該当する場合には，その支払いを一時差し止めることができるとされています（労災保47条の 3 ）。

①保険給付に関する届出をしないとき

②書類その他の物件の提出をしないとき

③必要な報告・出頭等の命令及び受診命令に従わないとき

「正当な理由」とは，そのような事情があれば，誰しもが命令に従うことができなかったであろうと認められる場合をいい，当該労働者の単なる主観的な事情は含まないものであるとされています（通達：昭和40年 7 月31日基発906号，昭和52年 3 月30日基発192号）。

また，「一時差し止める」とは，支給停止と異なり，その事由が止めば当然差し止め時に遡って保険給付を行うこととされています（通達：昭和45年10月30日基発785号）。

(2) 差止めの対象は，労働者の請求に係る保険給付で，命令時において支給決定未済のもののうち，当該命令に従わないことによって支給決定に支障をきたすと認められるすべての保険給付とされています。

〔岩出　亮〕

保険給付請求の時効

2年半前にうつ病に罹患し，1年間会社を休職していました。これまで労災に関する手続はしてきませんでしたが，このうつ病の罹患については，当時の上司によるパワハラが原因で発症したものであると診断されました。このうつ病の罹患によって発生した治療に関する費用と休業補償について，今から療養補償給付や休業補償給付を請求することはできるでしょうか。

　労災保険給付の請求に関しては，給付ごとに時効が定められています。
　治療費等に関する療養補償給付については，「その費用を支払った日の翌日から2年間」と定められています。また，休職している期間の賃金補償である休業補償給付については，「休業の日ごとにその翌日から2年間」と定められています。
　ご質問のケースですと，今から過去2年間に支払った治療費や休職していた期間（後半の半年間）については，療養補償給付や休業補償給付を請求することは可能です。逆に2年以上前に支払った治療費や休職していた期間（前半の半年間）については，既に時効が成立しているため，療養補償給付や休業補償給付を請求することはできません。

☑キーワード

療養補償給付の時効，休業補償給付の時効，介護補償給付の時効，葬祭料の時効，障害補償給付の時効，遺族補償給付の時効，二次健康診断等給付の時効，特別支給金の時効

第５章◇労災保険給付

解　説

1　各給付の時効期間及び起算日

　労働災害における保険給付については，給付ごとに時効が定められています。この時効の期間が過ぎれば給付を請求することができなくなるので注意が必要です。

　各給付の時効の期間及び時効開始の起算日については次のとおり定められています（労災保42条）。なお，労災保険給付の中で，療養の給付は現物給付であるため，傷病（補償）年金は労働者の請求ではなく，労働基準監督署長の職権で支給が決定するため，それぞれ時効はありません。

保険給付	時効期間	起算日
療養（補償）給付 （療養の費用の支給に係るもののみ）	2年	療養の費用を支払った日ごとにその翌日から
休業（補償）給付	2年	労働不能の日ごとにその翌日から
障害（補償）給付	5年	傷病が治った日の翌日から
障害（補償）年金前払一時金	2年	傷病が治った日の翌日から
障害（補償）年金差額一時金	5年	障害（補償）年金の受給権者が死亡した日の翌日から
遺族（補償）給付	5年	死亡した日の翌日から
遺族（補償）年金前払一時金	2年	死亡した日の翌日から
葬祭料（葬祭給付）	2年	死亡した日の翌日から
介護（補償）給付	2年	介護を受けた月の翌月の初日から
二次健康診断等給付	2年	労働者が一時健康診断の結果を知ることができる日の翌日から

2 特別支給金の申請期限及び起算日

被災労働者等への援護事業として支給される特別支給金の申請期限及び起算日については次のとおり定められています（特別支給則）。基本的には，それぞれの保険給付と同様の期間となっています。

特別支給金	申請期限	起算日
休業特別支給金	2年	休業特別支給金の支給の対象となる日の翌日から
傷病特別支給金	5年	療養開始後1年6ヵ月を経過した日又は同日後に支給要件に該当することになった日の翌日から
障害特別支給金	5年	傷病が治った日の翌日から
遺族特別支給金	5年	死亡した日の翌日から
傷病特別年金	5年	傷病（補償）年金の受給権者となった日の翌日から
障害特別年金	5年	障害（補償）年金の受給権者となった日の翌日から
障害特別一時金	5年	障害（補償）一時金の受給権者が死亡した日の翌日から
障害特別年金差額一時金	5年	障害（補償）年金差額一時金の受給権者が死亡した日の翌日から
遺族特別年金	5年	遺族（補償）年金の受給権者となった日の翌日から
遺族特別一時金	5年	遺族（補償）一時金の受給権者が死亡した日の翌日から

第5章◇労災保険給付

3 その他

(1) 時効によって消滅するのは，保険給付の支給決定を請求する権利（基本権）です。支給決定が行われた保険給付の支払を受ける権利（支分権）については，労働者災害補償保険法の規定によらず，公法上の金銭債権として会計法の規定によるとされています。会計法30条によると，その消滅時効は5年とされています。

傷病（補償）年金は，被災労働者からの請求によらず職権によって決定されるため，基本権の時効という問題は生じませんが，支分権については，会計法の規定により，5年で時効にかかることとなります。

(2) 未支給の保険給付の請求権は，保険給付の請求を行わないまま受給権者が死亡した場合の時効は，前記**1**の表のとおりですが，保険給付の請求を行った後に受給権者が死亡した場合には，(1)と同様にその時効は会計法の規定により5年とされています。

(3) 遺族（補償）年金について，被災労働者の死亡した当時55歳以上60歳未満の遺族については，受給権者となっても満60歳になるまでは年金の支給が停止される場合があります。この場合であっても，遺族（補償）年金の給付を請求しない場合には，支給停止期間中も時効は進行することになるので注意が必要です。

(4) なお，2020年4月1日からの改正民法（債権法改正部分）の施行を前にして，厚生労働省では，労働基準法の災害補償の消滅時効期間及びそれに付随して労災保険の消滅時効期間についても検討の対象となっています。現在，「賃金等請求権の消滅時効の在り方に関する検討会」がとりまとめた「論点の整理」（2019年7月1日公表）をもとに，労働政策審議会労働条件分科会で検討が行われており，2年を超える期間に延長される可能性が高いので，今後の検討の推移を注視してください。

〔岩出　亮〕

第 6 章

労災民事賠償事件

第1節　法定外補償

 39　労災保険と損害賠償請求との関係

労災保険と損害賠償請求とはどのような関係にあるのでしょうか。労災保険給付が出ている場合，使用者が損害賠償を免れるような制度ではないのでしょうか。

　　欧米では，労災保険給付が出ている場合，使用者が損害賠償を免れるような制度がありますが，わが国では，労災保険給付と損害賠償とは補完関係にあります。使用者に損害賠償義務がある場合には，労災保険給付と損害賠償請求は損益相殺として調整の対象になります。

☑キーワード

労災保険給付，損害賠償，損益相殺

第6章◇労災民事賠償事件
第1節◇法定外補償

解　説

1　労災補償（保険）と労災民事賠償請求の併存主義

　労災が起こった場合，労災保険があっても被災者等から損害賠償請求を求められることがあります。というのは，前述のとおり（**Q1**），現在の労災に関する制度が次のような構造になっているからです。すなわち，労災が起こった場合，まず，事業者は，労働基準法上の災害補償責任を負担します（労基75条以下）。しかし，使用者は，労働者災害補償保険法により保険給付がなされるべき場合は労働基準法上の補償の責めを免れ（労基84条1項），被災者等に保険給付が行われた場合，支払われた限度で損害賠償の責任も免れます。しかし，反面，使用者に労働安全衛生法違反などがあって，安全配慮義務違反や不法行為として責任が発生する場合，保険給付を超える損害については，使用者は民法上の損害賠償義務があり，被災者等は使用者に対して民法上の損害賠償請求ができることになっています。

　なお，労災の場合の賃金請求につき，前述のとおり（**Q1**参照），損害賠償でなく，民法536条2項を適用する見解もあります。

2　比較法的な我が国の併存主義の特異性

　実は，我が国のように，労災補償制度と民事賠償請求を並存させる制度[*1]は，比較法的には多数派とはいえません。例えば，米国の多くの州や，フランスでは，労災に対して労災補償を受けられる場合には使用者に対する損害賠償請求を提起することができません[*2]。そこで，使用者は，我が国における使用者側が労災認定を回避したがる傾向とは逆に，損害賠償からの免責を求めて，積極的に労災認定を受けるべく協力する行動に向かうことになります。

　筆者自身は，最高裁判例が，後述のように（**Q53**），使用者から，将来の年金給付や特別支給金の損益相殺を認めない解釈を固める前は，我が国の「労災補

154

償制度と損害賠償制度の並存主義」につき，相対的に優位な制度と指摘していましたが（拙稿「社外工の労働災害」ジュリスト584号155頁），最高裁がその解釈を固め，労働者災害補償保険法も前払一時金のような小手先の対応のみしかできていない状況下では（**Q53**），フランス等の立法例の導入を踏まえた立法的な対応が必要と考えてはいます。

〔岩出　誠〕

━━━■注　記■━━━

＊1　荒木尚志『労働法〔第3版〕』（有斐閣，2016）235頁。
＊2　東京大学労働法研究会編『注釈労働基準法（下）』（有斐閣，2003）931頁〔岩村正彦〕。

第6章◇労災民事賠償事件
第1節◇法定外補償

 労災民事賠償事件の一般的動向

労災民事賠償事件の一般的動向はどのような状況でしょうか。

> 労災全体の発生件数は減少しているのですが，安全配慮義務，特に健康配慮義務が高度化し，労災が起これば使用者の責任が問われるような感すら抱かせます。もちろん，すべての労災民事賠償請求事件で，実際に使用者の損害賠償義務が認められているわけではありません。

キーワード
労災保険給付，損害賠償，損益相殺

解　説

1　労災民事賠償請求事件の多発化と賠償額の高額化

　実際，後述（Q45・Q46）で説明するような企業に厳しい安全配慮義務を課す判例理論や労働側の運動の影響もあり，被災労働者やその遺族から企業に対して損害賠償請求がなされることが増えています。そのような動きの中で，裁判例や示談で認められる損害賠償額も非常に高額化してきています。そして，これがまた賠償請求の動きに拍車をかけている関係にあるといえるでしょう。

Q40 ◆労災民事賠償事件の一般的動向

2 労災全体の統計的傾向

　正確な司法統計等は入手できませんが，少なくとも公刊されている判例集登載の裁判例，新聞等で報道される裁判例等をフォローしていく中でわかる傾向として，平成22年度で対前年度若干増加しましたが，大勢としては，従前から多かった建設・製造業関係でも労災事故が，趨勢としては減少にあるものの（ただし，未だ毎年900人前後の労働者が労災で死亡し，休業4日以上の死傷者も12万人を超えています），平成30年12月29日厚生労働省公表「平成30年における労働災害発生状況について（12月速報値）」（厚生労働省HP掲載参照）によれば，全体でも労災による死傷者数が減少している中で（中央労働災害防止協会HP掲載の「全産業における死亡者数・死傷者数の推移（昭和28年〜平成21年）」参照），特に，後述のように（**Q67**），いわゆる過労死・過労自殺等に関係した損害賠償事件が，正に急増していることが指摘できます（例えば，岩出誠『労働法実務大系〔第2版〕』（民事法研究会，2019）495頁以下参照）。

〔岩出　　誠〕

第6章◇労災民事賠償事件
第1節◇法定外補償

 41 化学物質をめぐる労働安全衛生法の規制強化

　化学物質をめぐる労働安全衛生法の規制が強化されたと聞きましたが，具体的にどのような内容なのでしょうか。

> 　平成17年改正労働安全衛生法，平成26年改正などにより，現在の労働現場の変化，新たな危険の増大等に即した重要な安全衛生体制の強化が図られ，危険性又は有害性等のある化学物質等の調査に係る必要な措置や化学物質製造・提供等に関する規制での化学物質等に係る表示及び文書交付制度などの規制が強化されています。

キーワード
　労働現場の変化，安全衛生体制の強化，危険性又は有害性等のある化学物質等の調査，化学物質製造・提供等，化学物質等に係る表示及び文書交付制度

解　説

1　労働安全衛生法の規制強化

　平成17年改正労働安全衛生法により，過重労働対策以外にも，以下のような現在の労働現場の変化，新たな危険の増大等に即した重要な安全衛生体制の強化が図られ，さらに，平成26年改正により，ストレス検査と面接指導規定の整

Q41 ◆化学物質をめぐる労働安全衛生法の規制強化

備の他にも，外国登録製造時等検査機関等，表示義務の対象物及び通知対象物について事業者の行うべき調査等，受動喫煙の防止，事業場の安全又は衛生に関する改善措置等，電動ファン付き呼吸用保護具等への規制の整備・強化がなされ，平成28年6月25日までには全面施行されています（詳細については，厚生労働省労働基準局安全衛生部「改正労働安全衛生法Q＆A集」（以下「改正安衛法Q＆A」といいます）平成26年9月1日厚生労働省HP掲載，岩出誠『平成26年改正労働法の企業対応』（中央経済社，2014）118頁以下，ストレス検査指針，ストレス・マニュアル等）。

2 受動喫煙に絡む労災認定

化学物質に関係し，受動喫煙に絡む労災認定紛争も増えています。例えば，新宿労働基準監督署長事件☆1では，受動喫煙が原因で発症したとする頭痛に業務起因性がないとされ，横浜西労基署長事件☆2では，肺がん発症は受動喫煙の曝露等が原因であるとはいえない，とされています。

なお，2018年の健康増進法改正による受動喫煙規制が，2019年4月1日から施行されています（詳細は，「従業員に対する受動喫煙対策について」厚生労働省HP掲載参照）。

3 危険性又は有害性等のある化学物質等の調査に係る必要な措置

事業者は，建設物，設備，作業等の危険性又は有害性等を調査し，その結果に基づいて必要な措置を講ずるように努めなければなりません。ただし，危険性又は有害性等のある化学物質等に係る調査以外の調査については，製造業等の業種に属する事業者に限ります（安衛28条の2第1項，安衛則24条の11等）。厚生労働大臣は，上記の措置に関して，必要な指針を公表しています（安衛28条の2第2項。「化学物質等による危険性又は有害性等の調査等に関する指針について」平成27年9月18日基発0918第3号参照）。厚生労働大臣は，上記の指針に従い，事業者に指導，援助等を行うことができます（安衛28条の2第3項）。

〈化学物質製造・提供等に関する規制〉

㋐ 化学物質等を製造し，又は取り扱う設備の改造等の仕事の注文者の講ず

159

第6章◇労災民事賠償事件
第1節◇法定外補償

べき措置　化学物質等を製造し，又は取り扱う設備で政令で定めるものの改造その他の厚生労働省令で定める作業に係る仕事の注文者は，当該物について労働災害を防止するため必要な措置を講じなければなりません（安衛31条の2，安衛則662条の3）。

　(イ)　化学物質等に係る表示及び文書交付制度　危険を生ずるおそれのある物で政令で定めるものには，その譲渡又は提供に際して容器又は包装に名称等を表示しなければならない物も含まれ，容器又は包装に表示しなければならないものには，当該物を取り扱う労働者に注意を喚起するための標章で厚生労働大臣により定められます（安衛57条1項，安衛則34条・34条の2の4等）。危険を生ずるおそれのある物で政令で定めるものが，その譲渡又は提供に際して相手方にその名称等を文書の交付等の方法により通知しなければならない物とされています（安衛57条の2第1項）。

〔岩出　　誠〕

■判　例■

☆1　東京地判平25・11・27労経速2200号3頁〔新宿労働基準監督署長事件〕。
☆2　東京地判平26・4・24労経速2215号17頁〔横浜西労基署長事件〕。

42 化学物質をめぐる労災認定をめぐる紛争の動向

化学物質をめぐる労働安全衛生法の規制強化を踏まえて、化学物質をめぐる労災認定をめぐる紛争の動向はどうなっていますか。

　　平成17年改正労働安全衛生法、平成26年改正などによる化学物質をめぐる労働安全衛生法の規制強化の影響もあってか、近時、化学物質をめぐる労災申請をめぐる裁判例が増加しています。なお、後述のように、アスベスト関係の裁判例等も増えており（第7章参照）、有害物質を利用する作業現場での安全配慮義務はより高まっていることに留意が必要です。

☑キーワード

安全衛生体制の強化、化学物質をめぐる労災申請、アスベスト関係の裁判例、有害物質を利用する作業現場での安全配慮義務

解　説

1　化学物質をめぐる労働安全衛生法の規制強化の影響

　平成17年改正労働安全衛生法、平成26年改正などによる化学物質をめぐる労働安全衛生法の規制強化の影響もあってか、近時、化学物質をめぐる労災申請をめぐる裁判例が増加しています。なお、後述のように、アスベスト関係の裁判例等も増えており（第7章参照）、有害物質を利用する作業現場での安全配慮

第6章◇労災民事賠償事件
第1節◇法定外補償

義務はより高まっていることに留意が必要です。

2 有害物質をめぐる労災申請の動向

事案にもよりますが，近時では，前述（**Q41**参照）の受動喫煙関係以外でも，
以下のような裁判例が示されています。

国・王子労基署長事件[1]では，胆のうがんがベンジジンの取扱い業務により発病したとは認められないとされ，地公災基金岩手県支部長（県職員）事件[2]では，いわゆる化学物質過敏症は病態の解明に至っておらず，正確な発生機序も不明とされているものではあるが，既存の疾病概念では説明不可能な環境不耐性の患者の存在が否定されるものではなく，また，種々の低濃度化学物質に反応して非アレルギー性の過敏症状の発現により，精神・身体症状を示す患者が存在する可能性は否定できないとされ，そのような症状を呈する病態が存在すること自体について大きな争いがあるわけではないこと，化学物質過敏症は平成15年にはICD－10に登録され，平成21年には標準病名マスターにも収載されたものであること等から，化学物質過敏症という疾病の存在自体は医学的に認められているというべきであるとされましたが，結論においては，本件公用車内に残存していた何れかの化学物質が化学物質過敏症の症状の発現に何らかの影響を与えた可能性は否定できないものの，本件公用車内には直ちに重大な健康被害を生じさせるような量の化学物質が残存していたとは認められず，Xの症状が他の要素に起因する可能性も認められること等の諸事情に照らすと，社会通念上，本件公用車を使用するという公務に内在する危険が現実化して化学物質過敏症を発症したと認めることはできず，XのA化学物質過敏症の発症に関して公務起因性を認めることはできないとされています。

〔岩出　　誠〕

━━　■判　例■　━━

☆1　東京地判平26・1・16労経速2206号8頁〔国・王子労基署長事件〕。

☆2　盛岡地判平26・10・17労判1112号61頁〔地公災基金岩手県支部長（県職員）事件〕。

162

43 化学物質をめぐる民事賠償をめぐる紛争の動向

化学物質をめぐる労働安全衛生法の規制強化を踏まえて，化学物質をめぐる民事賠償をめぐる紛争の動向はどうなっていますか。

平成17年改正労働安全衛生法，平成26年改正などによる化学物質をめぐる労働安全衛生法の規制強化の影響もあってか，近時，化学物質をめぐる民事賠償をめぐる裁判例も増加しています。なお，後述のように，アスベスト関係の裁判例等も増えており，有害物質を利用する作業現場での安全配慮義務はより高まっていることに留意が必要です。

☑キーワード

安全衛生体制の強化，化学物質をめぐる民事賠償，アスベスト関係の裁判例，有害物質を利用する作業現場での安全配慮義務

1 化学物質をめぐる労災民事賠償請求事件の裁判例

　化学物質をめぐる労災民事賠償請求事件についても増加しています。例えば，喜楽鉱業株式会社事件[☆1]は，会社工場の廃溶剤タンクの清掃作業中に，従業員がタンク内の有機溶剤中毒により死亡した事故につき，会社の安全配慮義務違反があるとして，会社の損害賠償責任が認められ，損害を約7,700万円

163

第6章◇労災民事賠償事件
第1節◇法定外補償

と認定しましたが，過失相殺による30％と労災保険給付等を控除した5,147万6,357円の支払を認めました。

ジャムコ立川工場事件[2]は，航空機内装品の燃焼試験業務において発生する排気中には複数の有毒な化学物質が含まれている危険性があると認められ，この排気を室内に放出させると，原告がこれら有毒な化学物質に曝露し，原告に健康被害を生じさせるおそれがあったとされ，被告会社に試験装置の排気装置を正常に機能するようにする義務，試験室の換気設備を完備する義務，効果的な保護具を支給する義務，安全に配慮した作業工程を作成し適切な作業管理をする義務，健康診断などをして適切に健康管理する義務の6つの義務があるとし，さらに，認定した6つの安全配慮義務の内容は，労働安全衛生法，労働安全衛生規則，特定化学物質障害予防規則により課せられる義務と同内容であるので，被告会社にはこれらの法令に違反した点からも安全配慮義務違反があると認め，化学物質を取り扱う企業での慢性気管支炎，中枢神経機能障害等との間の因果関係を認め，被告会社の各安全配慮義務違反と原告の病状との間に因果関係を認め損害賠償を認めています。

慶應義塾大学（化学物質過敏症）事件[3]では，揮発性有機化合物等の化学物質が存在していた職場で勤務していた職員が「シックハウス症候群」とされる症状を発症したことについて，使用者の安全配慮義務違反が認められました。

2 アスベスト関係の裁判例

アスベスト関係の裁判例等も増えており（関西保温工業ほか1社事件・同控訴事件[4]，札幌国際観光（石綿曝露）事件[5]，三井倉庫（石綿曝露）事件[6]，三菱重工業（損害賠償請求控訴，同附帯控訴）事件[7]，米軍横須賀基地事件[8]，中部電力事件[9]，渡辺工業事件[10]），有害物質を利用する作業現場での安全配慮義務はより高まっていることに留意が必要です。

もちろん事案により責任が否定された事例もあります。例えば，ミヤショウプロダクツ事件[11]では，従業員が，会社の社屋改装工事に伴いシックハウス症候群ないし化学物質過敏症に罹患したとして，会社に対して安全配慮義務違反による損害賠償請求をした事案につき，会社において，それを認識し，適切

164

な対策を講じることは不可能又は著しく困難であったとして請求を棄却しました。同判決は，ミヤショウプロダクツ（損害賠償請求）控訴事件[12]でも支持されました。

アスベスト事案で，損害賠償請求事件[13]では，電気工事の請負会社の従業員が悪性胸膜中皮腫により死亡した場合において，勤務中の石綿曝露との因果関係が認められず，会社の安全配慮義務違反の責任が否定されました。

〔岩出　誠〕

━━■判　例■━━

☆1　大阪地判平16・3・22労判883号58頁〔喜楽鉱業株式会社事件〕。

☆2　東京地八王子支判平17・3・16労判893号65頁〔ジャムコ立川工場事件〕。

☆3　東京高判平24・10・18労判1065号24頁〔慶應義塾大学（化学物質過敏症）事件〕。

☆4　東京地判平16・9・16労判882号29頁〔関西保温工業ほか1社事件〕，東京高判平17・4・27労判897号19頁〔同控訴事件〕。

☆5　札幌高判平20・8・29労判972号19頁〔札幌国際観光（石綿曝露）事件〕。

☆6　神戸地判平21・11・20労判997号27頁〔三井倉庫（石綿曝露）事件〕。

☆7　福岡高判平21・2・9判時2048号118頁〔三菱重工業（損害賠償請求控訴，同附帯控訴）事件〕。

☆8　横浜地横須賀支判平21・7・6労経速2051号3頁〔米軍横須賀基地事件〕。

☆9　名古屋地判平21・7・7労経速2051号27頁〔中部電力事件〕。

☆10　大阪地判平22・4・21労判1016号59頁〔渡辺工業事件〕。

☆11　大阪地判平18・5・15労判952号81頁〔ミヤショウプロダクツ事件〕。

☆12　大阪高判平19・1・24労判952号77頁〔ミヤショウプロダクツ（損害賠償請求）控訴事件〕。

☆13　東京地判平21・2・16判時2051号150頁〔損害賠償請求事件〕。

第6章◇労災民事賠償事件
第2節◇責　任　論

第2節　責　任　論

　民事損害賠償請求の法的構成

　私は，労災事故に遭い，労災保険給付を受けましたが，後遺症が残ってしまい事故前のように働くことができなくなってしまいました。
　労災保険給付では，補償として不十分であり，会社等に対し損害賠償請求を行うことを考えていますが，誰に対し，どのような根拠に基づいて請求すればよいのでしょうか。

A
　被災者が損害賠償請求を行う相手としては，直接加害行為を行った者，雇用主，被災者と特別な社会的接触の関係を有する者等が考えられます。
　法的構成としては，大きく分けて不法行為責任，及び，安全配慮義務違反による債務不履行責任が考えられ，それぞれ要件を満たす場合には，これらの責任に基づき損害賠償請求をすることが考えられます。

キーワード

　損害賠償請求，不法行為，安全配慮義務違反

Q44 ◆民事損害賠償請求の法的構成

> 解　説

1　民事賠償請求の法的根拠

　労災の被災者が使用者に対し損害賠償請求を行う場合の主たる法的根拠としては，
　①不法行為責任（民709条・715条等）
　②使用者責任（民715条）
　③安全配慮義務違反による債務不履行責任（民415条）
　の3種類が考えられます。

2　不法行為責任

(1)　一般不法行為責任（民709条等）
　一般不法行為責任について定めた民法709条では，「故意又は過失によって他人の権利又は法律上保護される利益を侵害した者は，これによって生じた損害を賠償する責任を負う」と定められており，賠償請求するためには，以下の(a)〜(e)の要件について，事実主張を行う必要があります。
　(a)　被災者が権利又は法律上保護された利益を有すること
　(b)　賠償請求を受ける者が(a)の権利又は利益を侵害したこと
　(c)　(b)について賠償請求を受ける者に故意又は過失を基礎付ける評価根拠事実
　(d)　被災者に損害が発生したこと及びその額
　(e)　(b)の侵害行為と(d)の損害との間に相当因果関係があること
　これらの中で，(c)「故意又は過失」の存否が争点となることが多いです。
　「故意又は過失」の存在が認められない場合には，賠償請求の根拠となる要件を欠くことになり，賠償を受けることができなくなることから，当事者双方において，十分な主張・立証を行う必要があります。

167

第6章◇労災民事賠償事件
第2節◇責　任　論

　この点，労災事件における「故意」とは，労働災害の発生，これにより被災者に傷病等が発生することを認識し，認容して行う心理状態ないしは行為を意味すると解されています。

　また，「過失」については，労働災害の発生，及び，当該傷病結果の発生に関する予見可能性を前提とした結果回避義務違反を意味すると解されています。

　被災者としては，これらの「故意又は過失」を基礎付ける評価根拠事実（故意又は過失の存在を基礎付ける具体的事実）を主張・立証して事故を起こした者に対し損害賠償責任の追及をしていくことになります。

　これに対し，一般不法行為責任を追及される側の当事者としては，「故意又は過失」の不存在を基礎付けるべく評価障害事実（故意又は過失の存在を否定する具体的事実）を主張・立証していくことになります。

　その結果，当事者双方から主張・立証された評価根拠事実及び評価障害事実を踏まえ，「故意又は過失」の存否を判断することになります。

　この点について，裁判外交渉等において当事者双方で見解の一致を見ない場合には，裁判において争われる場合もあります。

(2)　使用者責任（民715条）

　上記(1)で述べた一般不法行為責任は，労災事故を発生させた当事者を請求対象とした場合の規定です。

　一方，労災事故を発生させた者が被用者の内の1人又は複数人（当該労働者）であったとしても，使用者は事業の執行に際し，当該労働者を雇入れ，稼働させ，利益を得ているにもかかわらず，事故が発生した際の責任については当該労働者のみしか負担しないというのは損害の公平な分担，及び，被害者救済という不法行為法の趣旨に照らし，不均衡と考えられます。

　このような考えに基づき規定された民法715条1項では，「ある事業のために他人を使用する者は，被用者がその事業の執行について第三者に加えた損害を賠償する責任を負う。ただし，使用者が被用者の選任及びその事業の監督について相当の注意をしたとき，又は相当の注意をしても損害が生ずべきであったときは，この限りでない。」と定められており，使用者責任を追及するためには，以下(a)〜(c)の要件について，事実主張を行う必要があります。

(a) 被災者が当該労働者に対する一般不法行為（上記(1)）の要件を満たすこと

(b) 不法行為当時，使用者が当該労働者を事業のために使用していたこと

(c) 当該労働者が使用者の事業の執行につき被災者に損害を被らせたこと

なお，被災者から(a)〜(c)の要件を満たすことについて主張・立証があった場合であっても，請求を受けた使用者から

(d) 使用者が，当該労働者の選任及びその事業の監督について相当の注意をしたこと又は，相当の注意をしても損害の発生を免れなかったこと

についての主張・立証がなされた場合については，使用者責任が免責されます。

(3) 過失相殺

請求を受ける者に過失の存在が認められた場合には，賠償請求の要件が満たされることになるが，そのような場合であっても請求を受ける者，被災者双方の過失により損害が発生する場合もあります。

このような場合，請求を受けた側において，過失相殺（民722条）を主張することが考えられます。

その結果，損害の公平な分担として，損害発生への寄与度（過失割合）に応じて損害を分担することになることから，過失割合に応じて請求額の一部についてのみ賠償を行うという結論となる場合もあります。

かかる判断においても，当事者双方から主張・立証された評価根拠事実及び評価障害事実を踏まえ，過失割合を判断することになります。

3 安全配慮義務違反による債務不履行責任（民415条）

(1) 安全配慮義務概念の肯定

最高裁は，陸上自衛隊八戸車両整備工場事件[1]において，安全配慮義務の根拠を「ある法律関係に基づいて特別な社会的接触の関係に入った当事者間において，当該法律関係の付随義務として当事者の一方又は双方が相手方に対して信義則上負う義務」と判示し，安全配慮義務の概念を判例法理として肯定しました。

第6章◇労災民事賠償事件
第2節◇責　任　論

(2)　安全配慮義務の明文化

　安全配慮義務に関し，平成20年3月1日施行の労働契約法5条において，
「使用者は，労働契約に伴い，労働者がその生命，身体等の安全を確保しつつ
労働することができるよう，必要な配慮をするものとする。」と規定され，労
働契約における使用者の安全配慮義務が明文化されました。

(3)　請求要件

　上記のとおり，使用者には，安全配慮義務が課されています。

　民法415条では，「債務者がその債務の本旨に従った履行をしないときは，債
権者は，これによって生じた損害の賠償を請求することができる。債務者の責
めに帰すべき事由によって履行をすることができなくなったときも，同様とす
る。」と定められており，同条に基づき，安全配慮義務違反による債務不履行
責任を追及するためには，以下(a)〜(d)の要件について，事実主張を行う必要が
あります。

　(a)－1　（雇用主の安全配慮義務）

　　被災者と雇用主の労働契約の存在

　(a)－2　（雇用主以外の者の安全配慮義務）

　　被災者と被請求者の特別な社会的接触の関係を基礎付ける評価根拠事実

　(b)　安全配慮義務内容☆2の特定又は同義務違反（を基礎付ける事実）

　(c)　結果発生の予見可能性（要否につき争いあり）

　(d)　被災者に損害が発生したこと及びその額

　(e)　安全配慮義務違反事実(b)と損害(d)との間に相当因果関係があること

　なお，被災者から(a)〜(d)の要件を満たすことについて主張・立証があった場
合であっても，請求を受けた者からこれに対し，責任を追及される側の当事者
としては，被災者と被請求者の特別な社会的接触の関係不存在を基礎付ける評
価障害事実（特別な社会的接触の関係の存在を否定する具体的事実）を主張・立証して
いくことになります。

　また，被請求者としては，「責めに帰すべき事由」がないことの評価根拠事
実を主張・立証すれば，請求原因を否定することが可能となります。

170

4 不法行為責任と債務不履行責任の差異

　裁判において，安全配慮義務の法的構成を採る場合，原告となる被災者は，義務の違反の内容を特定し，かつ義務違反に該当する事実を主張・立証する責任がある（航空自衛隊芦屋分遣隊事件）[3]とされていますが，これは，債務不履行に基づく損害賠償請求の立証責任の考え方に基づくものです。

　2つの構成において，時効（民724条（原則3年）と167条1項（10年）），遺族固有の慰謝料（債務不履行構成では認められない），遅延損害金の起算点（不法行為構成では事故の日からで，債務不履行構成では請求日の翌日から）などの点においては，依然として重要な差異があります。

　そして，裁判において両構成を主張する場合には，選択的併合となります。

　なお，民法改正に伴い，改正後の労災民事損害賠償請求権の消滅時効については，人の身体生命侵害の場合に該当し，債務不履行の場合も，不法行為の場合も，主観的時効期間が5年（改正民法166条1項1号・724条の2），客観的時効期間が20年（改正民法166条12項2号・167条・724条2号）として統一されることになる。

〔髙木　健至〕

■判　例■

☆1　最判昭50・2・25民集29巻2号143頁・労判222号13頁〔陸上自衛隊八戸車両整備工場事件〕。

☆2　最判昭59・4・10民集38巻6号557頁〔川義事件〕。

☆3　最判昭56・2・16民集35巻1号56頁〔航空自衛隊芦屋分遣隊事件〕。

●参考文献●

(1)　菅野和夫『労働法〔第11版補正版〕』（弘文堂，2017）630頁。

(2)　岩出誠『労働法実務大系〔第2版〕』（民事法研究会，2019）489頁以下。

(3)　山川隆一『労働災害訴訟における安全配慮義務をめぐる要件事実』慶應法学№19（2011年3月）267頁。

第6章◇労災民事賠償事件
第2節◇責　任　論

 安全配慮義務

　私は，建設現場の作業員でしたが，事故に遭い，損害賠償を求めることを検討しています。
　雇い主以外にも損害賠償請求が可能な場合はあるのでしょうか。可能な場合は，どのような要件が必要でしょうか。
　実際に，安全配慮義務違反による債務不履行責任に基づき損害賠償請求をする際には，どのような内容の事実を主張すべきでしょうか。

　　被災者が雇用主と労働契約が存在する場合には，当該労働契約を安全配慮義務の発生根拠とできる場合があります。
　　また，労働契約を締結していない相手に対しても，この者と「特別な社会的接触の関係」が肯定されれば，安全配慮義務違反を問うことが可能になると解されています。
　　また，具体的に安全配慮義務違反を主張・立証していく際には，労働安全衛生法等の規定を参考に安全配慮義務内容の特定を行い，同義務違反を基礎付ける事実を主張・立証していくとよいでしょう。

　　安全配慮義務，労働契約法5条，労働安全衛生法

Q45 ◆安全配慮義務

> ## 解 説

1 安全配慮義務概念

安全配慮義務の概念は，陸上自衛隊八戸車両整備工場事件[1]において判例法理として認められた後，平成20年３月１日施行の労働契約法５条において，使用者の安全配慮義務に関する明文化がなされました。

この安全配慮義務は，労働契約上の義務であることはもちろん，不法行為上の注意義務も構成すると解されます。

2 判例法理における安全配慮義務

以下，最高裁が「安全配慮義務」の概念を法的に認めたリーディングケースとなった陸上自衛隊八戸車両整備工場事件判決，川義事件[2]を解説します。

(1) 陸上自衛隊八戸車両整備工場事件

(a) 事案

陸上自衛隊員である被災者が，自衛隊内の車両整備工場で車両整備中に，後退してきたトラックに轢かれ死亡した事案であり，最高裁判決において国が当該被災者に対し安全配慮義務を負っていることを認定した事件です。

(b) 安全配慮義務概念の肯定

最高裁は，判決の中で，「国は，公務員に対し，国が公務遂行のために設置すべき場所，施設もしくは器具等の設置管理又は公務員が国もしくは上司の指示のもとに遂行する公務の管理にあたって，公務員の生命及び健康等を危険から保護するよう配慮すべき義務（以下「安全配慮義務」という。）を負っているものと解すべきである。」として，「安全配慮義務」という概念を法的に認めました。

(c) 安全配慮義務の発生根拠

その上で，安全配慮義務の根拠を「法律関係に基づいて特別な社会的接触の

173

第6章◇労災民事賠償事件
第2節◇責　任　論

関係に入った当事者間において，当該法律関係の付随義務として」「信義則上
負う義務」と判示しました。

(d)　**本事案における安全配慮義務の具体的内容**

本事案における「安全配慮義務」の具体的内容については，「公務員の職
種，地位及び安全配慮義務が問題となる当該具体的状況等によって異なるべき
ものであり，自衛隊員の場合にあっては，更に当該勤務が通常の作業時，訓練
時，防衛出動時（自衛隊法76条），治安出動時（同法78条以下）又は災害派遣時（同
法83条）のいずれにおけるものであるか等によっても異なりうべきものである」
として，各事案によって変容し得るものであり，当該事案ごとの具体的状況を
総合考慮することによって内容が画されるものであることを示しました。

(2)　川義事件

(a)　**事案**

宝石等の高価な品物を販売している会社にいた宿直勤務中の被災者が，物取
り目的で侵入した犯人によって殺害され，店から宝石類を盗まれた強盗殺人事
件において，殺害された被災者の両親が，会社に対し，損害賠償の請求をした
事案につき，会社に安全配慮義務違反に基づく損害賠償責任があると判断され
た事件です。

(b)　**安全配慮義務の発生根拠及び内容**

最高裁は，「雇傭契約は，労働者の労務提供と使用者の報酬支払をその基本
内容とする双務有償契約であるが，通常の場合，労働者は，使用者の指定した
場所に配置され，使用者の供給する設備，器具等を用いて労務の提供を行うも
のであるから，使用者は，右の報酬支払義務にとどまらず，労働者が労務提供
のため設置する場所，設備もしくは器具等を使用し又は使用者の指示のもとに
労務を提供する過程において，労働者の生命及び身体等を危険から保護するよ
う配慮すべき義務（以下「安全配慮義務」という。）を負っているものと解するの
が相当である。」と判示し，「雇傭契約」から「安全配慮義務」が導かれること
を示しました。

(c)　**安全配慮義務の具体的内容の特定のための考慮要素**

その上で，使用者の安全配慮義務の具体的内容について，「労働者の職種，
労務内容，労務提供場所等安全配慮義務が問題となる当該具体的状況等によっ

174

て異なる」と判示しました。

(d) **本事案における安全配慮義務の具体的内容**

　上記前提を元に，「会社は，被災者A（注：判決文中は実名）一人に対し昭和53年８月13日午前９時から24時間の宿直勤務を命じ，宿直勤務の場所を本件社屋内，就寝場所を同社屋一階商品陳列場と指示したのであるから，宿直勤務の場所である本件社屋内に，宿直勤務中に盗賊等が容易に侵入できないような物的設備を施し，かつ，万一盗賊が侵入した場合は盗賊から加えられるかも知れない危害を免れることができるような物的施設を設けるとともに，これら物的施設等を十分に整備することが困難であるときは，宿直員を増員するとか宿直員に対する安全教育を十分に行うなどし，もって右物的施設等と相まってAの生命，身体等に危険が及ばないように配慮する義務があったものと解すべき」と判断し，同事件における具体的な安全配慮義務の内容を画しました。

(e) **本事案における安全配慮義務違反の認定**

　その上で最高裁は，「会社の本件社屋には，昼夜高価な商品が多数かつ開放的に陳列，保管されていて，休日又は夜間には盗賊が侵入するおそれがあったのみならず，当時，上告会社では現に商品の紛失事故や盗難が発生したり，不審な電話がしばしばかかってきていたというのであり，しかも侵入した盗賊が宿直員に発見されたような場合には宿直員に危害を加えることも十分予見することができたにもかかわらず，上告会社では，盗賊侵入防止のためののぞき窓，インターホン，防犯チェーン等の物的設備や侵入した盗賊から危害を免れるために役立つ防犯ベル等の物的設備を施さず，また，盗難等の危険を考慮して休日又は夜間の宿直員を新入社員一人としないで適宜増員するとか宿直員に対し十分な安全教育を施すなどの措置を講じていなかったというのであるから，上告会社には，Aに対する前記の安全配慮義務の不履行があったものといわなければならない。そして，前記の事実からすると，上告会社において前記のような安全配慮義務を履行しておれば，本件のようなAの殺害という事故の発生を未然に防止しえたというべきであるから，右事故は，上告会社の右安全配慮義務の不履行によって発生したものということができ，上告会社は，右事故によって被害を被った者に対しその損害を賠償すべき義務があるものといわざるをえない。」と判断し，会社の安全配慮義務違反を認定しました。

第6章◇労災民事賠償事件
第2節◇責　任　論

3　安全配慮義務の明文化

　安全配慮義務に関し，平成20年3月1日施行の労働契約法5条において，「使用者は，労働契約に伴い，労働者がその生命，身体等の安全を確保しつつ労働することができるよう，必要な配慮をするものとする。」と規定され，労働契約における使用者の安全配慮義務が明文化されました。

　安全配慮義務が明文化された趣旨としては，通達（平成24年8月10日付基発0810第2号）において，「通常の場合，労働者は，使用者の指定した場所に配置され，使用者の供給する設備，器具等を用いて労働に従事するものであることから，判例において，労働契約の内容として具体的に定めずとも，労働契約に伴い信義則上当然に，使用者は，労働者を危険から保護するよう配慮すべき安全配慮義務を負っているものとされているが，これは，民法等の規定からは明らかになっていないところである。このため，法第5条において，使用者は当然に安全配慮義務を負うことを規定したものである。」とされています。

　そして，同通達において，労働契約法5条の「必要な配慮」とは，一律に定まるものではなく，使用者に特定の措置を求めるものではないが，労働者の職種，労務内容，労務提供場所等の具体的な状況に応じて，必要な配慮をすることが求められるものであることが示されています。

　また，労働安全衛生関係法令において事業主の講ずべき具体的な措置が規定されています。これらは第一義的には行政法規ですが，同法に規定された具体的措置については，使用者の安全配慮義務の具体的内容であると考えられることから，同法に規定された具体的措置が遵守されていないという事実が使用者の安全配慮義務違反を基礎付ける事実となり得ると考えられます。

4　安全配慮義務の発生根拠

　3で述べたとおり，被災者が雇用主と労働契約が存在する場合には，当該労働契約を安全配慮義務の発生根拠とできる場合があります。

　また，**2**で述べたとおり，労働契約を締結していない相手に対しても，この

者と「特別な社会的接触の関係」が肯定されれば，安全配慮義務違反を問うことが可能になると解されています。

5 安全配慮義務の概要

最高裁の判例法理上，「雇傭契約は，労働者の労務提供と使用者の報酬支払をその基本内容とする双務有償契約であるが，通常の場合，労働者は，使用者の指定した場所に配置され，使用者の供給する設備，器具等を用いて労務の提供を行うものであるから，使用者は，右の報酬支払義務にとどまらず，労働者が労務提供のため設置する場所，設備もしくは器具等を使用し又は使用者の指示のもとに労務を提供する過程において，労働者の生命及び身体等を危険から保護するよう配慮すべき義務（以下「安全配慮義務」という。）を負っているものと解するのが相当である」として，使用者の安全配慮義務が肯定されており，現在では，電通事件[☆3]を契機として，就労環境の整備というような物的側面だけではなく，労働者の健康面への配慮も含んだ相当広範かつ高度な健康配慮義務ともいうべき内容にまで高められています。

6 安全配慮義務の内容の特定の際の留意点

使用者の不法行為，安全配慮義務違反を主張する際に，労働安全衛生法等の労働安全衛生関係法令に定められた遵守事項から論じるとより説得的となります。

もっとも，労働安全衛生関係法令に定められていない内容について安全配慮義務として特定することが妨げられるわけではありません。

例えば，川義事件においては，のぞき窓，インターホン，防犯チェーン等の盗賊防止のための物的設備，宿直員の増員などの措置は，一般的な防犯の類の義務であり，労働安全衛生法上使用者が負う義務とはし難いものです。

したがって，労働安全衛生法の義務は作業環境や職場環境を主眼に置くものであり，使用者が労働契約に基づく付随的な義務として負う安全配慮義務は労働安全衛生法の義務よりも広いものと解されます。

第6章◇労災民事賠償事件
第2節◇責　任　論

〔髙木　健至〕

■判　例■

☆1　最判昭50・2・25民集29巻2号143頁・労判222号13頁）〔陸上自衛隊八戸車両整備工場事件〕。

☆2　最判昭59・4・10民集38巻6号557頁〔川義事件〕。

☆3　最判平12・3・24民集54巻3号1155頁・労判779号13頁〔電通事件〕。

●参考文献●

⑴　菅野和夫『労働法〔第11版補正版〕』（弘文堂，2017）630頁。

⑵　岩出誠『労働法実務大系〔第2版〕』（民事法研究会，2019）489頁以下。

⑶　山川隆一『労働災害訴訟における安全配慮義務をめぐる要件事実』慶應法学№19（2011年3月）267頁。

健康配慮義務

使用者の負う健康配慮義務はどのような内容でしょうか。
健康配慮義務と安全配慮義務との関係性はどのように整理すればよいでしょうか。

　　使用者は，健康配慮義務として，労働者に従事させる業務を定め，これを管理するに際し，業務の遂行に伴う疲労や心理的負荷等が過度に蓄積して労働者の心身の健康を損なうことがないよう注意する義務を負うと考えられます。
　　健康配慮義務については，使用者の安全配慮義務の一環と位置づけられています。

☑キーワード

健康配慮義務，安全配慮義務，労働安全衛生法，労働安全衛生規則，産業医

解　説

1　健康配慮義務の内容，及び，安全配慮義務との関係性

　判例法理上の安全配慮義務の一環たる健康配慮義務の内容に鑑みれば，両者の関係は実質的には相当範囲で重なっていると考えられます。
　古くからの裁判例においても，労働契約に付随する信義則上の義務である安

第6章◇労災民事賠償事件
第2節◇責　任　論

全配慮義務の具体的内容として，労働安全衛生法上の健康管理義務を踏まえ
て，当該職種等の就労条件についての具体的な法規制，現実の労働環境，当該
従業員の素因・基礎疾病や発症している疾病の内容と程度に応じて，個別具体
的に，特定業務の減免措置を講ずるなど就労環境を整備すること，そして健康
管理の面においても従業員の健康への一定の配慮ないし把握を行うことなど相
当広範かつ高度な健康配慮義務を措定しています（大阪府立中宮病院松心園事
件[1]）。

　電通事件[2]においては，「労働者が労働日に長時間にわたり業務に従事する
状況が継続するなどして，疲労や心理的負荷等が過度に蓄積すると，労働者の
心身の健康を損なう危険のあることは，周知のところである。労働基準法は，
労働時間に関する制限を定め，労働安全衛生法65条の3は，作業の内容等を特
に限定することなく，同法所定の事業者は労働者の健康に配慮して労働者の従
事する作業を適切に管理するように努めるべき旨を定めているが，それは，右
のような危険が発生するのを防止することをも目的とするものと解される。こ
れらのことからすれば，使用者は，その雇用する労働者に従事させる業務を定
めてこれを管理するに際し，業務の遂行に伴う疲労や心理的負荷等が過度に蓄
積して労働者の心身の健康を損なうことがないよう注意する義務を負う」と判
示しています。

　一般的に，労災民事賠償事件においては，安全教育義務の履行が争点となる
ことが多いですが，裁判例においては，企業が雇入れ，作業内容の変更，危険
業務への従事などの際に要求される安全教育，一定の危険業務への免許取得者
等以外の就労禁止，中高年齢者・身体障害者等への就業上の特別配慮なども要
求される労働安全衛生法59条，労働安全衛生規則35条の雇入時教育，同規則36
条の特別教育等の労働者に対する安全教育義務等の定めを引用するなどしつ
つ，同義務を民事上の安全配慮義務の一内容としています（日本陶料事件[3]，川
島コーポレーション事件[4]）。

　また，労働基準法や労働安全衛生法上において，努力義務規定にすぎない場
合であっても，これを安全配慮義務や健康配慮義務の内容としている判決も少
なくありません（電通事件，空港グランド・サービス・日航事件[5]）。

2　健康配慮義務の高度化

　企業が従業員に対して行う健康診断の充実により（安衛66条以下，安衛則43条以下），精神疾患を含む様々な傷病の把握に努める対応が増えてきています。また，下記❸で詳説しますとおり，近時の労働安全衛生法改正によって，事業主に労働者の健康確保に向けた一層の対応が求められる状況になっています。

　一方で，法令・判例により企業に課される健康配慮義務は，結果債務に近づきつつあるといわざるを得ないまでに高度化されつつあり，企業が労災認定や損害賠償責任を回避するためには，診断結果のみならず，普段の業務遂行上から知り得た従業員の健康に関する情報に基づき相応な配慮が必要な状況となっています（富国生命事件☆6，富士電機E&C事件☆7，石川島興業事件☆8，NTT東日本北海道支店事件☆9等）。

3　労働安全衛生法の改正

(1)　産業医・産業保健機能の強化

　平成30年6月に「働き方改革を推進するための関係法律の整備に関する法律案」が審議され，労働安全衛生法が改正され以下の内容が定められ，平成31年4月1日より施行されています。

(a)　事業主の産業医に対する情報提供等

　事業者は，産業医が労働者の健康管理等を適切に行うために必要な情報を提供すべきであることから，改正法において新たに「産業医を選任した事業者は，産業医に対し，厚生労働省令で定めるところにより，労働者の労働時間に関する情報その他の産業医が労働者の健康管理等を適切に行うために必要な情報として厚生労働省令で定めるものを提供しなければならない」（安衛13条4項）と定められました。

　この情報とは，残業等が月80時間を超えた労働者の氏名とその時間，業務の情報等を意味します。具体的には，「休憩時間を除き1週間当たり40時間を超えて労働させた場合におけるその超えた時間が1月当たり80時間を超えた労働

第６章◇労災民事賠償事件
第２節◇責　任　論

者の氏名及び当該労働者に係る超えた時間に関する情報」や「労働者の健康管理のために必要となる労働者の業務に関する情報」等です。

(b)　産業医の勧告を受けたときの措置

　産業医は，労働者の健康を確保するために必要と認められるときに，労働者の健康管理等について必要な勧告を行うことができる（安衛13条５項）と定められていますが，その実効性を確保するためには，勧告が事業場の実情等を十分に考慮したものである必要があります。また，産業医の勧告が趣旨も含めて事業者に十分理解され，かつ，企業内で適切に共有され，労働者の健康管理のために有効に機能するようにしておく必要があるとされています。

　このため，産業医が勧告を行う場合にあっては，事前にその内容を示し，事業者から意見を求めることとするとともに，産業医から勧告を受けた事業者は，その内容を衛生委員会又は安全衛生委員会に報告しなければならないとし（安衛13条６項），産業医の勧告が実質的に尊重されるように改正されました。

(c)　産業医の業務内容等の労働者に対する周知

　事業者は，労働者が安心して健康相談が受けられるよう，産業医の業務内容，健康相談の申出方法，事業場における健康情報の取扱方法について，常時各作業場の見やすい場所に掲示し，又は備え付けることその他の方法により，労働者に周知しなければならないものとされました（安衛13条の３）。その他の方法としては，書面を労働者に交付すること，又は磁気テープ，磁気ディスクその他これらに準ずる物に記録し，かつ，各作業場に労働者が当該記録の内容を常時確認できる機器を設置する方法があります。

(2)　長時間労働，高度プロフェッショナル制度等に関する健康確保措置

(a)　医師による面接指導の残業時間等の要件を100時間から80時間へ

　過重な労働により脳・心臓疾患等の発症のリスクが高い状況にある労働者を見逃さない目的で労働者の健康管理を強化する見直しが行われました。長時間労働に対する健康確保措置として，労働安全衛生法66条の８の面接指導について，改正前では，残業等が月100時間を超える者から申出があった場合に医師による面接指導を受けさせることとなっていましたが，この時間数を月80時間超とするよう改正されました。

182

Q46 ◆健康配慮義務

(b) 高度プロフェッショナル制度対象者に対する面接指導

高度プロフェッショナル制度とは，一定の年収要件（1075万円）を満たし，アナリストなどの特定の高度専門業務に従事する労働者を対象とする新たな労働時間制度です。

同制度は，36協定も時間外・休日・深夜の割増賃金も，適用除外にする新たな労働時間制度であることから，過重労働により労働者の健康を害さないよう，健康確保措置が定められました。

同制度の導入と同時に，対象労働者に対する医師による面接指導を行うよう労働安全衛生法の改正も行われました。同制度の対象労働者であって，その健康管理時間が1週間あたり40時間を超えた場合のその超えた時間が1月あたり100時間を超えた労働者について，医師による面接指導を行わなければならず，労働者はこの面接指導を受けなければならないと定められました（安衛66条の8の4）。ここでいう健康管理時間とは，対象労働者が「事業場内にいた時間」と「事業場外において労働した時間」との合計時間を意味します（安衛66条の8の4第1項，労基41条の2第1項3号）。

また，同制度の対象労働者であっても健康確保の観点から健康管理時間の把握を要します。

(c) 新技術，新商品等の研究開発業務に従事する労働者に対する面接指導

時間外労働の上限が新たに定められました。具体的には，月45時間，年360時間を原則とし，特別条項を締結する場合も，年720時間，単月100時間未満，複数月平均80時間を限度とする内容が定められました。ただし，新技術，新商品等の研究開発業務については，改正後も時間外労働の上限規制の適用除外となります（労基36条11項）。

時間外労働時間上限規定の適用は除外されますが，これら研究開発業務に従事する労働者についても，健康確保措置として，残業等が月100時間を超えた者に対して医師による面接指導を行うよう労働安全衛生法に義務付けられました（安衛66条の8の2）。

〔髙木　健至〕

第6章◇労災民事賠償事件
第2節◇責　任　論

═══ ■判　例■ ═══

☆1　大阪地判昭55・2・18労判338号57頁〔大阪府立中宮病院松心園事件〕。
☆2　最判平12・3・24民集54巻3号1155頁・労判779号13頁〔電通事件〕。
☆3　京都地判昭58・10・14労判426号64頁〔日本陶料事件〕。
☆4　千葉地木更津支判平21・11・10労判999号35頁〔川島コーポレーション事件〕。
☆5　東京地判平3・3・22労判586号19頁〔空港グランド・サービス・日航事件〕。
☆6　東京地八王子支判平12・11・9労判805号95頁〔富国生命保険事件〕。
☆7　名古屋地判平18・1・18労判918号65頁〔富士電機E＆C事件〕。
☆8　神戸地姫路支判平7・7・31労判688号59頁〔石川島興業事件〕。
☆9　札幌高判平18・7・20労判922号5頁〔NTT東日本北海道支店事件〕。

═══ ●参考文献● ═══

⑴　菅野和夫『労働法〔第11版補正版〕』（弘文堂，2017）630頁。
⑵　岩出誠『労働法実務大系〔第2版〕』（民事法研究会，2019）489頁以下。

47　因果関係

民事賠償の際の因果関係の考え方，程度について教えてください。

　　損害賠償請求が認められるためには，安全配慮義務違反事実（不法行為）と発生した損害の間に相当因果関係が必要となります。
　　因果関係については，経験則に照らして全証拠を総合検討し，特定の事実が特定の結果発生を招来した関係を是認し得る高度の蓋然性を証明することで肯定されます。
　　脳・心臓疾患，精神疾患等の事例については，厚生労働省作成の労災認定基準の内容に留意しつつ，因果関係の有無を検討すべきと考えられます。

☑キーワード

　　因果関係，過労自殺，精神疾患

解　説

1　因果関係

Q44において，既述のとおり，損害賠償請求が認められるためには，安全配慮義務違反事実（不法行為）と発生した損害の間に相当因果関係が必要となります。

因果関係の立証の程度については，労災事案における因果関係を判断した長

第6章◇労災民事賠償事件
第2節◇責　任　論

津田保育園事件[1]において，「症状の推移と業務との対応関係，業務の性質・内容等に照らして考えると，上告人の保母としての業務と頸肩腕症候群の発症ないし増悪との間に因果関係を是認し得る高度の蓋然性を認めるに足りる事情があるものということができ，他に明らかにその原因となった要因が認められない以上，経験則上，この間に因果関係を肯定するのが相当であると解される」と判示し，「訴訟上の因果関係の立証は，一点の疑義も許されない自然科学的証明ではなく，経験則に照らして全証拠を総合検討し，特定の事実が特定の結果発生を招来した関係を是認しうる高度の蓋然性を証明することであり，その判定は，通常人が疑を差し挟まない程度に真実性の確信を持ちうるものであることを必要とし，かつ，それで足りるものである。」と判示したルンバール事件[2]を踏襲する判断が下されています。

2　労災民事賠償における留意点

　労災保険給付のための業務上認定において，この相当因果関係に相当する「業務起因性」の有無が専ら問題となるように，業務起因性の認定が困難な疾病等が民事賠償において争われる場合には，特にそのような傾向が強いといえます。

　また，「脳・心臓疾患の業務上認定」が民事賠償において争われる場合，業務と脳・心臓疾患発症との間の相当因果関係の有無が重要な争点となることから，業務起因性の有無と類似の判断が行われることとなります（システム・コンサルタント控訴事件[3]）。

　この点，過労自殺の場合は，理論的には，業務と精神疾患，精神疾患と自殺のそれぞれの間に相当因果関係が必要とされますが，協成建設事件[4]では，「私病が原因で自殺をするとは考え難いことなどの事実を考慮すると，……本件工事の責任者として，本件工事が遅れ，本件工事を工期までに完成させるため工事量を大幅に減少せざるを得なくなったことに責任を感じ，時間外勤務が急激に増加するなどして心身とも極度に疲労したことが原因となって，発作的に自殺をしたものと認められる」と認定するのみであり，精神障害の診断名の認定を判示していません。

また，パワハラによる自殺の事案においては，労災認定基準を参考とし，会社の不法行為と労働者の自殺との間に相当因果関係を認めた事案があります（加野青果事件[5]）。これらの過労自殺損害賠償請求事件では，反応性うつ病罹患の有無やうつ病と業務との因果関係などを厳格に認定判断することもなく，労災認定の場合以上に緩やかに，業務の過重性の存否のみにより，事実上，自殺と業務との因果関係，そして企業の健康配慮義務の違反による損害賠償責任を認める傾向があり，実務的には，企業は，そのような下級審判例の動きへの対応の準備をしなければなりません（近時の認容例として，アテスト（ニコン熊谷製作所）事件[6]，山田製作所（うつ病自殺）事件[7]，前田道路事件[8]，富士通四国システムズ（FTSE）事件[9]，海上自衛隊（賠償請求等控訴）事件[10]，JFEスチールほか事件[11]，棄却例として，海上自衛隊事件[12]，みずほトラストシステムズ（うつ病自殺）事件[13]，JR西日本尼崎電車区事件[14]，ボーダフォン（ジェイフォン）事件[15]，ヤマトロジスティクス事件[16]，立正佼成会事件[17]，トヨタ自動車ほか事件[18]，前田道路控訴事件[19]等参照）。

3　ま と め

これらのように，労災保険給付のための業務上認定における「業務起因性」は，労災民事賠償における相当因果関係に相当する概念と考えられており，実務上は，労災認定基準の内容に留意しつつ，因果関係の認定を検討すべきであると考えられます。

〔髙木　健至〕

■■判　例■■

☆1　最判平9・11・28労判727号14頁〔横浜市立保育園事件〕。
☆2　最判昭50・10・24民集29巻9号1417頁〔ルンバール事件〕。
☆3　東京高判平11・7・28労判770号58頁〔システム・コンサルタント控訴事件〕。
☆4　札幌地判平10・7・16労判744号29頁〔協成建設工業ほか事件〕。
☆5　名古屋高判平29・11・30労判1175号26頁〔加野青果事件〕。
☆6　東京地判平17・3・31労判894号21頁〔アテスト（ニコン熊谷製作所）事件〕。
☆7　福岡高判平19・10・25労判955号59頁〔山田製作所（うつ病自殺）事件〕。

第6章◇労災民事賠償事件
第2節◇責　任　論

☆8　松山地判平20・7・1労判968号37頁・労経速2013号3頁〔前田道路事件〕。

☆9　大阪地判平20・5・26労判973号76頁〔富士通四国システムズ（FTSE）事件〕。

☆10　福岡高判平20・8・25労経速2017号3頁〔海上自衛隊（賠償請求等控訴）事件〕。

☆11　東京地判平20・12・8労判981号76頁・労経速2033号20頁〔JFEスチールほか事件〕。

☆12　長崎地佐世保支判平17・6・27労経速2017号32頁〔海上自衛隊事件〕。

☆13　東京地八王子支判平18・10・30労判934号46頁〔みずほトラストシステムズ（うつ病自殺）事件〕。

☆14　大阪高判平18・11・24労判931号51頁〔JR西日本尼崎電車区事件〕。

☆15　名古屋地判平19・1・24労判939号61頁〔ボーダフォン（ジェイフォン）事件〕。

☆16　東京地判平20・9・30労判977号59頁〔ヤマトロジスティクス事件〕。

☆17　東京高判平20・10・22労経速2023号7頁〔立正佼成会事件〕。

☆18　名古屋地判平20・10・30労判978号16頁・労経速2024号3頁〔トヨタ自動車ほか事件〕。

☆19　高松高判平21・4・23労判990号134頁・労経速2044号3頁〔前田道路控訴事件〕。

●参考文献●

(1)　菅野和夫『労働法〔第11版補正版〕』（弘文堂，2017）630頁。

(2)　岩出誠『労働法実務大系〔第2版〕』（民事法研究会，2019）534頁以下。

Q48 ◆安全配慮義務違反の責任主体

48 安全配慮義務違反の責任主体

　建設現場などにおいて，下請従業員が被災した場合，元請企業などの雇用主以外の者が安全配慮義務違反を問われる可能性はあるのでしょうか。
　そのような可能性があるのでしたら，どのような場合に，雇用主以外の者に安全配慮義務違反が問われることになるのでしょうか。
　その場合，下請企業，元請企業間において，賠償に関する責任割合は，どのような内容になると考えられますか。
　また，出向労働者が被災した場合についての責任は，どのように考えたらよいでしょうか。

　　元請企業と下請労働者間の「実質的な使用関係」あるいは「直接的または間接的指揮監督関係」が認められるか否かを検討し，これが肯定できる場合に，元請企業の下請労働者に対する安全配慮義務を認めて，民事賠償責任が認められる可能性があります。
　　下請企業，元請企業間における責任割合については，民法の原則に応じて平等と判断される場合も少なくありませんが，事故発生への関与の程度を実質的に考慮して判断される場合もあります。
　　出向労働者について，具体的な労務提供，指揮命令関係の実態に基づき，一次的には出向先が負うものの，出向元において当該労働者の長時間労働等の具体的な問題を認識し，又は認識し得た場合については出向元においても安全配慮義務違反を問われる可能性があります。

☑キーワード
　安全配慮義務，元請企業，元請・下請間の責任割合，出向労働者の労災

189

第6章◇労災民事賠償事件
第2節◇責　任　論

解　説

1 雇用主以外の者が安全配慮義務違反を問われる可能性

(1)　下請労働者に対する元請企業の安全配慮義務

　契約責任に関する形式論からすれば，下請労働者は下請企業の労働者であり，責任を負うべきは使用者たる下請企業であり，元請企業との間に労働契約が存在しない下請労働者の労災について元請企業は，債務不履行に基づく損害賠償義務を負うことにはならないというのが原則です。

　しかし，現在の裁判例・学説では，この原則の例外を認めています。すなわち，不法行為，債務不履行等の法的な構成は別として，下請労働者に対する元請企業の労災民事賠償責任を認める数多くの裁判例が現れています*1。

　特に，陸上自衛隊八戸車両整備工場事件☆1が，安全配慮義務は，「ある法律関係に基づいて特別な社会的接触の関係に入った当事者間において，当該法律関係の付随義務として」「信義則上負う義務」として一般的に認められるべきものであると判示した後，下請労働者の労災に対する元請企業の賠償責任につき，雇用契約に準ずる法律関係の債務（安全配慮義務）の不履行と構成することによって，元請企業の責任を認めるものが出ています（鹿島建設・大石塗装事件☆2，三菱重工神戸造船所事件☆3，テクノアシスト相模（大和製罐）事件☆4等）。

　これらの判例は，概ね，次のような①〜⑩の具体的な基準を総合して，元請企業と下請労働者間の「実質的な使用関係」あるいは「直接的または間接的指揮監督関係」が認められるか否かを検討し，これが肯定できる場合に，元請企業の下請労働者に対する安全配慮義務を認めて，民事賠償責任を認める場合が多いようです。

　①現場事務所の設置，係員の常駐ないし派遣
　②作業工程の把握，工程に関する事前打合せ，届出，承認，事後報告
　③作業方法の監督，仕様書による点検，調査，是正
　④作業時間，ミーティング，服装，作業人員等の規制

⑤現場巡視，安全会議，現場協議会の開催，参加

⑥作業場所の管理，機械・設備・器具・ヘルメット・材料等の貸与・提供

⑦管理者等の表示

⑧事故等の場合の処置，届出

⑨専属的下請関係か否か

⑩元請企業・工場の組織的な一部に組み込まれているか，構内下請けか

　これらの要素のうちいくつかに該当する場合には，下請労働者と元請企業との間に実質的な使用関係があると判断されています。

　例えば，三菱重工神戸造船所事件においては，⑥元請企業の設備・工具の利用，③事実上の指揮・監督，⑩本工労働者との作業内容の同一性の３点を特に指摘し元請企業の責任を認めています。

　近時の事例としては，三菱重工下関造船所事件[5]，環境施設ほか事件[6]等が参考になります。

(2)　元請・下請間の責任割合

　下請労働者の労災につき，元請企業の損害賠償責任を肯定される場合の元請企業と下請企業間の責任割合についてですが，一般的には元請企業と下請企業の共同不法行為等によって，各業者の連帯責任を認め，その割合も，各業者同士の協議ができない限り，民法の原則により平等と判断される場合も少なくないと思われます。

　もっとも，この点について，大塚鉄工・武内運送事件[7]において，A社→B社→C社の順序で下請関係にあった建設現場でのC社の労働者Dが，B社の労働者Eの過失によりクレーンからの落下物により死傷した事故の場合について，事故発生への関与の程度を実質的に考慮して責任割合を判断して，直接の加害者Eが10％，その使用者であるB社において30％，元請で現場で現実的な監督をしていたA社が30％，直接のDの雇用主のC社において30％という責任割合を認めました。同裁判例の示す考え方は，下請企業，元請企業間における責任割合について検討する際の参考とすることができます。

　なお，同事件は，最高裁[8]において，加害者の複数の使用者が使用者責任を負う場合において，各使用者の負担部分は，加害者の加害行為の態様及びこれと各使用者の事業の執行との関連性の程度，各使用者の指揮監督の強弱など

第6章◇労災民事賠償事件
第2節◇責　任　論

を考慮して定められる責任の割合に従って定めるべきであること，使用者の一方は，自己の負担部分を超えて損害を賠償したときは，その超える部分につき，使用者の他方に対し，その負担部分の限度で，求償することができることを判示した上で，原判決を破棄した上で，本件を東京高等裁判所に差し戻す判断が下されています。

　以上の裁判例からは，下請企業，元請企業間における責任割合については，民法の原則に応じて平等と判断される場合も少なくありませんが，事故発生への関与の程度を実質的に考慮して判断される場合もあるということになります。

2　出向労働者に対する労災認定と企業責任

　下請関係に限らず，近時は，さらに，出向中の脳・心臓疾患や精神障害の発症に関する出向元と出向先の安全配慮義務をめぐる裁判例も現れています。

　例えば，出向先のみの過労自殺損害賠償責任が認められた例として，協成建設事件[9]，JFEスチールほか事件[10]が挙げられます。

　この点について，JFEスチールほか事件においては，具体的な労務提供，指揮命令関係の実態によれば，労働者に対する安全配慮義務は，一次的には出向先が負い，出向元は，人事考課表等の資料や労働者からの申告等により，労働者の長時間労働等の具体的な問題を認識し，又は認識し得た場合に，これに適切な措置を講ずるべき義務を負うと解するのが相当で，本件において，出向元が，労働者の過酷な長時間労働及び過大な精神的負担等を認識し，又は認識し得た事情は，認められないから，出向元が労働者に対して安全配慮義務を負っていたということはできないとされました。

　また，海外出向中の事案として，国・中央労基署長（興国鋼線索）事件[11]が挙げられます。この事案は，米国子会社に副社長として出向中に，くも膜下出血を発症して死亡した労働者につき，出向元の業務上の災害と認めた事例ですが，安全配慮義務の係争となれば，出向元責任が問われる可能性も十分に考えられることを示唆するところですので参考となります。

〔髙木　健至〕

Q48 ◆安全配慮義務違反の責任主体

■判　例■

☆ 1　最判昭50・2・25民集29巻2号143頁〔陸上自衛隊八戸車両整備工場事件〕。
☆ 2　最判昭55・12・18民集34巻7号888頁〔鹿島建設・大石塗装事件〕。
☆ 3　最判平3・4・11労判590号14頁〔三菱重工神戸造船所事件〕。
☆ 4　東京地判平20・2・13労判955号13頁〔テクノアシスト相模（大和製罐）事件〕。
☆ 5　広島高判平26・9・24労判1114号76頁〔三菱重工下関造船所事件〕。
☆ 6　福岡地判平26・12・25労判1111号5頁〔環境施設ほか事件〕。
☆ 7　東京高判昭63・7・19民集45巻7号1205頁〔大塚鉄工・武内運送事件〕。
☆ 8　最判平3・10・25民集45巻7号1173頁・判時1405号29頁〔大塚鉄工・武内運送事件〕。
☆ 9　札幌地判平10・7・16労判744号29頁〔協成建設工業ほか事件〕。
☆10　東京地判平20・12・8労判981号76頁・労経速2033号20頁〔JFEスチールほか事件〕。
☆11　大阪地判平19・6・6労判952号64頁〔国・中央労基署長（興国鋼線索）事件〕。

■注　記■

＊ 1　岩出誠「社外工の労働災害」ジュリスト584号150頁以下参照。

●参考文献●

(1)　菅野和夫『労働法〔第11版補正版〕』（弘文堂，2017）630頁。
(2)　岩出誠『労働法実務大系〔第2版〕』（民事法研究会，2019）163〜165頁。

第6章◇労災民事賠償事件
第3節◇損害賠償額算定

第3節　損害賠償額算定

 労災と民事損害賠償請求の関係

労災の被災者に労災保険の給付が行われた場合でも、会社はさらに、その被災者に民事上の損害賠償をしなければいけないのでしょうか。

　　会社（使用者）に責任があると認められた場合には、労災保険からの給付金で填補されない損害を賠償する必要があります。

☑キーワード
　民事上の損害賠償責任、安全配慮義務違反、不法行為責任、積極損害

解　説

　労働基準法上、会社（使用者）は、労災が起こった場合、災害補償責任（労基75条以下）を負うこととされています。ただし、労働者災害補償保険法によって保険給付が行われる場合は、使用者は、労働基準法上の補償責任を免れることとなります（労基84条1項）。

Q49◆労災と民事損害賠償請求の関係

　もっとも，使用者に安全配慮義務違反（民415条）や不法行為責任（民709条・715条等）があると認められる場合，使用者は，民事上の損害賠償責任を負います。この場合，被災した労働者又はその遺族は，使用者に対して，労災保険からの給付金で填補されない損害賠償を請求することが可能となります。

　被災した労働者又は遺族が請求することができる損害としては，精神的損害（慰謝料）や，いわゆる積極損害（入院雑費，付添看護費等），逸失利益などがありますが，具体的にどのような損害賠償を請求することができるのか，そして，労災保険との関係はどのようになるのかなどが問題となります。

　例えば，民事上の損害賠償額から控除される保険給付について，労災保険から支払われた保険給付の額は，使用者がなす損害賠償額から控除されることになりますが（労基84条2項類推適用），保険給付は，主として逸失利益の補償だけを行うものなので，慰謝料や入院雑費・付添看護費等の補償には影響を与えないことになります[1]。

〔村木　高志〕

■判　例■

☆1　最判昭62・7・10労判507号6頁〔青木鉛鉄事件〕。

第6章◇労災民事賠償事件
第3節◇損害賠償額算定

 損害の内容と算定

労災の被災者が民事上の損害賠償をする場合，どのような損害について賠償請求をすることができるのでしょうか。また，それぞれの損害額は，どのように算定すればよいのでしょうか。

　請求できる損害としては，労災保険による保険給付の対象となっていない慰謝料や，積極損害（入院雑費，付添看護費等）のほか，労災保険で十分に填補されない後遺障害逸失利益，死亡遺失利益，休業損害などがあります。また，損害額の算定については，実際の損害額のほか，交通事故のケースの基準を参考にする場合もあります。

☑キーワード
　慰謝料，積極損害，後遺障害遺失利益，死亡遺失利益，休業損害

解　説

1　積極損害

　まず，使用者に対して請求できる損害として，いわゆる積極損害があります。労災保険による保険給付は，治療費，休業補償や将来の逸失利益の補償を行うものであるため，補償の対象となっていない積極損害については，使用者がこれを賠償する責任を負うことになります。判例も，精神的損害（慰謝料）

196

や積極損害（入院雑費，付添看護費等）は，労災保険による保険給付の補償対象には含まれないとしています[1]。したがって，労災給付の対象となっていない積極損害から，既に支払われた保険給付額を控除することはできないことになります。

　具体的に，民事上の損害賠償として請求できる積極損害としては，入院雑費，将来介護費，付添看護費，通院交通費・宿泊費，装具・器具等購入費，家屋・自動車等改造費，弁護士費用などがあります。これらの費用については，使用した実費金額がそのまま認められるものもありますが，場合によっては，合理的な範囲内の相当額について，損害額として認められることもあります。

　なお，弁護士費用について，判例は，「労働者が，使用者の安全配慮義務違反を理由とする債務不履行に基づく損害賠償を請求するため訴えを提起することを余儀なくされ，訴訟追行を弁護士に委任した場合には，その弁護士費用は，事案の難易，請求額，認容された額その他諸般の事情を斟酌して相当と認められる額の範囲内のものに限り，上記安全配慮義務違反と相当因果関係に立つ損害というべきである」として，安全配慮義務違反を理由とする損害賠償請求訴訟において，弁護士費用を請求することを認めています[2]。

2　後遺障害逸失利益

　また，怪我などの労災事故については，労災が発生しなければ得られたであろう収入である逸失利益も，労災保険による保険給付では十分に填補されないため，使用者は民事上の損害賠償義務を負うこととなります。

　被災した労働者について，症状固定となり後遺症害が生じた場合の逸失利益については，次のように計算するのが一般的です。

〈後遺障害逸失利益の計算方法〉
収入金額（年収）×労働能力喪失割合×稼働年数に対応するライプニッツ係数等

　収入額については，労災事故前の現実の収入を基準とするのが原則となりますが，将来の昇給については，給与規定等から確実に昇給が見込まれるような場合には，これを考慮することもあり得ます。

第6章◇労災民事賠償事件
第3節◇損害賠償額算定

　労働能力喪失割合は，労働省労働基準局長通牒（昭和32年 7 月 2 日基発551号）
別表労働能力喪失率表（表 1 ）を参考として，被災した労働者の職業，年齢，
性別，後遺症の部位，程度，労災事故直後の稼働状況等を総合的に判断して，
具体的に当てはめて評価することになります。

表 1 　労働能力喪失率表

障害等級	労働能力喪失率
第　1　級	100／100
第　2　級	100／100
第　3　級	100／100
第　4　級	92／100
第　5　級	79／100
第　6　級	67／100
第　7　級	56／100
第　8　級	45／100
第　9　級	35／100
第　10　級	27／100
第　11　級	20／100
第　12　級	14／100
第　13　級	9 ／100
第　14　級	5 ／100

労働省労働基準局長通牒昭和32年 7 月 2 基発第551号による

　また，稼働年数は，原則として症状固定日から67歳までとして，将来得られ
る収入を先に得ることに対して，その利息分を控除するために，稼働年数に対
応するライプニッツ係数（あるいは新ホフマン係数）を用いて計算するのが一般的
です。逸失利益を一時金として受け取ると，利息分はもらい過ぎということに
なるために，このような将来利息を控除するための計算方法が用いられます
（ライプニッツ係数については，表 2 ・表 3 参照）。なお，このライプニッツ係数の表
は，法定利率 5 ％で計算されていますが，民法改正による法定利率の変更に
よってこの表も変更となる予定であるため，この点はご注意ください。

Q50 ◆損害の内容と算定

表2　ライプニッツ係数及び新ホフマン係数表（年金現価表）〔5％〕
※民法改正によって変更

労働能力喪失期間	ライプニッツ係数	新ホフマン係数	労働能力喪失期間	ライプニッツ係数	新ホフマン係数
1	0.9524	0.9524	44	17.6628	22.923
2	1.8594	1.8615	45	17.7741	23.2307
3	2.7232	2.731	46	17.8801	23.5337
4	3.546	3.5644	47	17.981	23.8323
5	4.3295	4.3644	48	18.0772	24.1264
6	5.0757	5.1336	49	18.1687	24.4162
7	5.7864	5.8743	50	18.2559	24.7019
8	6.4632	6.5886	51	18.339	24.9836
9	7.1078	7.2783	52	18.4181	25.2614
10	7.7217	7.9449	53	18.4934	25.5354
11	8.3064	8.5901	54	18.5651	25.8057
12	8.8633	9.2151	55	18.6335	26.0723
13	9.3936	9.8212	56	18.6985	26.3355
14	9.8986	10.4094	57	18.7605	26.5952
15	10.3797	10.9808	58	18.8195	26.8516
16	10.8378	11.5364	59	18.8758	27.1048
17	11.2741	12.0769	60	18.9293	27.3548
18	11.6896	12.6032	61	18.9803	27.6017
19	12.0853	13.1161	62	19.0288	27.8456
20	12.4622	13.6161	63	19.0751	28.0866
21	12.8212	14.1039	64	19.1191	28.3247
22	13.163	14.5801	65	19.1611	28.56
23	13.4886	15.0452	66	19.201	28.7925
24	13.7986	15.4997	67	19.2391	29.0224
25	14.0939	15.9442	68	19.2753	29.2497
26	14.3752	16.379	69	19.3098	29.4744
27	14.643	16.8045	70	19.3427	29.6966
28	14.8981	17.2212	71	19.374	29.9164
29	15.1411	17.6293	72	19.4038	30.1338
30	15.3725	18.0293	73	19.4322	30.3488
31	15.5928	18.4215	74	19.4592	30.5616
32	15.8027	18.8061	75	19.485	30.7721
33	16.0025	19.1834	76	19.5095	30.9805
34	16.1929	19.5538	77	19.5329	31.1867
35	16.3742	19.9175	78	19.5551	31.3907
36	16.5469	20.2746	79	19.5763	31.5928
37	16.7113	20.6255	80	19.5965	31.7928
38	16.8679	20.9703	81	19.6157	31.9908
39	17.017	21.3093	82	19.634	32.1869
40	17.1591	21.6426	83	19.6514	32.381
41	17.2944	21.9705	84	19.668	32.5733
42	17.4232	22.2931	85	19.6838	32.7638
43	17.5459	22.6105	86	19.6989	32.9525

（注）2006年版までは，小数点以下5桁目を切り捨てた数値を掲載していたが，2007年版から四捨五入とした。数値が変更されている箇所があるので注意されたい。

出典：『民事交通事故訴訟・損害賠償額算定基準』（日弁連交通事故相談センター東京支部，2019）425頁。

第6章◇労災民事賠償事件
第3節◇損害賠償額算定

表3　ライプニッツ係数及び新ホフマン係数表（年金原価表）[3％]
※2020年4月1日改正民法施行後

労働能力喪失期間	ライプニッツ係数	新ホフマン係数	労働能力喪失期間	ライプニッツ係数	新ホフマン係数
1	0.9708	0.9708	44	24.2542	27.7697
2	1.9134	1.9142	45	24.5187	28.1953
3	2.8286	2.8317	46	24.7754	28.6154
4	3.7170	3.7245	47	25.0247	29.0304
5	4.5797	4.5941	48	25.2667	29.4402
6	5.4171	5.4415	49	25.5016	29.8451
7	6.2302	6.2680	50	25.7297	30.2451
8	7.0196	7.0744	51	25.9512	30.6403
9	7.7861	7.8618	52	26.1662	31.0310
10	8.5302	8.6311	53	26.3749	31.4171
11	9.2526	9.3829	54	26.5776	31.7987
12	9.9540	10.1182	55	26.7744	32.1761
13	10.6349	10.8377	56	26.9654	32.5492
14	11.2960	11.5419	57	27.1509	32.9182
15	11.9379	12.2315	58	27.3310	33.2832
16	12.5611	12.9072	59	27.5058	33.6442
17	13.1661	13.5695	60	27.6755	34.0013
18	13.7535	14.2188	61	27.8403	34.3547
19	14.3237	14.8558	62	28.0003	34.7044
20	14.8774	15.4808	63	28.1556	35.0504
21	15.4150	16.0943	64	28.3064	35.3928
22	15.9369	16.6967	65	28.4528	35.7318
23	16.4436	17.2884	66	28.5950	36.0674
24	16.9355	17.8698	67	28.7330	36.3996
25	17.4131	18.4412	68	28.8670	36.7286
26	17.8768	19.0030	69	28.9971	37.0543
27	18.3270	19.5555	70	29.1234	37.3769
28	18.7641	20.0990	71	29.2460	37.6964
29	19.1884	20.6337	72	29.3650	38.0128
30	19.6004	21.1600	73	29.4806	38.3263
31	20.0004	21.6782	74	29.5928	38.6369
32	20.3887	22.1884	75	29.7018	38.9446
33	20.7657	22.6909	76	29.8075	39.2494
34	21.1318	23.1859	77	29.9102	39.5516
35	21.4872	23.6738	78	30.0099	39.8510
36	21.8322	24.1545	79	30.1067	40.1477
37	22.1672	24.6285	80	30.2007	40.4418
38	22.4924	25.0957	81	30.2920	40.7334
39	22.8082	25.5566	82	30.3805	41.0224
40	23.1147	26.0111	83	30.4665	41.3089
41	23.4123	26.4595	84	30.5500	41.5930
42	23.7013	26.9020	85	30.6311	41.8747
43	23.9819	27.3387	86	30.7098	42.1540

3 死亡逸失利益

被災した労働者が死亡した場合の逸失利益については，次のように計算するのが一般的です。

〈死亡逸失利益の計算方法〉
収入金額（年収）×稼働年数に対応するライプニッツ係数等×（1 − 生活費割合）

収入金額の考え方や，稼働年数を原則として67歳までと考えることは，後遺障害の場合と同じです。また，死亡の場合は，生活費がかからなくなるので，その分を控除することになります。

控除する生活費の割合は，一家の支柱の場合，被扶養者が1名のときは4割，2名のときは3割，また，女性（主婦，独身，幼児等も含む）の場合は3割，男性（独身，幼児等を含む）の場合は5割とするというような取扱いが実務上一般的に行われています。

4 休 業 損 害

被災した労働者が療養している間に給与の支払がない場合，労災保険による休業補償給付を受けられます。

もっとも，この休業補償給付は，給付基礎日額（平均賃金）の80％（休業補償給付が60％，休業特別支給金が20％）ですが，これによって填補されない収入部分については，休業損害として，使用者に対する請求が認められます（ただし，特別支給金については，損害の填補ではなく，労働福祉事業の一環として給付されるものであるため，控除の対象とはなりません。この点は後述します）。

なお，労災保険による休業補償給付は，休業4日目以降の分から給付されるため，労働基準法上の休業補償義務は，最初の3日分については，使用者が負う必要があります。したがって，上記の填補されない収入分に加えて，休業当初3日分についても，使用者が支払う必要があるということになります。

第6章◇労災民事賠償事件
第3節◇損害賠償額算定

5 **慰謝料（死亡・後遺障害・入通院）**

　既に述べたとおり，判例は，精神的損害（慰謝料）は，労災保険による保険給付の補償対象には含まれないとしていますので☆3，労災保険からの給付によって填補されない損害として，使用者に対する慰謝料請求が認められることになります。

　慰謝料額の算定については，最終的には，裁判所の判断によることにはなりますが，その金額の算定について，実務上は，交通事故のケースで用いられている基準が参考になります。

　例えば，死亡の場合，一家の支柱の死亡は2,800万円，母親，配偶者の死亡は2,500万円，その他の者の死亡は2,000万円〜2,500万円という基準が用いられる場合があるので，参考になります。もちろん，個別具体的な事情によって，増減されることになるので，これらの基準は，1つの目安ということになりますので，この点は注意が必要です。

　なお，損害賠償の請求根拠について，債務不履行構成（民415条。つまり，安全配慮義務違反を理由とするもの）とした場合，遺族固有の慰謝料は認められないと解されています☆4。

　また，後遺障害の慰謝料額については，交通事故のケースで一般的に用いられている次のような金額が，一つの目安として参考になります。

表3　被害者本人の後遺症慰謝料

第1級	第2級	第3級	第4級	第5級	第6級	第7級	
2800万円	2370万円	1990万円	1670万円	1400万円	1180万円	1000万円	
第8級	第9級	第10級	第11級	第12級	第13級	第14級	無等級
830万円	690万円	550万円	420万円	290万円	180万円	110万円	×

出典：『民事交通事故訴訟・損害賠償額算定基準』（日弁連交通事故相談センター東京支部，2019）190頁。

　さらに，入通院の慰謝料額についても，同様に，交通事故のケースで用いら

202

れている次のような表が一つの目安として参考になります。

表4 入通院慰謝料

(単位：万円)

通院＼入院	A / B	1月	2月	3月	4月	5月	6月	7月	8月	9月	10月	11月	12月	13月	14月	15月
	A	53	101	145	184	217	244	266	284	297	306	314	321	328	334	340
1月	28	77	122	162	199	228	252	274	291	303	311	318	325	332	336	342
2月	52	98	139	177	210	236	260	281	297	308	315	322	329	334	338	344
3月	73	115	154	188	218	244	267	287	302	312	319	326	331	336	340	346
4月	90	130	165	196	226	251	273	292	306	316	323	328	333	338	342	348
5月	105	141	173	204	233	257	278	296	310	320	325	330	335	340	344	350
6月	116	149	181	211	239	262	282	300	314	322	327	332	337	342	346	
7月	124	157	188	217	244	266	286	304	316	324	329	334	339	344		
8月	132	164	194	222	248	270	290	306	318	326	331	336	341			
9月	139	170	199	226	252	274	292	308	320	328	333	338				
10月	145	175	203	230	256	276	294	310	322	330	335					
11月	150	179	207	234	258	278	296	312	324	332						
12月	154	183	211	236	260	280	298	314	326							
13月	158	187	213	238	262	282	300	316								
14月	162	189	215	240	264	284	302									
15月	164	191	217	242	266	286										

〔表の見方〕

1．入院のみの場合は，入院期間に該当する額（例えば入院3ヵ月で完治した場合は145万円となる。）
2．通院のみの場合は，通院期間に該当する額（例えば通院3ヵ月で完治した場合は73万円となる。）
3．入院後に通院があった場合は，該当する月数が交差するところの額（例えば入院3ヵ月，通院3ヵ月の場合は188万円となる。）
4．この表に記載された範囲を超えて治療が必要であった場合は，入・通院期間1月につき，それぞれ15月の基準額から14月の基準額を引いた金額を加算した金額を基準とする。例えばこの表の16月の入院慰謝料額は340万円＋（340万円－334万円）＝346万円となる。

出典：『民事交通事故訴訟・損害賠償額算定基準』（日弁連交通事故相談センター東京支部，2019）187頁。

〔村木　高志〕

第6章◇労災民事賠償事件
第3節◇損害賠償額算定

━━━■判　例■━━━

☆1　最判昭62・7・10労判507号6頁〔青木鉛鉄事件〕。

☆2　最判平24・2・24集民240号111頁。

☆3　前掲（☆1）最判昭62・7・10。

☆4　最判昭55・12・18民集34巻7号888頁〔鹿島建設・大石塗装事件〕。

過失相殺と損益相殺

　労災の被災者が民事上の損害賠償を請求する場合にも，過失相殺や損益相殺によって減額される場合があるのでしょうか。また，過失相殺と損益相殺を両方する場合，どちらの相殺を先にするのかによって，賠償される金額が変わってしまいます。この場合，どちらの相殺が先に行われるのでしょうか。

　　通常の民事上の損害賠償請求と同じように，過失相殺や損益相殺がなされる場合があります。また，その先後関係について，判例は，被災者の受け取る金額は少なくなりますが，先に過失相殺を行って損害額を出した上で，その後に労災保険給付などの支給額を控除するという方法をとっています。

☑キーワード
　過失相殺，損益相殺，控除前相殺説

解　説

 過 失 相 殺

　被災した労働者に，労災事故発生についての過失があるような場合には，使用者側に安全配慮義務違反あるいは過失があって民事上の責任が発生する場合

205

第6章◇労災民事賠償事件
第3節◇損害賠償額算定

であっても，当該労働者の過失の割合に応じて，損害賠償額が減額され，いわゆる過失相殺が行われることになります。

したがって，この場合，請求額からの減額が行われることになります。

2 損益相殺

また，労災事故の発生によって被災した労働者（又は遺族）が損害を被ると同時に，同一の事由によって経済的な利益を得たときには，その経済的な利益を損害賠償額から減額することとなります。これが，いわゆる損益相殺です。労災保険給付のほか，会社の上積み補償金，厚生年金からの障害厚生年金や遺族厚生年金なども損益相殺の対象となります。

なお，具体的な損益相殺（なお，判例は「損益相殺的な調整」としている）の方法に関して，最高裁判例は，被害者が不法行為によって傷害を受け，その後に後遺障害が残った場合に，労災保険による保険給付や公的年金制度に基づく年金給付を受けたときは，これらの社会保険給付については，これらの填補の対象となる特定の損害と同性質であり，かつ，相互補完性を有する損害の元本との間で，損益相殺的な調整を行うべきであり，これら社会保険給付が支給され，又は支給されることが確定したときには，（これら社会保険給付の）制度の予定するところと異なってその支給が著しく遅滞するなどの特段の事情のない限り，填補の対象となる損害は，不法行為時に填補されたものと法的に評価して，損益相殺的な調整をすることが公平の見地から見て相当である☆1（☆2も同旨）としています。これは，事故後に後遺障害が残った事案において，不法行為に基づく損害賠償請求権が損害の発生時から遅滞に陥り遅延損害金が発生すること，及び，債務の弁済については，それが元本及び遅延損害金の全部を消滅させるのに足りないときは，遅延損害金，元本の順に充当されること（民419条1項）とを組み合わせて，後遺障害の場合に，社会保険給付の支払分をまずは遅延損害金に充当するという損益相殺的な調整をすることを相当ではないとした判例です。損害賠償額の算定の際には，注意が必要となります。

また，その後の最高裁判例において，「被害者が不法行為によって死亡した場合において，その損害賠償請求権を取得した相続人が遺族補償年金の支給を

206

受け，又は支給を受けることが確定したときは，制度の予定するところと異なってその支給が著しく遅滞するなどの特段の事情のない限り，その塡補の対象となる損害は不法行為の時に塡補されたものと法的に評価して損益相殺的な調整をすることが公平の見地からみて相当であるというべきである」(上記☆1参照)とされ，後遺障害による療養がない死亡の事案においても，元本からの損益相殺（控除）をすることが認められることとなりました☆3。この最高裁判例によって，同じく死亡の事案において，自賠責保険金，遺族厚生年金，労災保険の遺族補償年金が支払われた場合に，これらが支払時における損害金の元本及び遅延損害金の全部を消滅させるに足りないときは，まずは支払日までの遅延損害金に充当することを認めた従前の最高裁判例☆4が変更されましたので，注意が必要です。

3　過失相殺と損益相殺の先後関係

なお，上記の過失相殺と損益相殺（労災保険による給付金の控除）については，実際に損害額を算定する際に，どちらを先に行うかが問題となります。つまり，具体的な賠償額の算出にあたり，過失相殺を先にして労災保険を控除するか，労災保険を控除してから過失相殺を行うかという問題です。

この点については，労災保険を控除してから過失相殺を行うほうが，被災者又はその遺族が受け取る金額は多くなります。しかし，判例は，まずは相当な過失相殺を行った上で損害額を出して，その後に労災保険給付などの支給額を控除する，いわゆる「控除前相殺説」を採っています☆5。また，この考え方によると，第三者行為災害の場合について，労働者災害補償保険法12条1項によって国に移転するとされる損害賠償請求権（政府が保険給付をした場合に移転する受給権者の第三者に対する損害賠償請求権）も，過失相殺により相殺された額ということになります☆6。

〔村木　高志〕

207

第6章◇労災民事賠償事件
第3節◇損害賠償額算定

■判　例■

☆1　最判平22・9・13民集64巻6号1626頁。

☆2　最判平22・10・15集民235号65頁。

☆3　最判平27・3・4民集69巻2号178頁〔フォーカスシステムズ事件〕。

☆4　最判平16・12・20集民215号987頁。

☆5　最判昭55・12・18民集34巻7号888頁〔鹿島建設・大石塗装事件〕。

☆6　最判平元・4・11労判546号16頁〔高田建設事件〕。

寄与度減額

労災事故において，脳・心疾患による病気・死亡の例で，労働者の基礎疾患にも原因があるような場合や，過労死・過労自殺の例で，労働者の性格や心因的要素にも原因があるような場合に，損害賠償の責任が軽減されることはありますか。

損害の公平な分担という観点から，損害の発生に関与した割合（寄与度）を考慮して，過失相殺などの理由で，使用者が負うべき責任が軽減され，損害賠償額の減額がなされる場合があります。

☑ **キーワード**
寄与度減額，過失相殺，心因的要因，既往症，電通事件

解 説

1 寄与度減額

労災事故において，過労死・過労自殺の場合や，心臓や脳の疾患による死亡の場合に，労働者の心因的要因や，高血圧などの基礎疾患，既往症の存在などの要因が認められることがあります。

このような場合，損害の発生に関与した割合（寄与度）を考慮して，過失相殺などの理由で，使用者が負うべき損害賠償額の減額がなされるケースがあり

第6章◇労災民事賠償事件
第3節◇損害賠償額算定

ます。損害の公平な分担という観点から導かれる考え方です。

2 裁 判 例

　裁判例においては，例えば，電通事件地裁判決[1]は，上記のような観点からの減額を一切しませんでしたが（ただし，会社が減額について主張していなかったという事情もあります），同高裁判決においては，労働者の性格及びこれに起因する業務の状況，精神科の病院に行くなどの合理的行動を採ることが可能であったこと，労働者の両親が勤務状況・生活状況を把握しながらこれを改善するための具体的措置を採らなかったことなどを考慮して，損害の公平な分担という理念に照らして，民法722条2項の過失相殺の規定を類推適用して，発生した損害のうちの7割を使用者に負担させることとして，第一審の賠償額を減額する（労働者側の寄与による3割の減額を認める）という判断をしました[2]。もっとも，この事件の最高裁判決は，この高裁判決の判断を違法とし，この部分の遺族の上告を認め，原審に差戻しを命じました[3]。この事件において最高裁は，過失相殺規定の類推適用による会社の責任軽減を否定しました。この判断は，過労死や過労自殺の損害賠償請求事件における過失相殺などの（類推）適用について，厳しい判断がなされる可能性があることを示しているといえます（なお，同事件は，差戻審で和解によって終了しています）。同様の事例としては，原審が行った2割の素因減額が上告審で不適法とされた例もあります[4]。

　もっとも，上記の電通事件最高裁判決の後，寄与度減額を認める裁判例もあります。労働者の自殺につき，使用者として従業員の精神面での健康状態に十分配慮し適切な措置を講ずべき義務に違反したとしつつ，本人の性格・心因的要素の寄与や会社への情報提供の不足を考慮して，民法722条の類推適用によって損害額から8割を減額した例[5]や，使用者の対応が困難であったこと，自殺について本人の素因（精神疾患）に主たる原因があること，家族も労働者の症状に気づいて対処すべきであったことなどを理由として，過失相殺ないしは同類似の法理によって損害の7割を減額した例[6]，また，その後の南大阪マイホームサービス事件[7]でも5割の減額が認められ，名神タクシーほか事件[8]でも6割の寄与度減額が認められています。

210

さらに，過失相殺の主張が信義に反するとして否定された高裁判決[9]が，最高裁判決[10]では，「過失相殺に関する規定（民法722条2項）の類推適用をしなかった原審の判断には，過失相殺に関する法令の解釈適用を誤った違法があるというべきである」として破棄・差戻しとなり，差戻審では，損害額から7割の過失相殺が行われたという例もあります[11]。

以上のような裁判所の判断からすると，訴訟において，使用者側に立つ際には，損害の発生・拡大に，被災した労働者の心因的要因や既往症，その他の事情が寄与しているような場合，当該寄与部分について過失相殺の主張をして，損害の減額を主張することが必要となるといえます。ただし，会社側の落ち度が大きい場合には，責任軽減が否定される可能性もありますので，この点は留意が必要です。

〔村木　高志〕

■判　例■

☆1　東京地判平8・3・28労判692号13頁〔電通事件〕。
☆2　東京高判平9・9・26労判724号13頁〔電通事件〕。
☆3　最判平12・3・24民集54巻3号1155頁〔電通事件〕。
☆4　最判平26・3・24労判1094号22頁〔東芝（うつ病・解雇）事件〕。
☆5　東京高判平14・7・23労判852号73頁〔三洋電機サービス事件〕。
☆6　和歌山地判平14・2・19労判826号67頁〔みくまの農協事件〕。
☆7　大阪地堺支判平15・4・4労判854号64頁〔南大阪マイホームサービス事件〕。
☆8　神戸地尼崎支判平20・7・29労判976号74頁〔名神タクシーほか事件〕。
☆9　札幌高判平18・7・20労判922号5頁〔NTT東日本北海道支店事件〕。
☆10　最判平20・3・27労判958号5頁〔NTT東日本北海道支店上告事件〕。
☆11　札幌高判平21・1・30労判976号5頁〔NTT東日本北海道支店事件差戻審〕。

第６章◇労災民事賠償事件
第３節◇損害賠償額算定

 労災保険給付と損害賠償の調整

　労災の被災者に労災保険の保険給付が支払われている場合，この分は民事上の損害賠償から控除されるのでしょうか。また，控除される場合，将来受け取ることになっている年金についても控除されるのでしょうか。その他，労災の保険給付と損害賠償の調整規定があれば教えてください。

　労災保険から支払われた保険給付の分は，民事上の損害賠償額から控除されます（ただし，慰謝料等からは控除されません）。また，将来給付分については，原則として控除されませんが，障害補償年金又は遺族補償年金の一定の金額については，調整規定によって控除されることとなっています。ただし，控除されない分について，使用者が国に代位請求することは認められておらず，また，特別支給金も控除されないこととなっています。

☑キーワード

　労災保険給付と損害賠償の調整，将来の労災保険年金と損害賠償の調整，調整規定，特別支給金

解　説

1　賠償額から控除される労災保険給付

　民事上の損害賠償額から控除される労災保険給付について，労災保険から支

払われた保険給付の額は，使用者がなす損害賠償額から控除されることになります（労基84条2項類推適用）。

ただし，労災保険給付は，主として逸失利益の補償だけを行うものなので，慰謝料や入院雑費・付添看護費等の補償に影響を与えないことは，前述（**Q49**）のとおりです。

2 将来の労災保険年金は非控除

なお，将来給付が予定されている労災保険の年金について，最高裁は，民事賠償額の算定にあたって，この将来の給付額の控除を認めていませんでした☆1☆2。

もっとも，この場合，使用者としては，労災保険料を負担しているにもかかわらず，民事上の損害賠償として支払う金額から労災保険による年金の将来給付分を控除できないということになってしまいます。

そのため，労働者災害補償保険法が改正され，使用者は損害賠償を支払うべき場合にも，障害補償年金又は遺族補償年金の「前払一時金」の最高限度額までは損害賠償の支払を猶予されることとされ，この猶予の間に前払一時金又は年金が現実に支払われたときは，その給付額の限度で損害賠償責任を免除されることになりました（労災保64条1項）。

3 使用者による損害賠償義務の履行と国に対する未支給の労災保険金の代位請求

使用者は，上記**2**のとおり，「前払一時金」の最高限度額を超える部分については，民事上の損害賠償義務を履行する必要があることになります。

この場合，「前払一時金」の最高限度額を超える将来給付分は控除されないので，その将来給付分は，本来は，国から給付されるはずのものを，使用者が代わりに支払っていると考えることができます。しかし，最高裁は，損害賠償を支払った使用者が，国に対して，未支給の将来分の労災保険金（年金）を，労働者に代わって請求することを認めていませんので，この点は留意が必要となります☆3。

第６章◇労災民事賠償事件
第３節◇損害賠償額算定

4 特別支給金の非控除

　また，労災保険給付として支給されるもののうち，特別支給金（特別支給則２条以下）について，最高裁は，使用者による民事上の損害賠償について，損害額から特別支給金を控除することを認めていません[4]。特別支給金が，労働福祉事業の一環として給付され，損害の填補の性質を有するものではないということがその理由です。

　もっとも，現実には，特別支給金が損害の填補的機能を持っていることは否定できません。また，労災の保険金を全額負担している使用者側の利益（保険利益）の観点からは，控除の対象とすることが妥当であるとも考えられます。したがって，特別支給金を控除しないという考え方については，その妥当性に疑問があるともいわれていますが，実務上の運用は，控除されないということになっています。

　なお，訴訟や交渉などにおいて，被災した労働者又は遺族の側が，自ら特別支給金の控除をした上で損害額を算定して主張しているケースが見られます。労働者側の立場から請求する場合には，この点についての注意が必要です。

〔村木　高志〕

━━━■判　例■━━━

　☆１　最判昭52・10・25民集31巻６号836頁〔三共自動車事件〕。
　☆２　最判平５・３・24民集47巻４号3039頁。
　☆３　前掲（☆１）最判昭52・10・25。
　☆４　最判平８・２・23民集50巻２号249頁〔コック食品事件〕。

第4節 労災上積み補償制度等による給付，死亡退職金等の調整

54 上積み補償と労災保険給付との関係

　会社に上積み補償制度がある場合，あるいは，上積み補償のため保険に加入している場合，同制度や同保険による給付は，従業員が，労災保険から支給を受けている給付に影響を与えますか。

　　労災の上積み補償制度や上積み補償のための保険からの給付は，通常，労働災害の補償について法定補償の不足を上積みする趣旨で定められていますので，原則として労災保険給付に影響を与えないとされています。

☑キーワード
　上積み補償制度，労災保険

解　説

第6章◇労災民事賠償事件
第4節◇労災上積み補償制度等による給付，死亡退職金等の調整

1 労災の上積み補償制度

　会社で，就業規則や労働協約により，労働災害があった場合に，労災保険給付に加えて一定の額又は実損害に応じた一定額を上積みして支払うという内容の労災の上積み補償制度を定めている場合があります。

　また，上積み補償のため民間の保険会社と保険契約をして保険に加入していることがあります。

　この場合，社内規定等による労災の上積み補償の給付や，保険会社による保険金の給付を受けたことにより，従業員が労働基準監督署から業務上災害認定を受けて労災保険から支給を受けている労災保険給付に影響はあるでしょうか。

　労災の上積み補償制度は，通常，労働災害の補償について法定補償の不足を上積みする趣旨で定められていますので，原則として労災保険給付に影響を与えないとされています（昭和56年10月30日基発696号）。

　労働災害の上積み補償のための民間の保険会社との保険契約についても，その趣旨・内容が明確であれば，労災保険の給付の上積みとされ，原則として労災保険給付に影響を与えないものと考えられます。

2 社内規程の整備

　労災の上積み補償制度の趣旨については，■で述べたとおりですが，会社は，社内規程を整備し，労災保険給付の上積み補償であることを明確にするとともに，民間の保険会社との保険契約に基づく保険金で支払う場合には，その保険の位置づけも規程において明確にしておくべきです。

　また，これら上積み補償の支給があった場合には，会社は，その支給額の限度で民事損害賠償責任を免れること（損益相殺）についても，明記しておいた方がよいと考えられます。

〔石居　　茜〕

Q55 ◆上積み補償と損害賠償との関係

55　上積み補償と損害賠償との関係

会社が，労災の上積み補償制度により，あるいは，上積み補償のために加入している保険給付により，労働者や遺族に給付を行った場合に，会社の民事損害賠償責任にはどのような影響がありますか。

A

　会社が上積み補償を行った場合，その支払額の限度で，会社はその労働者や遺族に対する民事損害賠償責任を免れると解されています。

キーワード

上積み補償制度，民事損害賠償

解　説

1　上積み補償制度と民事損害賠償責任との関係

　会社で，就業規則や労働協約により，労働災害があった場合に，労災保険給付に加えて一定の額又は実損害に応じた一定額を上積みして支払うという内容の労災の上積み補償制度を定めている場合や，上積み補償のため民間の保険会社と保険契約をして保険に加入している場合に，同制度や同保険から労働者又は遺族に行った給付は，会社の民事損害賠償責任にどのような影響を与えるでしょうか。

第6章◇労災民事賠償事件
第4節◇労災上積み補償制度等による給付，死亡退職金等の調整

　これらの補償は，その趣旨が制度や保険契約から明確であれば，会社は，その支払額の限度で，会社はその労働者や遺族に対する民事損害賠償責任を免れるでしょう。

　なお，会社は，社内規程を整備し，労災保険給付の上積み補償であることを明確にするとともに，民間の保険会社との保険契約に基づく保険金で支払う場合には，その保険の位置づけも規程において明記しておくべきです。

　また，これら上積み補償の支給があった場合には，会社は，その支給額の限度で民事損害賠償責任を免れること（損益相殺）についても，明記しておいた方がよいと考えられます。

2　上積み補償が民事損害賠償の予定としての意味を持つか

　上積み補償制度を設け，労災保険給付とは別に一定の上積み補償を行う旨を定めた場合，上積み補償制度が民法420条1項の損害賠償の予定と解釈することはできるでしょうか。

　単に上積み補償制度を設けただけでは，それが当然に当事者間で損害賠償額の予定を約束したとまでは解釈されないと思われます。

　つまり，会社は上積み補償制度に基づく支払をすればそれ以上の損害賠償義務を免れるとまでは解釈されず，会社は，上積み補償では不足する民事損害賠償責任を果たさなければならないでしょう。

　他方で，上積み補償制度に同制度に基づく支払が民法420条1項の損害賠償の予定であることを明示する条項や上積み補償制度に同制度に基づき補償を受ける以上の損害賠償請求権を放棄する条項を設けた場合に，これらの規程が一律無効になるとは解し難く，上積み補償制度に定める上積み額が，実際に受けた損害額と比べて不公正に低額であるような場合には，個別に公序良俗違反（民90条）により無効となるという考え方もありますので[*1]，これらの条項を設けた場合でも，適正な内容であれば効力を生じる余地があると考えられます。

218

Q55◆上積み補償と損害賠償との関係

3 上積み補償制度を定める場合の留意点

　労働災害で従業員が亡くなる場合もありますので，上積み補償規程では，通常，遺族補償について，定めています。

　そこで，遺族としての受給資格者が誰になるのか，実際に支給するときに困らないように受給資格者を定めておく必要があります。

　「相続人」とすることも考えられますが，その場合，支給するにあたり，相続人全員の合意が必要となります。

　会社が申し出てきた相続人の一人に支払ってしまい，権利者ではない者に支払ってしまった場合には，相続人間で争いが生じると，会社は二重払いをしなければならないリスクを負いかねません。

　そのため，規程上，受給権者が「相続人」となっている場合には，会社は，相続人全員の実印の押印がある遺産分割協議書や，会社指定の申請書に相続人代表に支払うことについて同意する署名・押印を実印でもらい，印鑑証明で確認するなどが必要となります。そうすると，手続としても煩雑ですし，相続人全員の合意が得られない場合，いつまで経っても支払うことができないという事態にもなりかねません。

　そもそも，会社制度における補償や支給については，相続財産には含まれず，同制度に基づき受給権者とされた者の固有の財産と考えられていますので，会社は，民法上の法定相続人とは別の受給権者を規程で定めることが可能であり，実際に受給権者やその順位を定めている例が多く見られます。

　その際，労働基準法上の遺族補償や労働災害補償保険法上の遺族補償給付の受給権者とその順位が参考とされることが多くなっています。

　労働災害補償保険法上の遺族補償給付は，遺族補償年金と遺族補償一時金の2種類があり（労災保16条），遺族補償年金は，労働者の死亡当時その収入によって生計を維持していた配偶者（事実婚の者を含む），子，父母，孫，祖父母，兄弟姉妹の順で，妻以外の遺族にあっては，労働者の死亡当時一定の年齢にあること，又は一定の障害の状態にあることが要件となっており，最先順位者のみに受給権があります（労災保16条の2）。

219

第6章◇労災民事賠償事件
第4節◇労災上積み補償制度等による給付，死亡退職金等の調整

　労働基準法上の遺族補償（労基79条）は，配偶者（事実婚の者を含む），子，父
母，孫，祖父母の順で，配偶者以外の遺族にあっては，労働者の死亡当時その
収入によって生計を維持していた者又は労働者の死亡当時これと生計を一にし
ていた者とされ，最先順位者のみに受給資格があります（労基則42条）。

　これに該当する者がいない場合には，子，父母，孫，祖父母（養父母，実父母
の順とする）の順で前述の基準に該当しない者とされており，次の順位は兄弟
姉妹で，労働者の死亡当時その収入によって生計を維持していた者又は労働者
の死亡当時これと生計を一にしていた者を優先するとしています（労基則43条1
項）。

　ただし，労働基準法施行規則43条1項記載の者のうち，労働者が遺言等によ
り特定の者を指定した場合には指定した者に受給資格があるとされています
（労基則43条2項）。そして，遺族補償を受けるべき同順位の者が2人以上いる場
合には人数によって等分とし（労基則44条），遺族補償を受けるべき者が死亡し
た場合にはその者の受給権は消滅し，その相続人には相続されず，死亡した者
を除いて次順位の者に受給資格があります（労基則45条）。

　受給権者やその順位をどのように定めるかは会社が決めることができます
が，一般的には，労働基準法の規定に従う場合が多いようです。

　このように，会社の上積み補償規程によって上積み補償給付の受給権者とそ
の順位が定められていることが多いですが，その場合，例えば第1順位の配偶
者に上積み補償給付がされても，民事損害賠償請求権は，相続されると解され
ているので，原則として法定相続人に各自の法定相続分で分割して承継されま
す。そのため，会社が上積み補償を行っても，支給額の限度で民事損害賠償責
任を免れる（損益相殺）のは，受給権者である相続人との関係においてのみで
あり，その他の相続人の請求に対しては支払を要することに注意が必要となり
ます。

　また，上積み補償制度の受給権者について労働基準法の規定に従う場合，
「配偶者」は事実婚の者も含むとされていますので，ごく稀かもしれません
が，法律上の妻もいるが，現在は事実婚の妻がいるような従業員であった場合
には，上積み補償規程が「労働基準法の規定に従う」とされているだけでは，
どちらに受給資格があるのか支給時に判断に困る場合もあり得ます。そのた

220

Q55 ◆上積み補償と損害賠償との関係

め，労働基準法の規定に従った上で，いずれを優先するか定めている規程もあります。

　現在生計をともにする事実婚の配偶者や子どもの生活保障を重視するか，法律婚を重視するか，設計は会社の自由ですが，民事損害賠償請求権を相続するのは，法律婚の配偶者に限られ，事実婚の配偶者には相続権はありません。

　すなわち，上積み補償規程で事実婚の配偶者を優先した場合には，上積み補償規程に基づく補償金は事実婚の配偶者に支払うことになりますが，法律婚の配偶者及び子どもに対する民事損害賠償責任がある場合には，上積み補償で事実婚の配偶者に支払った額は考慮されず，損害すべての賠償をしなければならないことになる可能性があります。

〔石居　　茜〕

━━■注　記■━━

＊1　菅野和夫『労働法（第11版補正版）』（弘文堂，2017）648頁。

第６章◇労災民事賠償事件
第４節◇労災上積み補償制度等による給付，死亡退職金等の調整

 上積み補償の原資としての保険利用上の問題

　会社で従業員が傷害を負ったり，死亡した場合に備えて傷害保険や団体生命保険に加入している場合に，同保険からの給付金を会社の民事損害賠償の支払に充当することは可能でしょうか。

　　生命保険契約に基づいて給付される保険金は払い込んだ保険料に基づく対価として保険会社との約款に基づき支給されるものですので，損益相殺が否定される可能性があります。損益相殺の効果を得ることが目的であれば，会社規程によってそのことを明確にした規程を整備する必要があります。

☑キーワード

団体生命保険契約，損益相殺，上積み補償規程

解　説

1　上積み補償のための民間の保険契約上の問題点

　上積み補償規程の支払原資にするため，会社が損害保険会社との損害保険契約で，労働災害総合保険に加入している場合があります。
　しかしながら，これらの損害保険は，労災認定されない場合には保険給付がされない内容となっていることが多く，また，保険によっては，労災認定され

ても保険給付がされない疾病などが定められている場合もありますので，注意が必要です。

保険給付は約款の定めによって決まりますので，このような労働災害総合保険に加入の際には，いかなる場合にどの程度支給されるのか，約款をきちんとチェックしておく必要があるでしょう。

2 団体生命保険契約に関する判例

会社は，従業員が傷害を負ったり，死亡した場合に備え，民間の保険会社との保険契約により，傷害保険や生命保険に加入していることがあります。

このような保険は，原則として，従業員が一定の傷害を負ったこと，死亡したこと自体によって保険給付がなされます。

しかしながら，団体生命保険契約については，会社が受給権者となっていたため，受給権をめぐって会社と従業員で争いになる例がたくさんありました。

団体生命保険契約は，会社が保険料を負担し，従業員が死亡した場合の退職金等の支払原資や，従業員に投資してきた人材開発費用の回収，従業員が急に死亡したことによる会社の損害への補填等様々なことを考慮し，被保険者を従業員，会社を受取人として契約する生命保険契約です。

役員の場合などには，会社のリスクヘッジとしての保険であると認めて会社の受給権を全面的に肯定し，遺族から会社への請求を否定した例もありましたが[1]，一般の従業員の場合には，社内規定に基づいて支払われる退職金，弔慰金，あるいは労災の上積み補償金，支払った保険料等明確な経費を除いては，会社が取得することを認めない裁判例が多数でした。

すなわち，裁判所は，法律構成は様々ですが，会社に支払われた保険金に対して，遺族から会社への保険金支払請求を認めていました（住友軽金属工業（団体定期保険第2）事件[2]，住友軽金属工業事件高裁判決[3]，東映視覚事件[4]，秋田運輸事件[5]，同控訴事件[6]，住友軽金属工業（団体定期保険第1）事件[7]）。

しかしながら，住友軽金属工業（団体定期保険第2）事件の最高裁判決は，会社が，団体定期保険の本来の目的に照らし，保険金の全部又は一部を社内規定に基づく給付に充当すべきことを認識し，そのことを生命保険会社に確約して

第6章◇労災民事賠償事件
第4節◇労災上積み補償制度等による給付，死亡退職金等の調整

いたとしても，このことから，社内規定に基づく給付額を超えて死亡保険給付を遺族等に支払うことを約束した根拠となるものではなく，他にそのような合意を推認すべき事由は見当たらないとして，原判決を破棄し，取り消しています☆8。

　もっとも，同判例は，旧保険についての判例であり，他人の生命に対する保険である団体生命保険契約が社会問題化したことも踏まえ，平成9年度以降は，会社を保険金受取人とする場合，従業員又は遺族の受領額を明記し，保険金額も退職金規定や弔慰金規程等により遺族に支払うことが確認できる額までとし，手続的にも，従業員へ保険付保を周知徹底し，従業員の個別同意をとることを要求した新型の総合福祉団体定期保険が販売されています。

　新型の総合福祉団体定期保険は，従業員又は遺族の取得額について，保険会社が会社に支払い，会社が社内規程に基づいて従業員又は遺族に支払うタイプと，保険会社から直接従業員又は遺族に対して支払うタイプとがあり，被保険者である従業員の同意を得れば，代替労働者の採用・育成費等の財源確保を目的に会社の取得分を認めるヒューマン・バリュー特約を付けることができるものもあります。

3 団体生命保険の保険金を会社の民事損害賠償の支払に充当することの可否

　民間の保険会社との間の傷害保険契約，団体生命保険契約自体は，原則として，従業員が一定の傷害を負ったこと，死亡したこと自体によって保険給付がなされ，それは，払い込んだ保険料の対価に過ぎず，保険契約自体において，労災の上積み補償等の性格が意味づけられているわけではありません。

　よって，労災上積み補償としての給付であると社内規程等によって明確にされていない場合には，団体生命保険の保険金を会社の民事損害賠償の支払に充当することは認められないと思われます。

　裁判例でも，過労死の事案で，会社が，生命保険会社との間で総合福祉団体生命保険契約を締結していて，会社の保険取扱規定に基づいて遺族に弔慰金を支払った事案があります。会社は，保険取扱規定に基づいて従業員の遺族に支給される弔慰金は，従業員等が稼働能力を喪失した場合にそのことに伴う所得

224

の喪失分を填補・補償するといった色彩が濃厚な給付であるから，損益相殺が認められるべきだと主張しましたが，裁判所は，生命保険契約に基づいて給付される保険金は，すでに払い込んだ保険料の対価の性質を有し，不法行為ないし債務不履行の原因と関係なく支払われるべきものであるから損益相殺の対象とすることはできないとして，会社の主張を排斥しています（肥後銀行事件[9]）。

団体生命保険に加入して，その保険金を原資として，従業員に支払う退職金，弔慰金，労災の上積み補償金等の支払に充当する場合には，社内規定により，保険金がどの支払に充当されるかという点について明確にしておくことが重要となります。

4　その他保険給付が問題となった判例

保険利用に関する判例として，従業員が過重労働やパワハラなどのストレスにより精神障害に罹患し，自殺した場合に，保険会社が，保険の適用との関係で，自殺が保険約款に定める故意行為による免責条項に当たるとして争った例があります。

自殺による免責条項の適用については，事案により，免責事由にあたるとした判例も否定した判例もあります[10][11][12]。

前述の例では，上司のパワハラにより重度のストレス反応及び適応障害が発症し労災認定がされていた事案で，同様に故意行為による免責条項の適用の有無が問題となりましたが，当該従業員の本来的性格・人格と自殺前の性格・人格には乖離が見られ，自殺に至る言動や自殺の態様にも異常性が認められることなどから，精神障害が当該従業員の自由な意思決定能力を喪失ないし著しく減弱させた結果，当該従業員は自殺に及んだと認定し，免責条項の「自殺」には当たらないと判断し，結論として保険会社への保険金請求を認めました（Y農業協同組合事件[13]。

〔石居　茜〕

第6章◇労災民事賠償事件
第4節◇労災上積み補償制度等による給付，死亡退職金等の調整

■判　例■

- ☆1　東京地判平11・2・26労経速1695号22頁〔成和化成事件〕。
- ☆2　名古屋地判平13・3・6労判808号30頁〔住友軽金属工業（団体定期保険第2）事件〕。
- ☆3　名古屋高判平14・4・24労判829号38頁〔住友軽金属工業事件高裁判決〕。
- ☆4　青森地弘前支判平8・4・26労判703号65頁〔東映視覚事件〕。
- ☆5　名古屋地判平10・9・16労判747号26頁〔秋田運輸事件〕。
- ☆6　名古屋高判平11・5・31労判764号20頁〔同控訴事件〕。
- ☆7　名古屋地判平13・2・5労判808号62頁〔住友軽金属工業（団体定期保険第1）事件〕。
- ☆8　最判平18・4・11労判915号51頁。
- ☆9　熊本地判平26・10・17労判1108号5号〔肥後銀行事件〕。
- ☆10　大阪高判平15・2・21金融・商事判例1166号2頁。
- ☆11　大分地判平17・9・8判時1935号158頁。
- ☆12　奈良地判平22・8・27判タ1341号210頁。
- ☆13　甲府地判平27・7・14判時2280号131頁〔Y農業協同組合事件〕。

Q57 死亡退職金・弔慰金等との調整

上積み補償給付とともに，会社規程に基づく退職金や弔慰金・見舞金等の支払について，団体生命保険等の保険を利用する場合に，社内規程はどのように整備しておく必要がありますか。

会社規程によって，保険金がどの支払に充当されるか，明確にしておくべきです。

☑キーワード

退職金，弔慰金，団体生命保険，上積み補償制度

解　説

1 死亡退職金との調整

死亡退職金は，退職金規程などの創設により，同規程に基づいて支払われるものです。上積み補償制度の支払事由に該当し，さらに，死亡による退職により，退職金規程の支払事由に該当する場合には，会社は，両制度に基づき，両方支給する必要があります。

会社が，団体生命保険契約に加入している場合に，保険金を労災の上積み補償や退職金の原資に充てることを考えている場合には，上積み補償規程において，上積み補償制度による給付は，従業員に支払われる死亡退職金等を控除し

第6章◇労災民事賠償事件
第4節◇労災上積み補償制度等による給付，死亡退職金等の調整

た残額を支払うことを定め，退職金規程においても保険金を充当すると明記する等，保険金がどの支払に充当されるか，明確に定めておく必要があります。

2 弔慰金・見舞金等との調整

　弔慰金・見舞金についても，通常，弔慰金・見舞金規程の創設，就業規則等による規定，あるいは，会社の慣習などにより支給されているものです。

　上積み補償制度の支払事由に該当し，さらに弔慰金・見舞金規程の支払事由に該当する場合には，会社は，両制度に基づき，両方支給する必要があります。

　会社が，団体生命保険契約に加入している場合に，保険金を労災の上積み補償や弔慰金・見舞金等の原資に充てることを考えている場合には，上積み補償規程において，上積み補償制度による給付は，従業員に支払われる死亡退職金，弔慰金・見舞金等を控除した残額を支払うことを定め，弔慰金・見舞金規程においても保険金を充当すると明記する等，保険金がどの支払に充当されるか，明確に定めておく必要があります。

〔石居　　茜〕

Q58 ◆後遺障害と労災保険給付

第5節　後遺障害の認定

 58　後遺障害と労災保険給付

業務中の事故で負傷し，その後に後遺障害が残ってしまいました。このような場合には，どのような補償を受けられるのでしょうか。

　　業務上の傷病について後遺障害が残ってしまった場合には，その等級に応じて障害補償年金又は障害補償一時金が支給されます。

☑キーワード
労働者災害補償保険法15条，労働者災害補償保険法別表第一及び第二，労働者災害補償保険法施行規則14条，労働者災害補償保険法施行規則別表第一

解　説

負傷や疾病について治療を尽くしたにもかかわらず，心身の機能が完全には回復せず，機能障害（関節の可動域の制限など）や欠損障害（手指の喪失など），神

229

第6章◇労災民事賠償事件
第5節◇後遺障害の認定

経障害（麻痺の残存など），精神障害等の症状が残ってしまうことがあります。このような症状のうち，労働能力の低下や生活上の支障を伴うものを類型化して労災保険給付（障害補償給付）の対象としたのが，いわゆる後遺障害です（労災保15条1項）。後遺障害の等級及び内容は，労働者災害補償保険法施行規則14条1項で引用されている同規則別表第一に列記されています（以下「障害等級表」といいます）。

　労災保険では，業務上の傷病が治った後で後遺障害が残ってしまった場合に，障害等級に応じて一定の給付をしています。なお，ここでいう「治った」とは，傷病の症状が安定し，医学上一般に認められた医療を行っても，もはやその効果を期待できなくなった状態を指します（治癒ないし症状固定ともいいます）。一定の期間治療を継続した結果，「治った」と判断された場合には，それまで支給されていた療養補償給付や休業補償給付は以後は支給されなくなります。

　障害等級表には，障害の程度により第1級から第14級までの等級が定められており，等級ごとに補償の種類及び金額を定めています（労災保15条2項・労災保別表第1及び第2）。例えば，障害等級第1級であれば，1年につき「給付基礎日額の313日分」が障害補償年金として，また，障害等級第8級であれば，「給付基礎日額の503日分」が障害補償一時金として，それぞれ支給されます。給付基礎日額というのは，労働基準法上の平均賃金と同額であり，直前3ヵ月間に支払われた賃金総額を暦日数で割った1日あたりの賃金のことです。年金と一時金とでは，生涯を通じて受け取る金額は大きく異なるのが通常です。

〔岩野　高明〕

Q59 精神疾患と後遺障害

うつ病等の精神疾患についても，後遺障害が認められることはありますか。

精神疾患についても，後遺障害が認められる余地があります。障害認定された場合には，障害補償一時金が支給されます。

☑キーワード

「神経系統の機能又は精神の障害に関する障害等級認定基準について」
（平成15年8月8日基発0808002号）

解説

厚生労働省は，精神障害の後遺障害認定について，通達を出しています（「神経系統の機能又は精神の障害に関する障害等級認定基準について」平成15年8月8日基発0808002号）。この通達では，うつ病やPTSD（心的外傷後ストレス障害）等の精神疾患については，十分な治療の結果，完治には至らないものの，日常生活動作ができるようになり症状がかなり軽快している場合には，症状固定の状態にあるものとして障害等級の認定を行うこととされています。

後遺障害の有無の具体的な判断要素としては，①抑うつ状態，②不安の状態，③意欲低下の状態，④慢性化した幻覚・妄想性の状態，⑤記憶又は知的能

第6章◇労災民事賠償事件
第5節◇後遺障害の認定

力の障害，⑥その他の障害（衝動性の障害，不定愁訴など）のうち1つ以上の精神症状が残っており，かつこの症状により①身辺日常生活，②仕事・生活に積極性・関心を持つこと，③通勤・勤務時間の遵守，④普通に作業を持続すること，⑤他人との意思伝達，⑥対人関係・協調性，⑦身辺の安全保持，危機の回避，⑧困難・失敗への対応の1つ以上の能力について障害が認められることが前提とされています。

　これを踏まえ，精神障害によって，例えば対人業務に就けないという場合には，障害等級第9級の7の2（「神経系統の機能又は精神に障害を残し，服することができる労務が相当な程度に制限されるもの」）に，職種の制限は必要ないが就労にあたりかなりの配慮が必要であるという場合には，障害等級第12級の12（「局部にがん固な神経症状を残すもの」）に，通常の労務に服することはできるが，精神障害のため軽微な障害を残すという場合には，障害等級第14級の9（「局部に神経症状を残すもの」）に，それぞれ認定されることになります。障害補償一時金の金額は，第9級が給付基礎日額の391日分，第12級が同156日分，第14級が同56日分です。

〔岩野　高明〕

第6節　裁判所における労災民事賠償請求事件処理における留意点

 調停制度

　私は，先日，会社の上司からセクハラを受け，精神的苦痛を受けたため，会社に対し損害賠償を求めることを検討しています。しかし，裁判の場で，被害について証言をしたくはありません。裁判所による非公開の紛争解決手続として，民事調停手続があると聞きました。
(1)　民事調停手続とはどのような制度ですか。
(2)　利用上の留意点等を教えてください。

　(1)　民事調停手続とは，民事紛争につき，非公開の席で，裁判官1名と一般市民から選ばれた調停委員2人以上とで構成される調停委員会が，当事者の合意に基づく紛争解決を図る手続です。
　民事調停手続は，申立手続が容易であり，手続が非公開で行われ，柔軟な解決が可能であることにその特色・メリットがあります。
　(2)　民事調停手続が成立すると，当事者間の合意内容が記載された調停調書は，裁判上の和解と同一の効力を有します。
　裁判所は，当事者間の折り合いがつかない場合などは，調停の経過や紛争の態様によっては，解決案を示すことがあり，この解決案に，当事者のどちらかが2週間以内に異議を申し立てないと，調停が成立したのと同じ効果が発生します。

第6章◇労災民事賠償事件
第6節◇裁判所における労災民事賠償請求事件処理における留意点

> 　調停が打切りとなった場合は，調停打切りの通知を受けてから
> 2週間以内に同じ紛争について訴訟を起こした場合には，調停申
> 立ての際に納めた収入印紙の額は，訴訟提起に必要な収入印紙の額
> から差し引くことができますが，そのためには調停不成立証明書を
> 入手する必要があります。

☑キーワード

民事調停手続

解　説

1　民事調停手続の概要

(1)　民事調停手続とは

　民事調停手続（以下，単に「調停」といいます）は，民事紛争につき，裁判官と民事調停委員により構成される調停委員会が，当事者の合意に基づく紛争解決を図る手続で，裁判外紛争解決手続（ADR）の1つとして位置づけられています。

　調停は，裁判官が原告と被告双方の言い分を聴き，証拠を調べた上で，法律に照らしてどちらの言い分が正しいかを決める訴訟とは異なり，裁判官1名と一般市民から選ばれた調停委員2人以上とで構成される調停委員会によって手続が進められます。調停委員は，当事者の言い分を聴き，必要があれば事実も調べ，法律的な評価をもとに条理に基づいて歩み寄りを促し，当事者の合意によって実情に即した解決を導く役割を担っています。

(2)　民事調停手続の申立て

　調停は，原則として，相手方の住所等を管轄する簡易裁判所又は当事者が合意で定める地方裁判所若しくは簡易裁判所に対して申し立てます（民調3条1

234

項)。

訴訟においては，訴えの提起の段階で，原告が訴状によって主張している一定の権利又は法律関係についての結論に相当する請求の趣旨の厳格な記載が求められますが，調停における申立ての趣旨には厳格な記載は不要です。

それゆえ，調停は，本人申立てが容易な手続といえます。

そして，裁判所に納める手数料も，訴訟に比べ，低額です。具体的には，調停の申立て手数料は，訴え提起のそれの約半額です（民訴費別表第1の14項）。例えば，10万円の支払を求める場合，申立手数料は500円です。

2　民事調停手続の特徴

(1)　民事調停手続活用のメリット

(a)　メリット

調停活用のメリットは，次の4点が挙げられます。

①申立手続が容易で手続費用も安い

②非公開なため秘密が守られる

③実情に沿った解決の実現

④債務名義の取得

(b)　**申立て手続が容易で手続費用が安い**

調停は，上記**1**(2)記載のとおり，申立てに際し，申立ての趣旨の厳格な特定まで求められません。また，申立てにかかる費用は，訴訟の場合に比べ低額です。

このことは，調停のメリットの1つとしてあげられます。

また，訴訟に比べれば，解決までの期間が短いといった点も調停のメリットとしてあげられます。

(c)　**非公開なため秘密が守られる**

調停は，公開の法廷で行われる訴訟とは異なり，非公開の席にて行われます。

また，記録の閲覧についても，「何人も」記録の閲覧が可能な訴訟とは異なり（民訴91条），調停の場合は，当事者又は利害関係を疎明した第三者のみしか

第6章◇労災民事賠償事件
第6節◇裁判所における労災民事賠償請求事件処理における留意点

記録の閲覧が認められません（民調12条の6）。

このように，調停の当事者は，第三者に知られたくないような内容も安心して話すことができ，この点は調停のメリットとしてあげることができます。

(d) 実情に沿った解決の実現

調停は，当事者の互譲により，条理にかない実情に即した解決を図ることを目的としています（民調1条）。

それゆえ，調停では，訴訟における判決では実現できない実情に沿った解決が可能となり，この点は調停のメリットの1つとしてあげられます。

(e) 債務名義の取得

調停において当事者間に合意が成立すると，裁判所書記官がその内容を調書に記載して，調停成立となります。

この調書は，裁判上の和解と同一の効力を有するため（民調16条），当事者は，後から不服を申し立てることは，原則として，できません。

当事者は，この調書において，金銭の支払など一定の行為をすることを約束した場合には，これを守る必要があります。仮に，当事者がその約束した行為を履行しない場合，他方の当事者は，調停の内容を実現するため，強制執行を申し立てることができます。

(2) 民事調停手続活用のデメリット

以上，調停のメリットを説明しましたが，調停には，次のデメリットがあります。

まず，調停の最大のデメリットとして考えられるのは，調停においては，当事者の欠席が許されてしまっているという点です。

訴訟であれば，被告が答弁書等を提出せずに第一回口頭弁論期日に欠席したときは，被告が原告の主張事実を自白したものとみなされ（民訴159条3項），裁判所は，弁論を終決させ，直ちに判決を出すことが認められています（いわゆる欠席判決。民訴254条1項1号）。

しかし，調停には，このような定めはありません。

次に，メリットの裏返しではありますが，話合いでの解決を目指すがゆえに，時間をかけたとしても，合意が成立しない限り，解決に至ることはありません。

3　民事調停手続と労働事件

　調停は，民事に関する争いを取り扱うものですから，労働事件も対象となります。

　東京簡裁では，調停委員のうち，原則1名は弁護士となるように構成されています。労働事件においては，労働専門弁護士1名（労働者側又は使用者側）と社会保険労務士が選任されています。

　そして，例えば，セクハラが絡む案件で，被害者が被害事実が公になることを避けるような場合には，非公開の話合いという調停は，大きな役割を果たすことが期待できます。

　また，立証上の困難があるパワハラ案件や過労死等の案件についても，柔軟な解決が可能な調停は，紛争の解決に資する制度といえます。

4　民事調停制度利用上の留意点

⑴　調停成立の場合

　調停が成立した場合，上記のとおり，当事者間の合意内容が記載された調停調書は，裁判上の和解と同一の効力を有します（民調16条）。

　それゆえ，調停調書の中で金銭の支払が約されている場合は，当事者は，当該調停の内容どおりに履行しないと，強制執行があり得るため，調書の内容どおりの履行を行う必要があります。

⑵　調停に代わる決定

　裁判所は，どうしても当事者間の折り合いがつかないか，あるいは相手方が不出頭の場合でも，調停の経過や紛争の態様によっては，調停委の意見を聴き，当事者の言い分を衡平に考慮し，事件の解決のために適切と思われる解決案を示すことがあります。

　これを「調停に代わる決定」といい（民調17条），当事者のどちらかが2週間以内にこの決定に異議を申し立てなければ，調停が成立したのと同じ効果が発生します（民調18条1項・5項）。

第6章◇労災民事賠償事件
第6節◇裁判所における労災民事賠償請求事件処理における留意点

(3) 調停不成立

　調停は，どうしても当事者間の折り合いがつかないか，あるいは相手方が不出頭の場合で，調停に代わる決定がなされない場合，不成立となります。

　申立人は，調停が成立しなかった場合に，なお紛争の解決を求めるときは，訴訟を起こすことになりますが，訴訟の場合は，調停の場合と異なり，紛争の対象となる金額によって地方裁判所か簡易裁判所に訴えを提起するかが異なります。すなわち，紛争の対象となっている金額が，140万円以下の場合には簡易裁判所に，140万円を超える場合には地方裁判所に訴訟を提起することになります。

　なお，調停打切りの通知を受けてから2週間以内に同じ紛争について訴訟を起こした場合には，調停申立ての際に納めた収入印紙の額は，訴訟提起に必要な収入印紙の額から差し引くことができますが，そのためには調停不成立証明書（調停を行っていた簡易裁判所が発行する）を入手する必要がある点には留意が必要です。

〔山﨑　貴広〕

Q61 労働審判

　私は，職場のパワーハラスメントが原因で精神疾患となったと考えており，労働審判を利用しようと考えていますが，労働審判とはどのような制度なのでしょうか。また，利用上の留意点はあるのでしょうか。特に，労災民事訴訟事案において，労働審判を利用するメリットはあるのでしょうか。

　　労働審判とは，労働審判官（裁判官）及び労働審判員2名で組織される労働審判委員会が個別労働関係民事紛争を対象に，原則3回の期日において審理し，調停を試み，調停による解決に至らない場合には，当事者間の権利関係や手続の経過を踏まえた柔軟な解決案（労働審判）を定める手続です。
　　労働審判の対象が個別労働関係民事紛争に限定されていること，期日の回数が原則3回に限定されていること，調停による解決に至らない場合には労働審判を行うが，労働審判に対して当事者から異議の申立てがあれば訴訟に移行することなど，労働審判特有の制度には留意しておく必要があります。
　　労災民事訴訟事案でも，争点が比較的簡明で，調停成立の見込みがあるような場合には，労働審判の利用によって早期解決を図ることができるでしょう。

☑キーワード
　労働審判，労働審判委員会，調停，24条終了

第６章◇労災民事賠償事件
第６節◇裁判所における労災民事賠償請求事件処理における留意点

解　説

1　労働審判制度の概要

(1)　概　　要

　労働審判は，労働審判官（裁判官）及び労働審判員２名で組織される労働審判委員会が，個々の労働者と事業主との間に生じた民事に関する紛争を対象にして，原則３回以内の期日で審理し，適宜調停を試み，調停による解決に至らない場合には，事案の実情に応じた柔軟な解決を図るために必要な解決案（労働審判）を定める手続をいいます（労審１条）。

　労働審判手続は，迅速かつ柔軟な解決を求めることができる点に特徴があるといえます。

　すなわち，労働審判は原則３回以内の期日で終了するものと定められており（労審15条２項），期日の回数が制限されることによって，通常訴訟と比べて迅速な解決が見込まれます。

　また，労働審判では期日において調停を試み，話合いによる解決の可能性を探った上で，調停がまとまらなければ当事者間の権利関係や手続の経過を踏まえた労働審判を行うこととされています（労審20条１項）。ここでは，通常訴訟とは異なり，当事者間の権利関係を踏まえつつも，事案の実情に即した柔軟な解決を図ることが可能であるとされています。したがって，調整的な内容の審判をすることも可能であり，通常訴訟よりも柔軟な解決を求めることができるといえます。

(2)　手続の対象

　労働審判は，個別労働関係民事紛争（例えば，労働者個人と使用者との間の解雇や雇止めの効力に関する紛争など）が対象となります。

　したがって，労働組合と使用者との間の集団的労働紛争は個別労働紛争に該当しませんし，行政事件訴訟の対象となる紛争は民事に関する紛争といえませんから，いずれも労働審判の対象とはなりません。このほか，他の従業員によ

る暴行，セクハラ，パワハラ等に関する労災民事賠償事件においても，あくまで労働審判が労働者と事業主との間の紛争を対象にしていることから，直接加害者たる他の従業員に対する損害賠償請求は労働審判の対象にはなりません（ただし，調停時に直接加害者を利害関係人として参加させることによって，労働者・加害者・事業主の三者間の紛争を解決することは可能です）。

　では，個別労働関係民事紛争に該当する紛争がある場合において，賃金請求などの個別労働関係民事紛争に該当しない紛争と一緒に労働審判を申し立てることはできるのでしょうか。

　この点，後述のとおり労働審判委員会が労働関係に関する専門的知識を有している者が任命されていることに鑑みると，労働関係と直接関連しない民事上の紛争については判断する適格を欠くといえます。そこで，上記のような申立てがなされた場合には，個別労働関係民事紛争に該当しない請求の部分を削除するよう申立書の補正を促し，申立人がこれに応じない場合には，裁判所は当該部分に係る申立てを分離し，当該部分を不適法なものとして却下することになります（労審6条）＊1。

(3)　労働審判委員会

　労働審判は，裁判官である労働審判官1名，労働関係に関する専門的な知識経験を有する労働審判員2名で組織される労働審判委員会で行われます（労審7条）。

　労働審判員は，経営団体及び労働団体の推薦によって任命されますが，労働者側とか使用者側という立場ではなく，中立かつ公正な労働審判員とされています（労審9条1項）。そのため，期日において，労働審判員のどちらが使用者側でどちらが労働者側かということも明らかとされませんし，労働審判員が労使に分かれて，当事者双方を説得するということもありません。

　労働審判員が自らの知識や経験に基づき，各当事者に対して調停による解決を積極的に働きかけることも少なくなく，この点は通常訴訟には見られない大きな特徴だといえるでしょう。

(4)　労働審判事件の解決方法

　労働審判手続の解決法には主に調停と労働審判があります。そのうち，調停によって手続の終局を迎えるものが多数を占めているといえます。

第6章◇労災民事賠償事件
第6節◇裁判所における労災民事賠償請求事件処理における留意点

一般的に調停は，通常訴訟における和解と同様に，一方当事者に退席してもらい，個別に解決金の金額など，紛争解決に係る意見を求める方式で話合いが進みます。ただし，事前に労働審判委員会から当事者に対して，労働審判期日における証拠調べの結果を踏まえた心証を開示することも少なくなく，それを前提にした調停案を当事者双方が検討することもよく見られます。

調停がまとまらない場合には，審理を終結させた後，労働審判委員会が審判内容について評議をして，労働審判を言い渡します（労審20条1項）。前述のとおり，労働審判は，①審理の結果認められる当事者間の権利関係，②労働審判手続の経過を踏まえてなされることから（労審20条），柔軟な解決案を示すことが可能です。

例えば，労働者が解雇の効力を争って職場復帰を求める内容の申立てを行った場合，当事者が労働審判手続の過程において示した様子を総合的に勘案して，当事者の真の意思を推認し，当事者にとって不意打ちにならないと判断されるときには，解雇が無効であると判断した場合であっても，事案の実情を考慮して，金銭補償をした上で労働関係を終了させる旨の労働審判を行うことも可能であると解されています*2。

2 労働審判手続遂行上の留意点

(1) 管轄裁判所

労働審判の申立ては，①相手方の住所，居所，営業所，事務所所在地を管轄する地方裁判所，②紛争が生じた労働関係に基づいて当該労働者が現に就業し，又は最後に就業した事業所所在地を管轄する地方裁判所，③当事者が合意により定める地方裁判所のいずれかに申し立てることができます（労審2条1項）。

では，外資系企業を相手方にする場合，労働審判の管轄はどのようになるのでしょうか。

この場合，日本国内にその事務所又は営業所があれば，当該事務所又は営業所の所在地，労働者が現に就業し，又は過去に就業していた事業所を管轄する地方裁判所に申立てをすることができます（労審2条1項）。また，日本国内に

事務所又は営業所を有しないとしても，日本における代表者その他の主たる業務担当者の住所地を管轄する地方裁判所にも管轄があるとされます（労審2条4項）。

(2) 申立書・答弁書

申立書には，「申立ての趣旨」，「申立ての理由」，「予想される争点及び争点に関連する重要な事実」，「申立てに至る経緯の概要」などの記載が必要です（労審5条2項，労審則9条1項）。

なお，申立書のほかに，相手方の数に3を加えた数の申立書の写しと，相手方の数と同数の証拠書類の写しを裁判所に提出しなければなりません（労審則9条4項）。答弁書の場合は答弁書のほかにその写し×3を提出し（労審則16条3項），申立人には直送します（労審則20条3項1号）。

第1回労働審判期日において，審尋の完結，調停案の提示までなされることも少なくなく，申立書や答弁書の記載内容が労働審判委員会の心証形成に大きく影響するといえます。

(3) 手続の進行

第1回期日は，申立て後40日以内に指定され，その期日の変更は原則としてできません（労審則13条。ただし，実務上は，指定期日に代理人が差し支える場合など，例外的に日程調整した上で期日変更を認める運用がなされていることがあります）。

労働審判における証拠調べについて，労働審判法17条1項では，「労働審判委員会は，職権で事実の調査をし，かつ，申立てにより又は職権で，必要と認める証拠調べをすることができる」と定めています。実際の運用としては，当事者や参考人から口頭で事情を聞いたり，書類を調べたりするなどの方法により，証拠調べが行われています。

(4) 24条終了

労働審判法24条1項によれば，「労働審判委員会は，事案の性質に照らし，労働審判手続を行うことが紛争の迅速かつ適正な解決のために適当でないと認めるときは，労働審判事件を終了させることができる」と定めています。

これは，例えば，争点が多数あり又は多数の当事者が関与しているなど，複雑困難な事件であって，簡易迅速な紛争解決手続である労働審判手続において解決を図ることが不適当である事件などについては，むしろ，早期に訴訟手続

第6章◇労災民事賠償事件
第6節◇裁判所における労災民事賠償請求事件処理における留意点

における解決を目指すよう促す趣旨です*3。

(5) 訴訟手続への移行

　労働審判委員会は調停による解決に至らなかったときには，前述のとおり，労働審判を行いますが，これに不服のある当事者は2週間以内に書面にて異議の申立てをすることができます（労審21条1項，労審則31条1項）。

　かかる異議の申立てがあった場合には，労働審判手続申立てに係る請求については，労働審判手続の申立ての時に，労働審判がなされた地方裁判所に訴えの提起があったものとみなされます（労審22条1項）。

　東京地裁等では，申立書の内容に，労働審判での審理内容を踏まえた争点整理と反論，補充主張を加えた「訴状に代わる準備書面」の提出を原告に求める運用をしています。

3　労災事件における手続選択

　労働審判は原則3回以内の期日において当事者双方の主張を聞き，証拠調べを行い，調停を試みます。そのため，争点が多岐にわたり，3回の期日で審理を終了させることが困難である紛争については，労働審判手続に適さないといえます。労働審判規則27条によれば，遅くとも第2回期日までに主張，証拠書類は全て提出することが原則であるとされていますので，争点に関する事実関係が細部にわたって争われていて，労働審判手続における心証形成手続では心証形成が困難な事案でも，やはり労働審判手続は適さないといえるでしょう。労災事案でいえば，医学的な知見が必要となる事案など，労働審判委員会が医学的な意見に関する準備を十分になし得ない場合も想定されます。

　また，上記のような事件の性質以外に，そもそも当事者が早期解決の意欲を有しているか否かも，労働審判手続を選択する一つのメルクマールになると考えられます。例えば，損害額が多額に上る労災事案であって，労使双方の対立が激しいような場合には，当事者が早期解決で折り合いをつけることは困難である場合も多いでしょう。

　その一方で，労働審判は，労働審判員の一定の心証に基づく迅速かつ柔軟な解決を求めることができます。労災事案であっても争点が比較的簡明で，調

244

停成立の見込みがあるような場合には，積極的に労働審判手続の利用を検討すべきです。

〔織田　康嗣〕

■注　記■

＊1　佐々木宗啓ほか『類型別労働関係訴訟の実務』（青林書院，2017）410頁。
＊2　菅野和夫ほか『労働審判制度〔第2版〕』（弘文堂，2007）98頁。
＊3　前掲（＊2）111頁。

第6章◇労災民事賠償事件
第6節◇裁判所における労災民事賠償請求事件処理における留意点

 62　証 拠 保 全

　私は，家族の労災事案に関し，使用者に対して，損害賠償を求めることを検討しています。しかしながら，労災であることを立証する証拠の多くは使用者が保有しています。任意に開示を受けられる見込みもなく，むしろ内容を改ざんされる可能性もあり，証拠保全の申立てを検討しているのですが，証拠保全の手続について教えてください。

　　証拠保全とは，正規の証拠調べを待っていたのでは，その証拠の利用が困難となる事情があるときに，あらかじめ証拠調べを行い，その結果を保全しておくための手続のことをいいます（民訴234条ないし242条）。
　　証拠保全の申立てが認められるためには，証拠保全の事由（あらかじめ証拠保全をしておかなければその証拠を使用することが困難となる事情）が必要ですので，証拠物の隠滅や改ざんの恐れの疎明資料を用意することが必要です。
　　証拠保全は，裁判官や申立代理人等が検証場所へ臨場し，証拠調べ（主に検証）を実施しますが，対象物をコピー，写真撮影するなどして記録化を行います。

☑キーワード
　　証拠保全，執行官送達，検証，検証物提示命令

Q62 ◆証 拠 保 全

```
        解  説
```

1 証拠保全とは

　証拠保全とは，正規の証拠調べを待っていたのでは，その証拠の利用が困難
となる事情があるときに，あらかじめ証拠調べを行い，その結果を保全してお
くための手続のことをいいます（民訴234条ないし242条）。証拠保全は訴え提起
前・後を問わず申し立てることができますが，実務上訴え提起前に実施される
ことが一般的です。

　医療過誤事件等でよく用いられることがありますが，労働事件でも，残業代
請求や労働者の過労死を理由とする損害賠償請求を本案訴訟として，例えばタ
イムカード等の資料を対象に証拠保全の申立てをすることがあります。

　証拠保全は，裁判官や申立代理人らが現地に臨場し，証拠調べを実施しま
す。証拠調べは検証（民訴232条）によることが多く，裁判官が相手方に検証物
の提示を求め，検証物を五感の作用によりその性状を感得することによって実
施します。裁判官は検証の結果を裁判所書記官に伝え，検証調書が作成されま
すが，検証物たる文書も，コピーや写真撮影によって記録化され，検証調書に
添付されます（民訴規則78条・69条）。

　このように，証拠保全は将来の訴訟に備えて証拠を保全する機能があること
はもちろん，事実上，相手方が所持している証拠を開示する機能も併せ持ちま
すので，この点で証拠開示機能も有しているといえます。

2 証拠保全申立時の留意点

　⑴ 管　　轄

　訴え提起前の証拠保全の管轄は，尋問を受けるべき者若しくは文書を所持す
る者の居所又は検証物の所在地を管轄する地方裁判所又は簡易裁判所にありま
す（民訴235条2項）。

247

第6章◇労災民事賠償事件
第6節◇裁判所における労災民事賠償請求事件処理における留意点

(2) 申立書の記載事項

証拠保全の申立ては書面により行う必要があります（民訴234条，民訴規則153条1項）。申立書には，申立ての趣旨（いかなる内容の証拠保全を求めるか），証明すべき事実（証拠保全の申出に係る証拠によっていかなる事実を証明するのか），証拠保全の事由（あらかじめ証拠保全をしておかなければその証拠を使用することが困難となる事情）などを記載する必要があります。

(3) 証拠保全の事由

証拠保全の事由とは，「あらかじめ証拠調べをしておかなければその証拠を使用することが困難となる事情」（民訴234条）です。証拠保全の事由としては，文書，検証物については，滅失，散逸，保存期間満了等による破棄，改ざん，性状又は現状変更の恐れなどが挙げられます。また，証拠保全の事由には，証拠保全の対象物が存在することも含むとされ，文書，検証物が滅失しているような場合は，証拠保全の前提を欠くと解されます[1]。

例えば，パソコン上での勤怠管理がなされ当該電子データが存在するケースにおいて，当該データが消失したり，使用者にて内容の改ざん等がなされる恐れがある場合には，その旨疎明する必要があります。ただし，証拠保全の事由は具体的に主張する必要があり，単に「改ざんの恐れがある」というのみでは不十分と判断されてしまいます。

特に，タイムカード，出勤簿，賃金台帳は，労働基準法上罰則付きで3年間の保存義務が課されていることから（労基109条・120条1号，労基則56条），同義務があるにもかかわらず証拠保全の事由があると主張するには，より具体的な破棄・改ざん・隠滅等の恐れがあることの主張が求められます。同様に，就業規則を証拠保全の対象とする場合も，（10人以上の事業場であれば）労基署に届出がなされるものであり，就業規則は当該労災事案とは無関係に作成されるものであることからすると，その改ざんの恐れがあると認められるには高度の事情が必要とされるケースもあるでしょう。

(4) 送達の方法

証拠保全決定がなされると，裁判所から相手方に対して，決定書謄本等が送達されますが，執行官送達（裁判所の執行官が送達先に赴き，交付する方法）による送達方法が採られることが一般的です。執行官送達は，証拠の改ざんの恐れを

Q62 ◆証 拠 保 全

理由に証拠保全を申し立てているような場合，証拠調べの開始時刻の約１時間
前に実施されることが多く，この点で相手方にとっては，決定書謄本等が送達
されてから裁判官が臨場してくるまで，時間的猶予がわずかしかないことにな
ります。

　そもそも証拠保全の趣旨は本来の訴訟手続の中で証拠調べが行われるのを
待っていたのでは，証拠調べが不可能又は困難になる恐れがある場合に，あら
かじめ証拠調べをしてその結果を利用する点にあります。証拠の改ざんの恐れ
を理由にする場合など，送達と証拠調べの間はできるだけ時間的間隔をおかな
いほうがよいという要請もあることから，事実上裁判所が送達時刻を指示でき
る執行官送達を用いられることが多いのです。

⑸　検証物提示命令

　証拠保全の申立てにあたって，検証物提示命令の申立てをすることもできま
すが，実務上，証拠保全決定の際には，検証物提示命令の決定は留保されるこ
とが多く，相手方が検証物を任意に提示しない場合にはじめて発令の有無が検
討されます（検証物提示命令を発令することなく証拠保全が完了した場合には，申立人が
その場で検証物提示命令を取り下げることになります）。

　なお，証拠保全において検証物提示命令が発令されたにもかかわらず，相手
方がそれを拒絶した場合，申立人が相手方を被告として提起した本案訴訟にお
いて，申立人が主張する検証物の性状が真実であると認めることができ，又，
申立人が検証物の性状について具体的な主張をすること及び当該検証により証
明すべき事実を他の証拠により証明することが著しく困難であるときは，その
事実に関する申立人の主張を真実と認めることができます（民訴224条１項・３
項）。

3　労災事件における証拠保全の利用

　労災事案の多くは，業務起因性等の有無が争点となることが想定されます
が，これを立証するための証拠の隠滅，改ざん等の恐れがある場合には，証拠
保全の利用を検討すべきでしょう。例えば，過労死による損害賠償請求事案に
おいて，長時間労働を立証するためのタイムカードやパソコンのログ記録等の

第6章◇労災民事賠償事件
第6節◇裁判所における労災民事賠償請求事件処理における留意点

保全を申し立てることが検討されます。

　ただし前述のように，証拠保全の申立てにあたっては，証拠保全の事由の要件が必要であることから，例えば，遺族と使用者とのやりとり，任意交渉の経過，その他使用者の行為をもとに，証拠の隠滅，改ざん等の恐れを具体的に疎明できるか否か検討することが必要です。

　また，証拠保全手続を利用しなくても，使用者が任意に証拠の開示に応じる場合もあります。証拠保全の手続を採ることによって，相手方の反発を招く場合も少なくないことから，任意交渉の経過や見込み，当該労災事案に対する使用者の態度などを見極めながら，証拠保全の申立てに踏み切るか否か，手続選択をする必要があるといえるでしょう。

4　証拠保全の相手方とされた場合の対応

　上記とは反対に，使用者側として，労働者から証拠保全の申立てがなされた場合には，どのように対応すればよいのでしょうか。

　既に述べたとおり，通常，証拠保全決定謄本が送達されるのは裁判官らが臨場する約1時間前であり，使用者はそれまでに証拠保全申立ての事実を知ることができません。そのため，使用者側には準備時間がなく，決定謄本が送達された際には，（直ちに顧問弁護士に対応を相談するなど）迅速な対応が必要です。

　その上で，決定謄本に記載されている検証物の所在をまずは確認し，追って臨場する裁判官が証拠調べを実施する場所（会議室等）を用意することが必要です。また，証拠調べを実施する際に立ち会う者を調整することも必要でしょう。

　なお，検証物を任意に提示することを拒んだ場合，裁判所から前述の検証物提示命令が出されることがありますが，これに対しては，即時抗告（民訴232条1項・223条7項）により不服を申し立てることができます。ただし，即時抗告は書面でしなければならないため（民訴331条・286条1項），検証場所にて口頭で不服を申し立てたとしても適法な即時抗告がなされたことにはなりません。したがって，後に抗告状を裁判所に提出することになるため，その場では証拠保全の手続が進められることになることが想定されます。

Q62 ◆証 拠 保 全

　注意しなければならないのは，検証物提示命令を拒絶した場合，前述の不利益を被る可能性があることから，即時抗告を申し立てる際には，その理由が存在するか（検証物提示命令に従わない正当な理由があるか）慎重に検討することが必要です。

〔織田　康嗣〕

=== ■注　記■ ===

　＊1　森冨義明・東海林保編著『新版　証拠保全の実務』（きんざい，2015）101頁。

第6章◇労災民事賠償事件
第6節◇裁判所における労災民事賠償請求事件処理における留意点

 文書提出命令

当方は，現在，裁判において，使用者に対し，労災を理由として損害賠償を求めています。従前より，相手方に対し，ある事実を立証するために，証拠を提出するよう求めていますが，相手方から，これを拒絶されています。文書提出命令の申立てを検討しているのですが，文書提出命令について教えてください。

　文書提出命令は，訴訟の相手方当事者又は第三者が特定の文書を所持し，かつ当該文書の所持者が文書提出義務を負う場合に（民訴220条），当該文書の所持者に対し，当該文書の全部又は一部の提出を命じる裁判所の決定です（民訴219条～225条）。
　文書提出命令が認められるためには，文書の所持者について，民事訴訟法220条が規定する文書提出義務が認められること等の要件が必要であり，文書提出命令の申立ては，原則，所定の事項を明らかにした書面によって行わなければなりません。
　文書提出命令の申立てが認められ，提出義務者の相手方が文書を提出しないときは，裁判所は，当該文書の記載内容に関する主張を真実と認めることができます（民訴224条1項）。
　このように当事者間での証拠収集の力に大きな差がある労働事件において，文書提出命令は強力な効果を持った手続ですが，一方で，裁判の進行が事実上停止され得るというデメリットがある点には留意が必要です。

　文書提出命令

252

Q63 ◆文書提出命令

解　説

1　は じ め に

　労災民事訴訟において，労働者（死亡事案における遺族も含みます）は，使用者の安全配慮義務違反等を主張・立証しなければなりません。

　しかし，労働事件において，労働者と使用者との間には，証拠収集の力に大きな差があり，労働者が満足に立証を行うことができないという事例が散見されます。

　そのため，労働者は，裁判上，自ら主張する事実の立証を行うために，使用者に対し，求釈明や文書送付嘱託等を活用して，その所持する文書の提出を求めることがあります。

　裁判所も，事案に応じ，使用者に対し，任意提出を促し，収拾を図ることも少なくはありませんが，使用者がこれを強く拒絶することも多々あります。

　こうした場合，労働者としては，いわば最後の手段として，文書提出命令の申立てを検討することになります。

2　文書提出命令とは

(1)　概　　要

　文書提出命令とは，訴訟の相手方当事者又は第三者が特定の文書を所持し，かつ当該文書の所持者が文書提出義務を負う場合に（民訴220条），当該文書の所持者に対し，当該文書の全部又は一部の提出を命じる裁判所の決定です（民訴219条～225条）。

(2)　文書提出命令の対象となる文書

　文書提出命令の対象には，上記のとおり，訴訟の相手方の所持する文書だけではなく，第三者が所持する文書も含まれます。ただし，文書の所持者が第三者である場合には，当該第三者を審尋しなければなりません（民訴223条2項）。

253

第6章◇労災民事賠償事件
第6節◇裁判所における労災民事賠償請求事件処理における留意点

(3) 文書提出義務

　文書提出命令が認められるためには，文書の所持者について，民事訴訟法220条が規定する文書提出義務が認められることが必要となり，この文書提出義務の存否やその範囲をめぐり当事者間で熾烈に争われることも少なくありません。

　民事訴訟法220条の提出義務は，次のとおりです。

①当事者が訴訟において引用した文書を自ら所持するとき。

②挙証者が文書の所持者に対しその引渡し又は閲覧を求めることができるとき。

③文書が挙証者の利益のために作成され，又は挙証者と文書の所持者との間の法律関係について作成されたとき。

④前3号に掲げる場合のほか，文書が次に掲げるもののいずれにも該当しないとき。

　　イ　文書の所持者又は文書の所持者と民事訴訟法196条各号に掲げる関係を有する者についての同条に規定する事項が記載されている文書

　　ロ　公務員の職務上の秘密に関する文書でその提出により公共の利益を害し，又は公務の遂行に著しい支障を生ずるおそれがあるもの

　　ハ　民事訴訟法197条1項2号に規定する事実又は同項3号に規定する事項で，黙秘の義務が免除されていないものが記載されている文書

　　ニ　専ら文書の所持者の利用に供するための文書（国又は地方公共団体が所持する文書にあっては，公務員が組織的に用いるものを除く）

　　ホ　刑事事件に係る訴訟に関する書類若しくは少年の保護事件の記録又はこれらの事件において押収されている文書

　なお，民事訴訟法220条4号の提出義務を原因とする文書提出命令の申立てについては，その文書が同号イからニまでに掲げる所定の除外文書に該当するか否かの判断をするため必要があると認めるときは，裁判所は，文書の所持者に対し，その文書を提示させることができます（民訴223条6項）。これは，当該文書を開示せず，裁判所だけが提出義務存否の審理のために提示を受ける手続であり，いわゆるインカメラ審理といわれます。

Q63 ◆ 文書提出命令

⑷　申立ての方法

　文書提出命令の申立ては，①文書の表示，②文書の趣旨，③文書の所持者，④証明すべき事実，⑤文書の提出義務の原因を明らかにして書面により行わなければなりません（民訴221条1項，民訴規則140条1項）。

　なお，このうち，①及び②については，提出命令の申立てをするにあたり，これらの事項を明らかにすることが著しく困難であるときは，その申立て時においては，これらの事項に代えて，文書の所持者がその申立てに係る文書を識別することができる事項を明らかにして申立てをすれば足ります。この際は，裁判所に対し，文書の所持者に文書の表示又は趣旨を明らかにするよう求めるべき旨の申出をしなければなりません（民訴222条1項）。

⑸　効　　果

　当事者が文書提出命令に従わないとき，あるいは，相手方の使用を妨げる目的で提出義務がある文書を滅失させ，その他これを使用することができないようにしたときは，裁判所は，当該文書の記載に関する相手方の主張を真実と認めることができます（民訴224条1項・2項）。

　ここで，「文書の記載内容に関する主張」とは，文書によって立証しようとした具体的な要証事実だけではなく，文書の性質，趣旨，成立に関する主張です。

3　文書提出命令の留意点

⑴　審理への影響

　文書提出命令の申立てがなされた場合，文書提出義務の存否やその範囲をめぐり当事者間で熾烈に争われることも少なくありません。

　それ故，申立てから裁判所の判断までに相当の期間を要することもあります。

　さらに，裁判所の決定に対し即時抗告がなされると，高等裁判所に記録が移されてしまうため，このような場合，裁判の進行が事実上停止してしまいます。

第6章◇労災民事賠償事件
第6節◇裁判所における労災民事賠償請求事件処理における留意点

(2) 手続利用上の留意点

　仮に，文書提出義務が認められ得るとしても，文書提出命令も書証の申出の１つであるため（民訴219条），裁判所によって，証拠調べの必要性（民訴181条1項）が審理されます。この必要性は，争点との関連性や代替証拠の有無により判断されます。

　また，民事訴訟法220条4号を提出義務の原因とする申立ては，書証の申出を文書提出命令の申立てによってする必要がある場合でなければなりません（民訴221条2項）。それ故，法令により交付を求めることができるもの，一般に入手が認められるものなどについては，民事訴訟法220条4号を理由とする文書提出命令の申立てをすることはできない点には留意が必要です。

4　裁　判　例

　以下，労災民事訴訟事件における文書提出命令に関し，参考となる裁判例を紹介します。

(1) 使用者との関係

(a) 国立大学法人茨城大学（文書提出命令）事件[1]

　本事件は，大学のハラスメント関係委員会に学部長等によるハラスメントを受けたとの申立てをして退けられた教授が，大学に対して審査のやり直しと損害賠償請求をし，同委員会の報告や議事録等について文書提出命令を申立てた事件で，調査委員会のヒアリング記録及び同記録を抜粋した調査報告書の部分は「公務員の職務上の秘密」（民訴220条4号ロ）に該当し，同条の提出義務の対象とならないが，同報告書の他の部分及び議事録は除外文書にあたらず提出義務があると判断しました。

(b) ニチアス（石綿曝露・文書提出命令）事件[2]

　本事件は，石綿関連疾患に関する労災民事訴訟において，使用者が所持する，①じん肺管理区分の決定を受けた者に関するじん肺管理区分決定通知書・職歴票・じん肺健康診断記録，②労災認定を受けた者に関する労働者災害補償保険請求書の写しおよび同請求書に添付された職歴証明書の写し，③石綿健康管理手帳の交付を受けた者に関する石綿健康管理手帳交付申請書の写しおよび

Q63 ◆ 文書提出命令

同申請書に添付された職歴証明書の写しについて，民事訴訟法220条4号ハ，197条1項3号の「職業の秘密」が記載された文書であるとは認められないとして，上記文書の提出を命令した一審決定を維持しました。

（c）**アイスペック・ビジネスブレイン（賃金請求）事件**[☆3]

本事件では，在職中に使用していたパソコンに記録されているメールの発信・着信内容の電磁的記録につき文書提出命令を申立て，同文書は，証明すべき事実との関係において唯一の証拠とはいえず，裁判所の心証は既に提出されている証拠に加えて当該文書が提出され，さらに多数のメールが証拠として採用されたとしても，屋上屋を重ねるにすぎず，上記心証が左右されるものではないから，当該文書について証拠調べの必要性は認められないとされ，文書提出命令申立が却下されました。

（d）**A社文書提出命令申立事件**[☆4]

本件は，従業員たる地位の有無の確認請求，職場内のセクハラ行為不是正等による慰謝料請求をめぐる事件において，労働者側によりなされたセクハラ行為調査に関する会社側文書，労働局，捜査機関，社会保険機関の各関係文書の提出命令申立てにつき，会社が作成した事情聴取書，本社への調査報告書，その他の調査資料，及び，会社が作成した議事録，日報，稟議書の写しは，専ら会社の内部の利用に供する目的で作成され，外部に開示することが予定されていない文書であって，開示されると会社内部における自由な意思の表明に支障を来し会社の自由な意思形成が侵害されるなど看過しがたい不利益が生ずるおそれがあり，また，本件においては，上記各文書に関して，文書の所持者の特殊性，文書の作成者の特殊事情などは認められず，所持者である会社に生じる看過しがたい上記不利益を補うほどの特段の事情は認められないとして，「専ら文書の所持者の利用に供するための文書」（民訴220条4号ニ）に該当するとして，文書提出命令申立てを却下しました。

⑵　**労働基準監督署との関係**

以上，使用者に対する文書提出命令に関する裁判例をみてきましたが，労働基準監督署に対する文書提出命令につき，金沢労基署長（有川製作所）事件[☆5]は，災害調査復命書のうち，①行政内部の意思形成過程に関する情報に係る部分については民事訴訟法220条4号ロ所定の文書に該当するものの，②労働基

第6章◇労災民事賠償事件
第6節◇裁判所における労災民事賠償請求事件処理における留意点

準監督官等の調査担当者が職務上知ることができた事業者にとっての私的な情報に係る部分は同号ロ所定の文書に該当しないと判示しました。

すなわち，「公務員の職務上の秘密」には，公務員の所掌事務に属する秘密だけでなく，公務員が職務を遂行する上で知ることができた私人の秘密であって，それが本案事件において公にされることにより，私人との信頼関係が損なわれ，公務の公正かつ円滑な運営に支障を来すこととなるものも含まれること，民事訴訟法220条4号ロにいう「その提出により公共の利益を害し，または公務の遂行に著しい支障を生ずるおそれがある」とは，単に文書の性格から公共の利益を害し，または公務の遂行に著しい支障を生ずる抽象的なおそれがあることが認められるだけでは足りず，その文書の記載内容からみてそのおそれの存在することが具体的に認められることが必要であることを前提として，①本件文書のうち，行政内部の意思形成過程に関する情報に係る部分は民事訴訟法220条4号ロ所定の「その提出により（中略）公務の遂行に著しい支障を生じるおそれがあるもの」に該当しないとはいえないが，②被告会社にとっての私的な情報に係る部分はこれに該当しないというべきであるから，本件文書のうち，行政内部の意思形成過程に関する情報に係る部分については同号に基づく提出義務が認められないが，被告会社にとっての私的な情報に係る部分については上記提出義務が認められなければならないとされました。

同判決を前提に，現在，厚生労働省安全衛生部より，「裁判所からの文書送付嘱託等への対応に係る標準事務処理要領」が公開されている点は，留意が必要です。

〔山﨑　貴広〕

━━━■判　例■━━━

☆1　最決平25・12・19労判1102号5頁。
☆2　大阪高決平25・6・19労判1077号5頁。
☆3　大阪高判平19・11・30労判958号89頁。
☆4　神戸地尼崎支決平17・1・5労判902号166頁。
☆5　最決平17・10・14民集59巻8号2265頁。

64　文書送付嘱託・調査嘱託

　労災民事訴訟において，文書送付嘱託や調査嘱託はどのように利用されるのでしょうか。
　(1)　文書送付嘱託と調査嘱託はどのような手続ですか。
　(2)　文書送付嘱託と調査嘱託ではどのような証拠を収集できますか。
　(3)　文書送付嘱託と調査嘱託の留意点を教えてください。

　(1)　文書送付嘱託とは，訴訟当事者からの申立てに基づき，裁判所がこれを認容したときに，文書の所持者に対して文書送付を嘱託する手続です（民訴226条）。
　一方で，調査嘱託とは，訴訟当事者の申立て又は職権により，官公署等に対して，事実や専門知識等について必要な調査を嘱託する手続です（民訴186条）。
　(2)　文書送付嘱託は，文書提出命令の申立ての前段階として，使用者等から労働時間に関する資料等を求める際に利用されます。また，文書送付嘱託においては，労災記録，医療記録等，刑事記録等の取得も可能です。
　調査嘱託は，例えば，労災保険給付等の支払状況を確認するために用いられることが想定されます。
　(3)　調査嘱託の場合，嘱託先からの報告は，申立人の有利，不利にかかわらずそのまま証拠となります。このことは，申立て後に改めて証拠としての提出が必要となる文書送付嘱託とは異なる点には留意が必要です。

☑キーワード
　文書送付嘱託，調査嘱託，労災記録，刑事記録

第6章◇労災民事賠償事件
第6節◇裁判所における労災民事賠償請求事件処理における留意点

解　説

1　は じ め に

　労災民事訴訟において，労働者（死亡事案における遺族も含みます）は，使用者
の安全配慮義務違反等を主張・立証しなければなりません。

　労働者は，労働災害を理由に使用者に対し訴えの提起を行う場合，通常，訴
え提起の前段階において，弁護士会照会，証拠保全手続，情報公開・個人情報
保護法令に基づく公開請求等の種々の手続を用いて，使用者又は第三者が所持
する証拠を取得していくことになります。

　使用者は，労働者の訴訟提起によって，被告として，訴訟の対応を行う必要
が生じ，労働者の請求を争うためには，証拠に基づいた主張が必要となりま
す。

　労働事件においては，使用者が証拠の多くを保有しており，労働者の証拠収
集には，一定の限界があります。一方，多くの証拠を保持する使用者も，労働
者の個人情報や第三者の保持する資料等については，その証拠収集に一定の限
界があります。

　そこで，裁判においては，訴訟当事者には，裁判所を通じて文書所持者に文
書の送付を依頼する文書送付嘱託という手続と（民訴226条），受訴裁判所が公
私の団体に必要な事実の調査報告を徴し，その結果を証拠資料とする調査嘱託
という手続（民訴186条）が用意されています。

2　文書送付嘱託

⑴　文書送付嘱託の概要

　文書送付嘱託とは，訴訟当事者からの申立てに基づき，裁判所がこれを認容
したときに，文書の所持者に対して文書送付を嘱託する手続です（民訴226条）。

　文書送付嘱託は，**Q63**にて解説した文書提出命令と異なり，文書提出義務の

260

有無にかかわらず申し立てることができる点に特色があります。

また，官公署は，原則として，裁判所の文書送付嘱託に応じる公法上の一般義務を負っていると解されているため，文書送付嘱託は，主として官公署の保管文書に有効な手続です。

⑵　文書送付嘱託の申立て

文書送付嘱託の申立ては，民事訴訟法221条1項1号から4号までを類推適用すべきと考えられており，申立てでは，①文書の表示，②文書の趣旨，③文書の所持者，④証明すべき事実を明らかにして書面により行わなければなりません。

⑶　労災民事訴訟における活用方法

以下では，労災民事訴訟における文書送付嘱託の利用例を説明します。

⒜　労働時間等に関する資料

労災民事訴訟においては，労働時間等に関する書証として，出退館記録や時間外勤務申請記録，日報・月報，会社の警備会社がもつ事務所への出入時刻の記録，被災者の使用していたパソコンの起動時間の記録（ログ等），メールの送受信記録等様々な証拠が必要となることがあります。

これらの証拠については，労働者が使用者に対し，訴訟前の交渉段階や訴訟中の求釈明によって求めることも想定されますが，使用者からは簡単に提出がなされない場合があります。

こうした場合，文書提出命令等を申立てる前の穏当な手段として，文書送付嘱託は用いられます。

⒝　労災記録

労働者が，あらかじめ労災保険請求を行っている場合，労働基準監督署ないし地方労働局に対し，同請求に係る一見記録について文書送付嘱託を行うことが考えられます。

労災の一見記録には，調査復命書，事業場提出書類，労働時間集計表，報告書，医師の意見書等の書類が含まれます。もっとも，これらのうち，行政内部の意思形成過程に関する情報を記した記述等については，嘱託先が不開示又は部分開示とすることがある点には留意が必要です。この点について，現在，厚生労働省安全衛生部より，「裁判所からの文書送付嘱託等への対応に係る標準

第6章◇労災民事賠償事件
第6節◇裁判所における労災民事賠償請求事件処理における留意点

事務処理要領」が公開されている点には留意が必要です。

(c) 医療記録等

労働者の傷害や後遺障害，健康状態の記録は，損害及び因果関係を主張・立証するための重要な証拠です。したがって，労働者が医療機関で診療を受けている場合は，当該医療機関に対し，文書送付嘱託を行い，早期に労働者の診療録，介護記録，諸検査記録等の記録を入手し，活用するべきです。

(d) 刑事記録

労災民事訴訟においては，労働者は，具体的な事故の態様を主張・立証する必要があります。このため，使用者等が業務上過失致死傷，労働安全衛生法違反の罪等で捜査されている場合には，当該刑事事件記録を入手し，これを検討することが有益です。

この点，現在，一定の要件の下，不起訴記録の文書送付嘱託が認められています。

不起訴記録について，文書送付嘱託がなされた場合の取扱いは，次のとおり定められています。

①不起訴記録中の客観的証拠

客観的証拠であって，当該証拠が代替性に乏しく，その証拠なくしては，立証が困難であるという事情が認められるものについて，対象とし，代替性がないとまではいえない客観的証拠についても，必要性が認められ，かつ，弊害が少ないときは，送付に応じる。

②不起訴記録中の供述調書

次に掲げる要件をすべて満たす場合には，供述調書を開示する。

(i) 民事裁判所から，不起訴記録中の特定の者の供述調書について文書送付嘱託がなされた場合であること。

(ii) 当該供述調書の内容が，当該民事訴訟の結論を直接左右する重要な争点に関するものであって，かつ，その争点に関するほぼ唯一の証拠であるなど，その証明に欠くことができない場合であること。

(iii) 供述者が死亡，所在不明，心身の故障若しくは深刻な記憶喪失等により，民事訴訟においてその供述を顕出することができない場合であること，又は当該供述調書の内容が供述者の民事裁判所における証言内容と実質的に相反

する場合であること。

(ⅳ) 当該供述調書を開示することによって，捜査・公判への具体的な支障又は関係者の生命・身体の安全を侵害するおそれがなく，かつ，関係者の名誉・プライバシーを侵害するおそれがあるとは認められない場合であること。

3 調査嘱託

(1) 調査嘱託とは

調査嘱託とは，訴訟当事者の申立て又は職権により，官公署等に対して，事実や専門知識等について必要な調査を嘱託する手続です（民訴186条）。その嘱託先は，官庁若しくは公署，外国の官庁若しくは公署又は学校，商工会議所，取引所その他の団体です。

裁判所から調査嘱託がなされた場合，わが国の官公署や公私の団体は本条により嘱託に応ずることを義務づけられていると解されます。すなわち，嘱託を受けた団体は，正当な理由がない限り調査報告を拒むことはできません。

(2) 調査嘱託の申立て

調査嘱託は，裁判所の職権により行われることもありますが，当事者から申立てを行う場合は，証拠申出の一般原則に従い，その証明すべき事実を具体的に明示するほか，嘱託先及び調査事項を明らかにして行わなければなりません。

(3) 労災民事訴訟における活用法

労災保険給付等が労働者等に支払われている場合，支払済みの保険給付の額は，第三者が労働者に対して支払うべき損害賠償の額から控除されます。

それゆえ，労働者等が既に受給した労災保険給付の額等を確定させるため，労基署ないし労働局に対し，調査嘱託を行うことが考えられます。

4 留 意 点

以上みてきたとおり，文書送付嘱託及び調査嘱託は，裁判所を通じて相手方や第三者から証拠を収集するものであり，主張・立証を充実させるための有効

第6章◇労災民事賠償事件
第6節◇裁判所における労災民事賠償請求事件処理における留意点

な手段といえますが，他方，以下の点に注意しなければなりません。

　まず，調査嘱託の場合，嘱託先からの報告は，申立人の有利，不利にかかわらずそのまま証拠となります[☆1]。

　一方で，文書送付嘱託の場合，送付された文書は当然に証拠となるものではなく，挙証者は，そのうち必要なものを書証として提出して，その書証の証拠調べが行われることが必要です。ただし，当該文書は裁判所に送付されてくるため，その段階で相手方も見ることとなり，結局のところ，申立人が証拠提出しなかったとしても，申立人に不利な内容が記載されている場合には，相手方が当該文書を自らの証拠として利用することとなります。

〔山﨑　貴広〕

■判　例■

☆1　最判昭45・3・26民集24巻3号165頁。

Q65 ◆損害賠償請求の相手方

 損害賠償請求の相手方

　労災が発生した場合に，当該労災に関して被災した労働者に対して民事上の損害賠償責任を負うのは，当該労働者との間で直接労働契約を締結している使用者のみに限定されますか。例えば，元請事業者，派遣先，出向先等の事業者は，損害賠償責任を負うことはあるのでしょうか。

　労災が発生した場合に，当該労災に関して被災労働者に対して民事上の損害賠償責任を負うのは，必ずしも，当該被災労働者との間で直接の労働契約関係にある使用者だけではありません。
　当該労働者の個別の被災状況等にもよりますが，次の者は，被災労働者に対して民事上の損害賠償責任を負うことがあります。
　①元請事業者
　②派遣先
　③出向先
　④会社の役員個人

☑キーワード

安全配慮義務，元請事業者，派遣先，出向先，役員に対する損害賠償請求

265

第6章◇労災民事賠償事件
第6節◇裁判所における労災民事賠償請求事件処理における留意点

解　説

1　総　論

　労働契約法は，「使用者は，労働契約に伴い，労働者がその生命，身体等の安全を確保しつつ労働することができるよう，必要な配慮をするものとする」との規定（労契5条）を設け，使用者の労働者に対する労働契約上の安全配慮義務を定めています。

　同条は，判例により確立された安全配慮義務を明文化したものであり，現在の実務は，安全配慮義務概念を用いた判例の理由付けを根拠に，労働者と直接的な労働契約関係にない者についても，労働者に対する安全配慮義務を肯定しています。

　すなわち，安全配慮義務という概念を用いた判断を行った陸上自衛隊八戸車輌整備工場事件[1]は，安全配慮義務は，「ある法律関係に基づいて，特別な社会的接触の関係に入った当事者間において，当該法律関係の付随義務として」「信義則上負う義務」として一般的に認められるべきものであると判示しました。

　このように，ある法律関係に基づいて特別な社会的接触の関係に入った当事者間において信義則上安全配慮義務が認められるとするのが判例の考えであるため，労働者と請求の相手方との間でそのような関係があることが認められる場合には，安全配慮義務は肯定されることとなります。

2　元請事業者

（1）　元請事業者に対する安全配慮義務違反に基づく損害賠償請求

　元請事業者と下請事業者が共同してある事業を行う場合があります。この場合，元請労働者は元請事業者の労働者で，下請労働者は下請事業者の労働者です。

それ故，使用者責任や工作物責任等の特段の不法行為責任が肯定されない限り，元請事業者が下請事業者に対して損害賠償責任を負うことはありません。

しかしながら，上記のとおり，安全配慮義務は，「ある法律関係に基づいて，特別な社会的接触の関係に入った当事者間において，当該法律関係の付随義務として」「信義則上負う義務」と解されるところ，下請事業者の労働者に対する元請事業者の責任は，これまで，多くの判例で認められてきました（鹿島建設・大石塗装事件☆2，三菱重工神戸造船所事件☆3等）。

例えば，三菱重工神戸造船所事件は，「下請企業の労働者が上告人の神戸造船所で労務の提供をするに当たっては，いわゆる社外工として，上告人の管理する設備，工事等を用い，事実上上告人の指揮，監督を受けて稼動し，その作業内容も上告人の従業員であるいわゆる本工とほとんど同じであった」とし，元請事業者の安全配慮義務を認めています。

下請労働者に対する元請事業者の安全配慮義務を肯定した裁判例を通観すると，裁判所は，概ね，次のような①～⑩の具体的な基準を総合して，元請企業と下請労働者間の「実質的な使用関係」あるいは「直接的または間接的指揮監督関係」が認められるか否かを検討し，これが肯定できる場合に，元請企業の下請労働者に対する安全配慮義務を認めて，労災民事賠償責任が認める場合が多いようです*1。

①現場事務所の設置，係員，係員の常駐ないし派遣

②作業工程の把握，工程に関する事前打合せ，届出，承認，事後報告

③作業方法の監督，仕様書による点検，調査，是正

④作業時間，ミーティング，服装，作業人員等の規制

⑤現場巡視，安全会議，現場協議会の開催，参加

⑥作業場所の管理，機械・設備・器具・ヘルメット・材料等の貸与・提供

⑦管理者等の表示

⑧事故等の場合の処置，届出

⑨専属的下請関係か否か

⑩元請企業・工場の組織的な一部に組み込まれているか，構内下請け

(2) 元請事業者に対するその他の請求

なお，前述したとおり，元請事業者に対する請求としては，安全配慮義務違

第6章◇労災民事賠償事件
第6節◇裁判所における労災民事賠償請求事件処理における留意点

反の他にも，例えば元請労働者等の故意・過失によって損害を被った場合に，使用者責任（民715条1項）に基づく責任を追及する方法があります。また，労災の原因が土地工作物の設置・保全の瑕疵にあり，当該土地工作物を元請事業者が占有ないし所有する場合に，土地工作物責任（民717条）に基づく責任を追及する方法もあります。

3　派　遣　先

　労働者派遣契約は，労働者派遣法により，「自己の雇用する労働者を，当該雇用関係の下に，かつ，他人の指揮命令を受けて，当該他人のために労働に従事させることをいい，当該他人に対し当該労働者を当該他人に雇用させることを約してするものを含まないものとする。」と定義されます（労働派遣2条1号）。

　このように，派遣先は，派遣労働者を自らのために労働に従事させ，派遣労働者に対し，指揮命令を行うため，派遣労働者と派遣先との間には，特別な社会的接触関係が認められ，派遣労働者に対し，安全配慮義務を負うこととなります。

　現に，裁判例は，実質は労働者派遣である業務請負によって業務に従事中にうつ病を発症し自殺したという事案で，派遣元の企業と派遣先の企業の双方について不法行為上の注意義務違反を認めています（アテスト（ニコン熊谷製作所）事件）☆4。

　また，労働者派遣法は，「労働者がその事業における派遣就業のために派遣されている派遣先の事業に関しては，当該派遣先の事業を行う者を当該派遣中の労働者を使用する事業者と，当該派遣中の労働者を当該派遣先の事業を行う者に使用される労働者とみなして」労働者の危険又は健康障害を防止するための措置等に関する規定を適用するとしています（労働派遣45条3項）。したがって，派遣先の安全衛生管理の不備，欠陥に基づく派遣労働者の労働災害については，その防止義務を負う派遣先に損害賠償責任があると考えられています。

Q65◆損害賠償請求の相手方

4 　出向先・出向元

(1)　出向とは

出向とは，労働者が自己の雇用先の企業（出向元）に在籍したまま，他の企業（出向先）の従業員となって，相当長期間にわたって当該出向先の業務に従事することをいいます。

そして，出向中の労働者，出向元，出向先の三者の法律関係については，労働者と出向元との間の契約と労働者と出向先との間の契約が二重に存在することと一般的に理解されています。

(2)　**出向先の安全配慮義務**

上記のとおり，出向中の労働契約関係は，二重に存在するところ，安全配慮義務をどちらが負担するかが問題となりますが，出向労働者は，出向先で労務を提供することから，出向先の安全配慮義務は当然認められると考えられています*2。

(3)　**出向元の安全配慮義務**

出向労働者の労務提供先は出向先ですが，上記のとおり，出向元と労働者との間には雇用契約が継続しているため，出向元は雇用主である以上，安全配慮義務を負うことになります。

もっとも，出向元については，出向労働者が現実に指揮命令を受けているのは出向先であるという事情から，安全配慮義務違反が問われるかどうかは個別具体的な判断が必要となります。

例えば，出向労働者のうつ病自殺について安全配慮義務違反を出向先について認め，出向元については認めなかった例としては，JFEスチールほか事件☆5が実務上参考となります。同事件は，「労働者が在籍中に出向した場合，出向元は，出向先及び出向労働者との間の合意により定められた権限と責任，労務提供，指揮監督関係等の具体的実態に応じた内容の，安全配慮義務を負うと解するのが相当である。」と，出向元の安全配慮義務に関する判断枠組みを示したうえで，具体的な労務提供，指揮命令関係の実態によれば，出向労働者に対する安全配慮義務は，一次的には出向先が負い，出向元は，人事考課表等

269

第6章◇労災民事賠償事件
第6節◇裁判所における労災民事賠償請求事件処理における留意点

の資料や労働者からの申告等により，労働者の長時間労働等の具体的な問題を認識し，又は認識し得た場合に，これに適切な措置を講ずるべき義務を負うと解するのが相当とし，そのような事情は認められないとして，出向元の安全配慮義務違反を否定しました。

　一方で，過重労働等の結果として発症・増悪した精神障害による出向労働者の自殺の事案について，ネットワークインフォメーションセンターほか事件☆6が，「出向元の被告Cとしては，出向労働者であるDが，業務の遂行に伴う疲労や心理的負荷等が過度に蓄積して心身の健康を損なうことがないように注意する義務内容として，被告Cの人事部に対し，出向労働者が長時間労働をしていないかを定期的に報告させることや，出向労働者が長時間労働をしているときは被告F又はGに対してその旨を報告するよう指示することにより，出向元の代表者である被告Fや出向元の副社長であるGにおいて出向労働者が長時間の時間外労働をしていることを知り得るようにし，長時間労働をしている出向労働者がいるときは，被告F又はGにおいてその業務負担の軽減の措置を取ることができる体制を整える義務があったというべき」として出向元の責任を認めた点には留意が必要です。

5　会社の役員等

　以上は使用者とは別の法人に対する安全配慮義務違反を主張することを想定していますが，被災労働者は，会社の代表者や取締役等の役員等に対しても責任追及をすることが可能です。

　取締役などの役員等がその職務を行うにつき悪意または重過失があったときは，これによって第三者に生じた損害を賠償する責任があります（会社429条）。そして，取締役等が会社に対して負う善管注意義務（民644条）ないし忠実義務（会社355条）には，会社に労働法規上の義務を遵守させる任務が含まれると解されています*3。

　裁判例においては，大庄事件☆7が，急性左心機能不全により死亡した被災労働者の遺族らが会社および取締役らに対して提起した損害賠償請求につき，時間外労働が月100時間前後であった被災労働者の業務と死亡との因果関係を

270

認め，会社の安全配慮義務違反および取締役らの会社法429条１項違反に基づくそれぞれの損害賠償責任を認めました。同事件は，「現実に従業員の多数が長時間労働に従事していることを認識していたかあるいは極めて容易に認識し得たにもかかわらず，控訴人会社にこれを放置させ是正させるための措置を取らせていなかったことをもって善管注意義務違反がある」と判示しています。

　なお，役員等に対する請求は，不法行為に基づく損害賠償責任（民709条）を併せて行うことも可能であるところ，同請求も併せて行うことが想定されます。

〔山﨑　貴広〕

■判　例■

☆１　最判昭50・２・25民集29巻２号143頁。
☆２　最判昭55・12・18民集34巻７号888頁。
☆３　最判平３・４・11労判590号14頁。
☆４　東京高判平21・７・28労判990号50頁。
☆５　東京地判平20・12・８労判981号76頁・労経速2033号20頁。
☆６　東京地判平28・３・16労判1141号37頁。
☆７　大阪高判平23・５・25労判1033号24頁。

■注　記■

＊１　岩出誠『労働法実務大系〔第２版〕』（民事法研究会，2019）163～165頁。
＊２　菅野和夫『労働法〔第11版補正版〕』（弘文堂，2017）695頁参照。
＊３　前掲注（＊２）173頁。

第6章◇労災民事賠償事件
第6節◇裁判所における労災民事賠償請求事件処理における留意点

 労災事故の訴訟追行上の留意点

転落事故などの労災事故における損害賠償請求において，訴訟追行上，どのような点に注意して主張・立証を行えばよいのでしょうか。

　　労働安全衛生法などを根拠に使用者の注意義務違反，安全配慮義務違反の具体的内容を構成する必要があります。証拠収集に関しては，既に労災認定を受けている場合，労働局に対し，労災の業務上認定の調査復命書などの提出を求めることが考えられます。

☑キーワード
　労働安全衛生法，安全配慮義務，調査復命書

解　説

1　はじめに

　労働安全衛生法（以下，「安衛法」といいます），労働安全衛生規則（以下，「安衛則」といいます），及び同法の関連規則では，事業者が労災を防止するために守らなければならない膨大な事項が定められています。同法の違反に対しては罰則が定められていることに加え，両罰規定もあることから（安衛122条），現場の監督者らの安衛法違反について，法人である事業者も一緒に罰せられることがあります。

そして，事業者に安衛法違反などの過失があり，事業者に安全配慮義務違反が認められる場合，労災保険でカバーされない損害については，損害賠償請求の対象になります。

2 安衛法違反と安全配慮義務違反との関係

(1) 安全配慮義務の内容の具体化

労災事故に関する損害賠償請求にあたっては，安衛法及び関連規則の定めを根拠に使用者の注意義務違反，安全配慮義務違反を主張することになります。

設例にあるような転落事故では，転落防止措置の有無が問題になります。安衛法21条2項では，「事業者は労働者が墜落するおそれのある場所……に係る危険を防止するため必要な措置を講じなければならない」と定めており，これを受けて安衛則では，「事業者は，高さが2メートル以上の箇所（作業床の端，開口部等を除く。）で作業を行なう場合において墜落により労働者に危険を及ぼすおそれのあるときは，足場を組み立てる等の方法により作業床を設けなければならない」（安衛則518条1項），高さが2メートル以上の箇所で作業を行う場合において「作業床を設けることが困難なときは，防網を張り，労働者に要求性能墜落制止用器具を使用させる等墜落による労働者の危険を防止するための措置を講じなければならない」（安衛則518条2項）ことを定めています。

安全配慮義務違反を主張する際には，その内容を具体的に特定し，義務違反に該当する事実を主張・立証する必要がありますが，こうした安衛法等の定めは，使用者の安全配慮義務違反の具体的な内容を構成するものといえます。

(2) 安衛法違反と安全配慮義務違反との不一致

上述のとおり，安全配慮義務違反の内容を事実上具体化しているものが安衛法であるといえますが，両者の内容が必ずしも一致するわけではありません。

宿直勤務中の労働者が元従業員に殺害された事案において，会社の安全配慮義務違反を肯定した川義事件[1]では，使用者の安全配慮義務とされたのぞき窓，インターホン，防犯チェーン等の盗賊防止のための物的設備，宿直員の増員などの措置は，一般的な防犯の類の義務であり，安衛法上使用者が負う義務とはし難いものです。安衛法の義務は作業環境や職場環境を主眼に置くもので

第6章◇労災民事賠償事件
第6節◇裁判所における労災民事賠償請求事件処理における留意点

すから，使用者が労働契約に基づく付随的な義務として追う安全配慮義務はより広いものと解されます*1。

　転落事故の事案でも，死亡被災労働者が使用していた作業台の高さが安衛則518条1項にいう2メートルに満たなかった場合において，「同条の規定は，高さ2mの作業に着目して，類型的に労働者に危険がある場合の最低基準を定めた趣旨であって，高さ2m未満の場合の転落防止の義務を一切免除する趣旨ではないことは明らかであり，作業の内容，作業の様子，作業場所の状況，日時，季節及び気温などによって，安全配慮義務の具体的内容も異なるものというべきである。したがって，労働安全衛生規則518条1項を根拠に，被告らが安全配慮義務を負わないということにはならない。」などと判示した裁判例があります☆2。

　最低限の安全配慮義務が安衛法上の義務であるといえ，両者は完全に一致しないことには留意すべきであり，（安衛法等の定めを参考にしつつも）最終的には個別具体的な事情をもとに，安全配慮義務の主張・立証を行う必要があります。

3　安全配慮義務違反が否定される場合

　労災事故が発生し，これについて労災認定がなされたとしても，直ちに使用者の安全配慮義務違反が肯定されるわけではありません。労働者の異常な行動により事故が生じた場合など，使用者の安全配慮義務の前提となる予見可能性が否定されることもあります。

　例えば，作業員が作業中に火傷をして死亡したことにつき，通常の手順で作業すれば火の粉が作業服に飛散することはないとした上で，特に危険な作業ではなかったことから，作業服が燃え，火傷を負うことを予見することはできなかったといわざるを得ず，予見可能性を前提とする安全配慮義務違反の主張を否定した裁判例などが存在します☆3。

4　過　失　相　殺

　安衛法4条では，「労働者は，労働災害を防止するため必要な事項を守るほ

か，事業者その他の関係者が実施する労働災害の防止に関する措置に協力するように努めなければならない」と規定しています。労災事故につき，労働者側に過失が認められる場合には，過失相殺が主要な争点となることも少なくありません。

例えば，プレス機械で作業員が負傷した事例において，当該作業員が他社において同様のプレス機械でのプレス作業に従事した経験があり，プレス作業の危険性を認識していたこと，入社後も指導を受けながら，日常的に安全装置の取付位置の調整等を行っており，その必要性を認識していたこと，当該事故は，安全装置の取付位置を正しい位置に調整しているのであれば作業開始をしてもよいとの指示に反し，当該作業員が安全装置の取付位置を調整しなかったことが原因であることから，8割の過失相殺を認めた裁判例も存在します[4]。

5　証拠収集

労災事故に関する証拠として，既に労災認定を受けている場合であれば，労働局に対し，労災の業務上認定の調査復命書などの提出を求め，証拠として提出することが考えられるでしょう。当該労働者本人であれば，行政機関個人情報保護法に基づき，開示請求をすることができます。

ただし，同法14条に該当する不開示情報（開示請求者以外の個人情報，法人の情報であって開示することにより正当な利益を害する情報，公共の安全に関する情報等）に該当すると判断された場合，その部分についてマスキングがなされることがあります。

〔織田　康嗣〕

━━━ ▨判　例▨ ━━━

☆1　最判昭59・4・10民集38巻6号557頁〔川義事件〕。
☆2　東京地判平20・2・13判時2004号110頁〔テクノアシスト相模（大和製罐）事件〕。
☆3　長崎地判平22・4・13労経速2071号27頁〔三菱重工業ほか事件〕。
☆4　東京地判平20・11・13労判981号137頁〔岩瀬プレス工業事件〕。

━━━ ▨注　記▨ ━━━

＊1　岩出誠『労働法実務大系〔第2版〕』（民事法研究会，2019）443頁。

第6章◇労災民事賠償事件
第6節◇裁判所における労災民事賠償請求事件処理における留意点

 過労死・過労自殺の訴訟追行上の留意点

労働者の過労死・過労自殺に関する労災民事賠償事件について，どのような点に留意して主張・立証を行えばよいのでしょうか。使用者が損害賠償責任を負うのはどのような場合なのでしょうか。

使用者の注意義務の対象，予見可能性，因果関係，過失相殺（素因減額）等が争点となることが多く，訴訟追行にあたっては，これらの点に関する検討を十分に行う必要があります。ただし，被災労働者に過重労働が認められる場合には，事実上，使用者の過失責任を避けることは困難といえます。この場合，過失相殺等の減額事由の主張・立証が労使双方からなされることになります。

☑キーワード
安全配慮義務，因果関係，過失相殺，素因減額

解　説

1　法的構成

長時間労働による脳・心臓疾患により被災労働者が死亡した事案（過労死），あるいは精神疾患を発症し増悪した結果，自殺に至った事案（過労自殺）について，被災労働者（又は相続人）が損害賠償請求をする際の主張上の留意点につ

Q67 ◆過労死・過労自殺の訴訟追行上の留意点

いて検討します。

まず，このような損害賠償を請求する際の法的根拠としては，①不法行為に基づく損害賠償請求（民709条），及び②債務不履行に基づく損害賠償請求（民415条）が考えられます。

判例上，労働契約上の信義則に基づき，使用者の義務として，労働者の生命や健康を危険から保護するよう配慮すべき義務（安全配慮義務）が存在することについて確立しています（陸上自衛隊八戸車両整備工場事件）☆1。この安全配慮義務は，労働契約上の義務であることはもちろん，不法行為上の注意義務も構成すると解されます。

過労死・過労自殺の事件の場合，被災労働者の従事していた業務そのものから直接結果が生じたとはいえないので，使用者がそのような義務を負っていたのかという点や因果関係が争点となり得ます。

2 電 通 事 件

(1) 事案の概要

過労自殺と使用者の損害賠償責任に関する先例的な判例として，電通事件最高裁判決☆2があります。

同事件は，広告代理店で勤務する被災労働者が，過重な業務による翌朝までの徹夜に及ぶ慢性的な長時間労働を行っていたところ，上司はその勤務ぶりや異変を了知し十分睡眠をとるように指導したものの，人員補充などの措置は講じず，被災労働者が自殺に至ってしまったという事件です。

(2) 裁判所の判断

最高裁は，使用者の不法行為上の注意義務に関し，「使用者は，その雇用する労働者に従事させる業務を定めてこれを管理するに際し，業務の遂行に伴う疲労や心理的負荷等が過度に蓄積して労働者の心身の健康を損なうことがないよう注意する義務を負うと解するのが相当であり，使用者に代わって労働者に対し業務上の指揮監督を行う権限を有する者は，使用者の右注意義務の内容に従って，その権限を行使すべきである。」と述べた上で，被災労働者の業務遂行とうつ病罹患による自殺の間の相当因果関係を認め，使用者責任に基づく損

277

第6章◇労災民事賠償事件
第6節◇裁判所における労災民事賠償請求事件処理における留意点

害賠償責任を肯定しました。

なお，同判決の調査官解説（最判解説民事篇平成12年度（上）354頁）によれば，注意義務に関して重要なポイントとされるのは，「業務の量等を適切に調整するための措置を採る」ことであるとされ，割り当てられる課題の量と，それらを処理すべき時間との相関関係によって決定され，使用者は，これらを管理，調整することが可能な立場にあり，その調整の方法としては，割り当てる課題の量を減少させることや（不要な課題の削除，課題処理の手順の見直し等も含む），課題を処理すべき時間を余裕のあるものにすること，当該業務の担当者を増加させることが必要とされることもあり得るとしています。

なお，電通事件最高裁判決では，過失相殺に関し，①自殺者本人の性格等を理由とする減額と②家族の健康管理義務懈怠による減額を否定しました。この点では，過労死や過労自殺の損害賠償事件における安易な過失相殺等への歯止めをかけたものといえます。

3　使用者側の注意義務

前掲電通事件では，使用者が「業務の遂行に伴う疲労や心理的負荷等が過度に蓄積して労働者の心身の健康を損なうことがないよう注意する義務」を負うと述べています。使用者側としては，業務の負担等から労働者に負荷が過度に蓄積することのないよう，業務量の調整など具体的措置を講じたか否かが問題となります。

なお，労働時間も業務の負荷を測る一つの指標となり得るところ，「労働時間の適正な把握のために使用者が講ずべき措置に関するガイドライン」（平成29年1月20日基発0120第3号）では，使用者が労働時間を適正に把握するなど労働時間を適切に管理する責務を有しているとされています。さらに，安衛法66条の8の3では，（面接指導の実施のために）高度プロフェッショナル制度の対象労働者を除き，労働者の労働時間の状況を把握しなければならないことが定められています。このような点から，使用者は，労働者の業務の状況を日々把握しておく必要があるといえるでしょう。

過労自殺事案である山田製鉄所事件[☆3]では，「事業者は労働環境を改善し，

あるいは，労働者の労働時間，勤務状況等を把握して労働者にとって長時間又は過酷な労働とならないように配慮するのみならず，労働者に業務の遂行に伴う疲労や心理的負担等が過度に蓄積して労働者の心身の健康を損なうことがないよう注意し，それに対して適切な措置を講ずべき義務がある」としています。

4　予見可能性

労災民事賠償事件において，予見可能性も争点となり得ます。前掲山田製鉄所事件では，「労働者が死亡している事案において，事前に使用者側が当該労働者の具体的な健康状態の悪化を認識することが困難であったとしても，これを予見できなかったとは直ちにいえないのであって，当該労働者の健康状態の悪化を現に認識していたか，あるいは，それを現に認識していなかったとしても，就労環境等に照らし，労働者の健康状態が悪化するおそれがあることを容易に認識し得たというような場合には，結果の予見可能性が認められるものと解するのが相当である。」と述べています。

ここでいう予見の対象は，労働者の私傷病という具体的結果まで必要ではなく，労働者の生命及び健康に対する危険な状態の発生だと解されます。

5　因 果 関 係

過労自殺による損害賠償事件においては，うつ病罹患の有無やうつ病罹患と業務との因果関係などを厳格に認定判断することもなく，業務の過重性の存否のみにより，事実上，自殺と業務との因果関係，そして企業の健康配慮義務違反による損害賠償責任を認める傾向にあります[*1]。

協成建設事件[☆4]では，「私病が原因で自殺をするとは考え難いことなどの事実を考慮すると，……本件工事の責任者として，本件工事が遅れ，本件工事を工期までに完成させるため工事量を大幅に減少せざるを得なくなったことに責任を感じ，時間外勤務が急激に増加するなどして心身とも極度に疲労したことが原因となって，発作的に自殺したものと認められる」と認定するのみであ

第6章◇労災民事賠償事件
第6節◇裁判所における労災民事賠償請求事件処理における留意点

り，精神障害の診断名の認定を判示していません。

　なお，パワハラによる自殺の事案ですが，労災認定基準を参考にしながら，会社の不法行為（使用者責任を含む）と労働者の自殺との間に相当因果関係を認めた事案があります（名古屋高判平29・11・30〔加野青果事件〕☆5，上告不受理にて最高裁で確定）。労災保険給付のための業務上認定における「業務起因性」は，労災民事訴訟における相当因果関係に相当する概念と考えられており，実務上は，労災認定基準の内容に留意しつつ，因果関係の認定を検討する必要があるといえます。

■6　過失相殺・素因減額

　労災民事賠償事件において，労働者側の事情を考慮して過失相殺や素因減額がなされることがあります（**Q68**も参照）。川崎製鉄事件☆6では，管理職の長時間労働による過労死自殺につき，睡眠時間が少ないのは飲酒にも原因があったなどとして，労働者の自己健康管理義務が問題となり，過失相殺による5割の減額がなされています。

　過失相殺の適用により，大幅な損害額の減額がなされるケースも少なくありませんが，事案により過失相殺が否定されることもあります。東芝（深谷工場）事件☆7では，被災労働者が「自らの精神的健康に関する情報」を使用者に「申告しなかったことをもって，民法418条又は722条2項の規程による過失相殺をすることはできない」と判示しています。

　使用者側に過失責任が認められる場合，過失相殺等による減額が大きな争点の一つとなってきます。前掲電通事件で，①自殺者本人の性格等を理由とする減額と②家族の健康管理義務懈怠による減額を否定している点には留意する必要がありますが，被災労働者の性格・素因が病的なものに至っていれば，減額事由になり得るものですし，前掲川崎製鉄事件における労働者の自己健康管理義務違反など，被災労働者の様々な事情を考慮・検討する必要があると考えられます。

7 労災認定との関係

　民事賠償事件に先行して労災認定がなされているような場合，労災認定の判断は民事賠償事件においても十分参考になるものと考えられますが，労災認定があっても安全配慮義務違反が否定された事例も存在します。

　過労自殺事案であるヤマダ電機事件[8]では，被災労働者が月100時間を超える時間外労働をしていたという事実が認められず，被災労働者の時間外労働時間が死亡直近の1ヵ月でおおよそ94時間30分，死亡直近の1週間でおおよそ39時間55分に及んでいる点のみをもって，被災労働者が極めて強い業務上の負荷を受けていたと直ちに評することはできないと述べました。その上で，被災労働者の業務上の負荷については，フロア長への昇格や短期間での労働時間の増加により，一定程度の心理的負荷が生じていたということは否定できないが，他方，開店準備作業に大幅な遅れが生じていたとは認められないこと，作業期間中の被災労働者の具体的業務について，特段の負荷が生じる内容であるとは認められないこと，会社の支援・協力体制に不備があったとはいえない上，店舗内の人間関係についても特段問題はなかったことなどからすれば，被災労働者について，精神障害を発症させるほどの強い業務上の負荷が生じていたとはいえないとして，請求を棄却しています。

　使用者が，業務による強度の心理的負荷の不存在を主張・立証したことにより，被災労働者が精神疾患を発症したという医師の意見書と客観的事実の齟齬が明らかとなったものです。先行して労災認定がなされていたとしても，訴訟における主張・立証の内容によっては，異なる事実認定がなされることも十分あり得ますから，油断することはできません。

〔織田　康嗣〕

― ■判　例■ ―

　☆1　最判昭50・2・25民集29巻2号143頁〔陸上自衛隊八戸車両整備工場事件〕。
　☆2　最判平12・3・24労判779号13頁〔電通事件〕。
　☆3　福岡高判平19・10・25労判955号59頁〔山田製鉄所（うつ病自殺）事件〕。

第6章◇労災民事賠償事件
第6節◇裁判所における労災民事賠償請求事件処理における留意点

　　☆4　札幌地判平10・7・16労判744号29頁〔協成建設工業ほか事件〕。
　　☆5　名古屋高判平29・11・30労判1175号26頁〔加野青果事件〕。
　　☆6　岡山地倉敷支判平10・2・23労判733号13頁〔川崎製鉄事件〕。
　　☆7　最判平26・3・24労判1094号22頁〔東芝（うつ病・解雇）事件〕。
　　☆8　前橋地高崎支判平28・5・19労判1141号5頁〔ヤマダ電機事件〕。

■注　記■

　　＊1　岩出誠『労働法実務大系〔第2版〕』（民事法研究会，2019）495～498頁。

労災民事訴訟における使用者側の主張

　当社は，先日，退職した労働者から，労働災害を理由とする損害賠償請求を提起されました。会社としては，労働者が主張する事故は，労働者自らの失敗によるもので，会社の責任はないと考えています。仮に責任があったとしても，事故について労働者の落ち度があるように思います。

A

　労災民事訴訟事件において，使用者は，主に，以下の主張を検討し，主張を行うべきです。
　①安全配慮義務違反の不存在
　②損害・因果関係の不存在
　③過失相殺・素因減額
　④損害の填補（損益相殺）
　⑤消滅時効

　キーワード

　安全配慮義務，過失相殺，素因減額，損益相殺，消滅時効

解　説

1　労災民事訴訟事件における使用者側の主な主張

　労働者が，勤務先で勤務中に事故により受傷し，あるいはパワーハラスメントや加重労働によって精神疾患に罹患するなどした場合，使用者に対して損害

第6章◇労災民事賠償事件
第6節◇裁判所における労災民事賠償請求事件処理における留意点

賠償請求を求めることがあります。また，労働者が，過重労働によって精神疾患に罹患し自殺をした場合，その遺族が，使用者に対し損害賠償請求を求めてくることがあります。

労働者及びその遺族（以下，「労働者等」といいます）が使用者に対して損害賠償を求める法的根拠は，代表的なものとして，次の2つがあげられます。

①不法行為に基づく損害賠償請求権

②債務不履行（安全配慮義務違反）に基づく損害賠償請求権

これに対し，労働者等から労災を理由に損害賠償を求められた使用者は，主に，以下の主張を検討していくことになります。

①安全配慮義務違反の不存在

②損害・因果関係の不存在

③過失相殺・素因減額

④損害の填補（損益相殺）

⑤消滅時効

以下では，各主張について，説明します。

2　安全配慮義務違反の不存在

(1)　安全配慮義務の特定

労働者等は，労災民事訴訟においては，不法行為に基づいて請求を行う場合と債務不履行に基づいて請求を行う場合のいずれの場合であっても，不法行為における違法性ないし過失としての注意義務違反あるいは債務不履行における債務の不履行として，使用者の安全配慮義務違反を主張しなければなりません。

判例（川義事件）[1]は，安全配慮義務の具体的内容について，「右義務（使用者の負う安全配慮義務）の具体的内容は，労働者の職種，労務内容，労務提供場所等安全配慮義務が問題となる当該具体的状況等によって異なるべきものである」と示し，安全配慮義務の具体的内容が，労働者の職種，労務内容，労務提供場所等安全配慮義務が問題となる当該具体的状況等によって異なることを明示しました。

Q68 ◆労災民事訴訟における使用者側の主張

このように，安全配慮義務の内容は当該事案ごとに異なるため，使用者としては，反論を行う前提として，労働者等が主張している安全配慮義務の具体的内容を特定することが肝要です。

(2) 予見可能性の不存在

安全配慮義務の特定が済むと，使用者としては，当該安全配慮義務違反の主張への反論を検討することとなります。

安全配慮義務が肯定されるためには，使用者に予見可能性が認められることが前提となるところ，使用者にとって予見し得ない事由によって生じた危険については，使用者は責任を負うことはありません。

そこで，使用者としては，安全配慮義務違反を否定するために，発生した危険が使用者にとって予見し得ない事由であったことを主張することを検討する必要があります。

ただし，ここで，予見の対象は，労働者の死傷病という具体的結果まで必要ではなく，労働者の生命及び健康に対する危険な状態の発生と解されるため，使用者が予見可能性を否定するハードルは決して低くはありません。

一方で，労働者の異常な行動により事故が生じた場合は，予見可能性が否定されることがあります。

3 損害・因果関係の不存在

(1) 損害の不存在

安全配慮義務違反によって生じる損害は，その多くは，労働者の身体・生命が侵害されたことによる損害（人身損害）です。

この損害の範囲，算定方法について，実務では，交通事故における損害賠償請求の基準が用いられています。

それ故，使用者としては，交通事故における損害賠償請求の基準を確認・検討し，労働者の請求が過大ではないかを検討し，過大である場合は，その範囲，算定方法について争うこととなります。

例えば，逸失利益の算定については，基準となる収入が正しいか，その期間が相当かなどを検討していくこととなります。

285

第6章◇労災民事賠償事件
第6節◇裁判所における労災民事賠償請求事件処理における留意点

(2) 因果関係の不存在

上記(1)の各損害も，安全配慮義務違反と相当因果関係のある損害といえない限り，損害賠償の対象とはなりません。

この点に関連し，労災保険給付のための業務上外認定における「業務起因性」は，労災民事訴訟における相当因果関係に相当する概念と考えられています。

それ故，裁判においても，この労災認定基準が考慮されることがあります。

例えば，大阪地裁判決平成30年3月1日[☆2]は，飲食店の店長が過重な労働に従事したことによりうつ病を発症して自殺した事案につき，労災の業務起因性の基準を参考に，労働者が，82日間の連続勤務をしたこと，3か月間連続で100時間以上の時間外労働に従事したことからすれば，他にうつ病を発症する原因がうかがわれなければ，過重労働によりうつ病を発症し，自殺するに至ったと認められるとしました。そして，使用者らが自殺の原因として主張する失恋やアルコール依存による脆弱性は認めるに足りる証拠がないとして排斥し，労働者の業務と自殺との間の相当因果関係を認めた点が参考となります。

4 過失相殺・素因減額

(1) 過失相殺

労災民事訴訟においては，被害者である労働者に過失がある場合，債務不履行構成か不法行為構成かにかかわらず，損害額から被害者の過失割合に相当する額が控除されます（民418条・722条2項）。

例えば，工場等で機器を用いて業務を遂行する場合等に，労働者の当該機器の使用方法に問題がある場合等が過失相殺が行われる代表例です。

(2) 素因減額

上記(1)の過失相殺とは異なり，損害が，加害行為前から存在した被害者の疾患とが共に原因となって発生する場合があります。

この場合，判例上，当該疾患の態様，程度に照らし，加害者に損害の全部を賠償させるのが公平に失するときは，裁判所が民法722条2項の規定を類推適用して，被害者の疾患を斟酌することができるとされています[☆3]。

これを一般的には素因減額といい，特に過労死の事案においては使用者から主張がなされることが多々あります。

使用者が，この素因減額を主張するにあたっては，次の点に留意しなければなりません。

まず，被害者の身体的特徴に関しては，「それが疾患に当たらない場合には，特段の事情の存しない限り，被害者の右身体的特徴を損害賠償の額を定めるに当たり斟酌することはでき」ません[4]。

また，業務の負担が過重であることを原因として労働者の心身に生じた損害の発生又は拡大に労働者の性格及びこれに基づく業務遂行の態様等が寄与した場合においては，「ある業務に従事する特定の労働者の性格が同種の業務に従事する労働者の個性の多様さとして通常想定される範囲を外れるものでない限り」，性格等を斟酌することはできません（電通事件）[5]。

そして，基礎疾患につき素因減額が許されるのは「被害者に対する加害行為と加害行為前から存在した被害者の疾患とが共に原因となって損害が発生した場合において，当該疾患の態様，程度等に照らし，加害者に損害の全部を賠償させるのが公平を失するとき」です（NTT東日本事件）[6]。

5 損害の塡補（損益相殺）

労災保険に基づいて支給された給付の一部については，損害の一部を塡補するものです。それ故，労災保険に基づく支給額の一部は使用者が支払うべき損害賠償額から控除されます。

(1) 損益相殺の対象となる労災保険給付

損益相殺の対象となる労災給付は，次のとおりです。

①療養補償給付（療養給付）

②休業補償給付（休業給付）

③障害補償給付（障害給付）

④遺族補償給付（遺族給付）

⑤葬祭料（葬祭給付）

⑥傷病補償年金（傷病年金）

第6章◇労災民事賠償事件
第6節◇裁判所における労災民事賠償請求事件処理における留意点

⑦介護補償給付（介護給付）

なお，特別支給金については，判例は，使用者による民事上の損害賠償について，損害額から特別支給金を控除することを認めていない点には留意が必要です（コック食品事件[7]等）。

(2) 損益相殺される損害

上記(1)の労災保険給付が損益相殺する損害には，損害費目に限定があります。

まず，休業補償給付（休業給付），障害補償給付（障害給付），遺族補償給付（遺族給付），及び傷病補償年金（傷病年金）は，逸失利益を填補すると考えられています。それ故，その支給額について，慰謝料から損益相殺を行うことはできません[8]。

そして，療養補償給付（療養給付）は治療費を，葬祭料（葬祭給付）は葬儀関係費用を，介護補償給付（介護給付）は介護費用を，それぞれ填補すると考えられています。

(3) その他留意点

上記の労災保険給付も，口頭弁論終結時において支給が確定していない部分（将来受けるであろう給付）については，損益相殺がなされることはありません。

また，労災保険金給付の損益相殺は，過失相殺をした後に残額から控除されます[9]。

(4) 遺族補償給付及び障害補償給付に関する支払猶予

遺族補償給付及び障害補償給付の場合には，使用者は損害賠償を支払うべき場合にも，障害補償年金または遺族補償年金の「前払一時金」の最高限度額までは損害賠償の支払を猶予されることとされ，この猶予の間に前払一時金または年金が現実に支払われたときは，その給付額の限度で損害賠償責任を免除される点には留意すべきです（労災保64条1項。なお，前払一時金の履行猶予が認められた例としてハヤシ（くも膜下出血死）事件）[10]。

6 消滅時効

労働者等は，多くの場合，不法行為による構成，債務不履行による構成，両

方の構成を立てて請求することが多いですが，使用者としては，消滅時効の検討も必要です。

消滅時効は，不法行為による場合は，損害及び加害者を知った時から3年であり，債務不履行の場合は，結果が発生してから10年です（民167条）。

近親者固有の慰謝料請求は不法行為責任を根拠としているため，消滅時効は3年となります。

それ故，使用者としては，3年を経過している場合には，近親者固有の慰謝料の請求を封じるためにも，積極的に消滅時効の主張を行う必要があります。

なお，この消滅時効については，平成29年の民法改正により，改正が行われている点には留意が必要です。

改正民法は，債権の消滅時効について，債権者が権利を行使することができることを知った時（主観的起算点）から5年，又は，債権者が権利を行使することができる時（客観的起算点）から10年を原則的な時効期間とし（改正民法166条），人の生命又は身体の侵害による損害賠償請求権の消滅時効については，例外的に，客観的起算点からの時効期間を20年としました（改正民法167条）。

一方で，不法行為債権については，損害及び加害者を知った時（主観的起算点）から3年，又は，不法行為の時（客観的起算点）から20年を原則的な時効期間とし（改正民法724条），人の生命又は身体の侵害による場合は，例外的に，主観的起算点からの期間を5年としました（改正民法724条の2）。

労災民事訴訟においては，現行民法下では，債務不履行構成であれば，結果が発生してから10年の時効期間がありましたが，今回の改正で，権利を行使することができることを知った時から5年の時効期間が定められた点には注意が必要です。

また，労災民事訴訟は，生命・身体侵害が基本となるため，債務不履行構成と不法行為構成のいずれの場合であっても，生命・身体侵害に係る時効期間が適用されることとなり，この点からも，消滅時効に関し現行民法とは異なる取扱いがなされるため注意が必要です。

なお，民法改正の施行日は令和2年4月1日ですが，経過措置により，債権の消滅時効については，債権発生の原因である法律行為が施行日前にされた場合には，改正前の民法が適用されるところ，仮に，労災事故が令和2年4月1

第6章◇労災民事賠償事件
第6節◇裁判所における労災民事賠償請求事件処理における留意点

日以降に発生したとしても，雇用契約の締結が同日よりも前の場合には，改正前の民法が適用され，権利を行使することができる時から10年間で消滅時効が完成することとなります。

　一方で，生命又は身体を害する不法行為に基づく損害賠償請求権の消滅時効については，施行日の時点で改正前の民法による不法行為の消滅時効が完成していない場合は，改正後の民法が適用されるところ，施行日後に事故が生じた場合はもちろんのこと，施行日前に事故が生じた場合であっても，平成29年4月1日以降に「被害者又はその法定代理人が損害及び加害者を知った」場合には（令和2年4月1日の時点で改正前の民法による不法行為の消滅時効が完成していないため），改正民法が適用され，損害及び加害者を知った時から5年間又は不法行為の時から20年で消滅時効が完成することとなります。

〔山﨑　貴広〕

■判　例■

☆1　最判昭59・4・10民集38巻6号557頁。
☆2　大阪地判平30・3・1判タ1452号155頁。
☆3　最判平4・6・25民集46巻4号400頁。
☆4　最判平8・10・29民集50巻9号2474頁。
☆5　最判平12・3・24民集54巻3号1155号。
☆6　最判平20・3・27集民227号585頁。
☆7　最判平8・2・23民集50巻2号249頁。
☆8　最判昭58・4・19民集37巻3号321頁。
☆9　最判平元・4・11民集43巻4号209頁。
☆10　福岡地判平19・10・24労判956号44頁。

69　和　解

職場の上司によるパワーハラスメントを理由に，会社に対して損害賠償請求を行っていましたが，和解することを検討しています。

労災民事賠償事案における和解の留意点について教えてください。

　　労災民事賠償事件は，和解によって解決する事案も少なくありませんが，労災保険給付との関係に注意しながら損害賠償額の算定や，和解条項の文言を定める必要があります。設問のように，和解契約の相手方である会社以外にハラスメント加害者が存在するような事案では，当該加害者を含めた三者和解をする必要があるか否か検討することも必要です。

☑キーワード

　　和解，支給調整，守秘義務条項，精算条項

―――解　説―――

1　和解の概要

　和解とは，当事者が一定の法律関係に関して，互譲により，一定内容の合意を行うことをいいます。和解の種類としては，裁判外の和解と裁判上の和解に区分することができます。

第6章◇労災民事賠償事件
第6節◇裁判所における労災民事賠償請求事件処理における留意点

特に裁判上の和解のうち，訴え提起後，訴訟手続内において行われる訴訟上の和解に関しては，訴訟を終了させる効力を有することはもちろん，和解内容に具体的な給付文言を設けた場合には，債務名義となり執行力を有し（民執22条7項），和解内容が調書に記載されたときには確定判決と同一の効力を有するなどの効力があります（民訴267条）。

労災民事賠償事件では，既に労災認定がなされている場合も少なくなく，裁判所が書証を精査して争点整理を行い，一応の見通しを導くことも可能である場合も少なくないので，早期解決の観点から裁判所より和解を勧められることもあります。

なお，パワハラ事案における和解後のパワハラ的言動が，再発防止義務を課した和解条項に違反するとして，慰謝料が認められた事件があります（神奈川SR経営労務センターほか事件☆1）。

2　和解条項作成上の留意点

(1)　労災保険給付との関係

労災保険給付と損害賠償額の調整につき，既に支払われた保険給付の額は，使用者がなす損害賠償額から控除されます（労基84条2項）。

その一方で，年金で支給される将来給付分については，最高裁は損害賠償額から控除されないという立場を採っています（三共自動車事件☆2）。さらに，労災保険では，通常の保険給付に加えて，特別支給金が給付される場合がありますが，この特別支給金についても，最高裁は損害賠償額からの控除を認めていません（コック食品事件☆3）。

ただし，和解であれば当事者の合意によって和解金を定めますので，実質的に労災保険の将来給付分等の控除を前提とした金額で合意することも可能です。

(2)　和解金と労災保険給付との区分

和解をする際には，当該和解条項において，和解金が労災保険給付と別に受け取るものであることを明示すべきです（後述の和解契約書例を参照）。

損害賠償と保険給付は，被災者の損害を二重に填補する性格を有しています。労災保険給付で填補されない部分を使用者が損害賠償金として支払うとす

292

ることによって，損害賠償金と保険給付金との重複をなくすことができます。労働者災害補償保険法附則64条２項においては，被災者が使用者から損害賠償をうけたときは，政府は労働者災害補償保険審議会の議を経て定める支給調整基準に基づき，その労災保険給付に相当する価額の限度で保険給付しないことができることを定めていますので，支給停止を招かないよう和解条項の文言には注意が必要です。

　後述の和解契約書例のほか，「甲及び乙は，本和解条項が，将来甲が労災保険給付を受ける権利を何ら害するものではないことを相互に確認する。」などの条項を入れることも考えられます[1]。

(3)　会社以外の加害者の関係

　ハラスメントによる労災事案の場合，被災者と会社との間で和解に至ったとしても，場合によってはハラスメント加害者との間では紛争の火種が残る場合があります。「役員，従業員等の関係者に対し，今後本件に関し何らの異議を申立てない」などといった条項の挿入や，必要に応じてハラスメント加害者を含めた三者和解を検討すべきです。

(4)　その他

　事案によっては，当事者間の紛争を一挙に解決するために，雇用契約関係を終了させる方向で解決を図ることもあります。この場合，例えば「甲と乙は，甲が乙を令和○年○月○日付けで合意退職したことを相互に確認する」などといった雇用契約終了に関する条項を和解条項に加えることになります。

　このほか，守秘義務条項（口外禁止条項）や精算条項（和解条項で示す内容の権利義務が存在するのみであって，それ以外の債権債務は存在しないことを確認する条項）を加えることも一般的です。

3　和解契約書例

　労災民事賠償事案における訴訟外の和解契約書の文例をご紹介します。

第6章◇労災民事賠償事件
第6節◇裁判所における労災民事賠償請求事件処理における留意点

和解契約書

○○を甲，○○株式会社を乙として，甲乙は，令和○年○月○日に発生し，甲が被災した労災事故（以下，「本件労災事故」という。）について，以下のとおり合意した。

1　乙は，甲に対し，本件労災事故に関し，労働者災害補償保険法，厚生年金保険法及び国民年金保険法に基づく既払分と将来給付分により填補される損害を除くその余の損害について，金○万円の支払義務があることを認める。

2　乙は，甲に対し，前項の金員○万円を，令和○年○月○日限り，○○銀行○○支店○○名義の普通預金口座（口座番号○○○○）に振り込む方法によって支払う。但し，振込手数料は乙の負担とする。

3　乙が前項の支払を怠ったときは，甲に対し，第1項の金員から既払金を控除した残金及びこれに対する令和○年○月○日から支払済みまで年5パーセントの割合による遅延損害金を支払う。

4　甲及び乙は，本和解契約書の内容及び本件紛争の経緯等について正当な理由なく第三者に口外しない。

5　甲は，乙又はその役員，従業員等の関係者に対し，今後本件に関し何らの異議を申し立てないものとする。

6　甲と乙は，甲と乙の間には，本和解契約書に定める以外には，何らの債権債務を有しないことを相互に確認する。

〔織田　康嗣〕

■判　例■

☆1　東京高判平27・8・26労判1122号5頁〔神奈川SR経営労務センターほか事件〕。
☆2　最判昭52・10・25民集31巻6号836頁〔三共自動車事件〕。
☆3　最判平8・2・23民集50巻2号249頁〔コック食品事件〕。

■注　記■

＊1　星野雅紀編『和解・調停モデル文例集〔改訂増補2版〕』（新日本法規出版，2008）90頁。

第 7 章

石綿（アスベスト）による肺がん，中皮腫，じん肺等の労災認定と民事賠償

石綿（アスベスト）ばく露作業に従事した労働者の労災認定基準

過去に石綿（アスベスト）ばく露作業に従事しておりましたが、石綿を原因とした疾病を発症した場合、労災と認定される可能性があると聞きました。具体的に、どのような疾病を発症した場合に、どのような基準で労災認定がなされ、どのような補償が受けられるのでしょうか。また、遺族が受け取ることのできる補償もあるのでしょうか。

　石綿ばく露労働者（石綿ばく露作業に従事しているか、又は従事したことのある労働者（労災保険の特別加入者を含む））について、認定要件を満たした石綿肺（石綿肺合併症を含む）、中皮腫、肺がん、良性石綿胸水、びまん性胸膜肥厚を発症した場合に、業務上疾病と認定され、労災となり、労災補償給付による補償がなされます。労災と認定された場合、労働者、労災保険の特別加入者に対しては、療養補償給付、休業補償給付、その遺族に対しては、遺族補償給付という労災保険給付による補償がなされます。また、平成28年３月26日までに石綿による病気で死亡した労働者又は特別加入者の遺族に対しては、石綿健康被害救済制度による特別遺族年金又は特別遺族一時金が支給されます。
　認定要件については詳細な基準が定められていますので、下記解説の内容を確認し、参考にしてください。

☑キーワード
　石綿ばく露，疾病，労災，労災保険給付，特別遺族支給金

第7章◇石綿（アスベスト）による肺がん，中皮腫，じん肺等の労災認定と民事賠償

解　説

1　労災認定範囲の拡大

　労働者が，石綿ばく露作業に従事し，一定の業務上疾病（石綿肺（石綿肺合併症を含む），肺がん，中皮腫，良性石綿胸水，びまん性胸膜肥厚）を発症した場合には，業務上疾病と認定され，労災となり，療養，休業，障害等の労災補償給付ないし特別遺族給付が行われることになります。

　石綿関連疾病の業務災害認定基準については，「石綿による疾病の認定基準について」（平成15年9月19日基発0919001号）という認定基準が緩和された通達が出されており，その後，さらにその基準が緩和され（平成18年2月9日基発0209001号），労災認定範囲が拡大されてきています（中皮腫の患者はこれまで，石綿肺の所見が得られない場合，胸膜プラーク，石綿小体又は石綿繊維が認められるとの医学的所見が必要でしたが，中皮腫の確定診断があれば認定するということになりました。肺がんについては，石綿小体又は石綿繊維量が一定量以上認められた場合，石綿ばく露作業への従事期間が10年未満でも認定されるようになり，びまん性胸膜肥厚についての認定基準も示されました）。その後も，認定基準は緩和されています（平成24年3月29日基発0329第2号，平成25年10月1日基発1001第8号）。

　また，厚生労働省により，随時，労災認定等事業場一覧表も公表されており*1，被害者救済に向けた動きが進んでいます。

2　労災認定要件

　石綿ばく露作業，石綿による疾病の労災認定要件につき，厚生労働省は，下記のとおり整理しています*2。

　まず，「1　石綿による疾病」の欄で，石綿との関連が明らかな疾病として，5つの疾病が挙げられています。具体的には，(1)石綿肺，(2)中皮腫，(3)肺がん，(4)良性石綿胸水，(5)びまん性胸膜肥厚となっています。したがって，労

298

Q70 ◆石綿（アスベスト）ばく露作業に従事した労働者の労災認定基準

災認定を受けるには，まずはこれらの疾病を発症していることが前提となります。

次に，「2　石綿ばく露作業」として，具体的な石綿ばく露作業につき，説明がなされています。

そして，「3　石綿による疾病の認定要件」として，疾病名ごとの認定要件を整理し，石綿ばく露者について，発症した疾病が認定要件を満たす場合に業務上疾病と認定されるという説明がなされています。

2，3については，以下，上記厚生労働省ホームページで掲載されているPDFファイルを引用します。

2　石綿ばく露作業

「石綿ばく露作業」とは、次に掲げる作業をいいます。

---

① 石綿鉱山またはその附属施設において行う石綿を含有する鉱石または岩石の採掘、搬出または粉砕その他石綿の精製に関連する作業
② 倉庫内などにおける石綿原料などの袋詰めまたは運搬作業
③ 石綿製品の製造工程における作業
④ 石綿の吹付け作業
⑤ 耐熱性の石綿製品を用いて行う断熱もしくは保温のための被覆またはその補修作業
⑥ 石綿製品の切断などの加工作業
⑦ 石綿製品が被覆材または建材として用いられている建物、その附属施設などの補修または解体作業
⑧ 石綿製品が用いられている船舶または車両の補修または解体作業
⑨ 石綿を不純物として含有する鉱物(タルク(滑石)など)などの取り扱い作業

これらのほか、上記作業と同程度以上に石綿粉じんのばく露を受ける作業や上記作業の周辺などにおいて、間接的なばく露を受ける作業も該当します。

出典：「石綿による疾病の労災認定」厚生労働省HP

第7章◇石綿（アスベスト）による肺がん，中皮腫，じん肺等の労災認定と民事賠償

3 石綿による疾病の認定要件

　石綿ばく露労働者（石綿ばく露作業に従事しているか、または従事したことのある労働者※）について、発症した疾病が以下のような場合に、<u>業務上疾病</u>として認定されます。

※労災保険の特別加入者を含みます。

◆以下に示す認定要件を満たさない場合でも、認定事例（P.6～7）のように、総合的な判断で業務上と認定されることがありますので、都道府県労働局または労働基準監督署にご相談ください。

疾病名	認定要件
(1) 石綿肺 （石綿肺合併症を含む）	石綿ばく露労働者に発症した疾病であって、じん肺法に規定するじん肺管理区分（管理1～4）に基づき、<u>以下の①、②のいずれか</u>に該当する場合、業務上の疾病と認められます。 　なお、原則として、都道府県労働局長によってじん肺管理区分の決定がなされた後に、業務上の疾病か否かが判断されます。 **①管理4の石綿肺（石綿肺によるじん肺症）** **②管理2、管理3、管理4の石綿肺に合併した疾病**※ ※合併した疾病とは、次の疾病をいいます。 　　◆肺結核 　　◆結核性胸膜炎 　　◆続発性気管支炎 　　◆続発性気管支炎拡張症 　　◆続発性気胸
(2) 中皮腫	石綿ばく露労働者に発症した胸膜、腹膜、心膜または精巣鞘膜の中皮腫であって、じん肺法に定める胸部エックス線写真の像の区分（第1～4型）または石綿ばく露作業従事期間が、<u>以下の①、②のいずれか</u>に該当する場合、業務上の疾病と認められます。 　ただし、最初の石綿ばく露作業（労働者として従事したものに限りません）を開始したときから10年未満で発症したものは除きます。 **①胸部エックス線写真で、第1型以上の石綿肺所見がある** **②石綿ばく露作業従事期間1年以上** ※中皮腫は診断が困難な疾病であるため、認定に当たっては、病理組織検査結果に基づき、中皮腫であるとの確定診断がなされていることが重要ですが、病理組織検査が実施できない場合には、臨床検査結果、画像所見、臨床経過、他疾患との鑑別などを総合して判断されます。

Q70 ◆石綿（アスベスト）ばく露作業に従事した労働者の労災認定基準

疾病名	認定要件
（3）肺がん	石綿ばく露労働者に発症した「原発性肺がん」（原発性とは、他の部位から肺に転移したものではないという意味）であって、以下の①から⑥のいずれかに該当する場合に業務上の疾病と認められます。 　ただし、最初の石綿ばく露作業（労働者として従事したものに限りません）を開始したときから10年未満で発症したものは除きます。 **①石綿肺所見※がある** ※じん肺法に定める胸部エックス線写真の像が第1型以上である石綿肺所見をいいます。 **②胸膜プラーク所見がある＋石綿ばく露作業従事期間10年以上※** ※石綿製品の製造工程における作業（3ページの2③）については、平成8年以降の従事期間を実際の従事期間の1／2として算定します。 **③広範囲の胸膜プラーク所見がある※** **　＋石綿ばく露作業従事期間1年以上** ※広範囲の胸膜プラークとは・・・・ ◆胸部正面エックス線写真により胸膜プラークと判断できる明らかな陰影が認められ、かつ、胸部CT画像によりその陰影が胸膜プラークとして確認される場合 ◆胸部CT画像で、胸膜プラークの広がりが胸壁内側の1／4以上ある場合 **④石綿小体または石綿繊維※の所見** **　＋石綿ばく露作業従事期間1年以上** ※石綿小体または石綿繊維の所見については、以下のいずれかであることが必要です。 ◆石綿小体が乾燥肺重量1g当たり5,000本以上ある ◆石綿小体が気管支肺胞洗浄液1ml中に5本以上ある ◆5μmを超える大きさの石綿繊維が乾燥肺重量1g当たり200万本以上ある ◆1μmを超える大きさの石綿繊維が乾燥肺重量1g当たり500万本以上ある ◆肺組織切片中に石綿小体または石綿繊維がある **⑤びまん性胸膜肥厚に併発** 次のページに示すびまん性胸膜肥厚の認定要件を満たすものに限ります。 **⑥特定の3作業※1に従事** **　＋石綿ばく露作業従事期間※2 5年以上** ※1「特定の3作業」とは・・・・ ◆石綿紡織製品製造作業 ◆石綿セメント製品製造作業 ◆石綿吹付作業 ※2「従事期間」とは・・・・ 　上記3作業のいずれかに従事した期間、またはそれらを合算した期間をいいます。ただし、平成8年以降の従事期間は、実際の従事期間の1／2として算定します。

301

第 7 章◇石綿（アスベスト）による肺がん，中皮腫，じん肺等の労災認定と民事賠償

疾病名	認定要件
(4) **良性石綿胸水**	胸水は、石綿以外にもさまざまな原因（結核性胸膜炎、リウマチ性胸膜炎など）で発症するため、良性石綿胸水の診断は、石綿以外の胸水の原因を全て除外することにより行われます。 　そのため、診断が非常に困難であることから、労働基準監督署長が厚生労働本省と協議した上で、業務上の疾病として認定するか否かの判断をします。
(5) **びまん性** **胸膜肥厚**	石綿ばく露労働者に発症したびまん性胸膜肥厚であって、肥厚の広がりが下記の一定の基準に該当し、著しい呼吸機能障害を伴うもので、石綿ばく露作業従事期間が3年以上ある場合（以下の①～③全てを満たす場合）に、業務上の疾病として認められます。 **①石綿ばく露作業3年以上** **②著しい呼吸機能障害がある** 　◆パーセント肺活量（％ＶＣ）が60％未満である場合　　など **③一定以上肥厚の広がりがある** 　胸部CT画像上に 　◆片側のみ肥厚がある場合　→　側胸壁の１／２以上 　◆両側に肥厚がある場合　　→　側胸壁の１／４以上

出典：「石綿による疾病の労災認定」厚生労働省HP

3　認定事例

(1)　厚生労働省による公表

上記PDFファイルにて，厚生労働省は過去の認定事例を公表しています。

厚生労働省が公表している下記3つの認定事例につき紹介します。

(2)　事例1　石綿ばく露作業歴1年未満で，中皮腫を発症した

(a)　概要

被災労働者は，昭和41年10月から昭和42年4月までの約7ヵ月間，造船所において，主に船内の壁に石綿含有の断熱材を取り付ける作業に従事していた。その後，石綿ばく露作業に従事していなかったが，平成23年に中皮腫と診断されました。

302

Q70 ◆石綿（アスベスト）ばく露作業に従事した労働者の労災認定基準

(b) **労災認定の判断**

(ア) 本件疾病は，病理組織検査の結果，「悪性胸膜中皮腫」と診断されたこと

(イ) 石綿ばく露作業従事期間は 1 年未満であるものの，昭和40年代の造船所においては，船内に石綿含有の断熱材を取り付ける作業は，高濃度の石綿粉じん環境下での作業であり，高濃度の石綿ばく露を受けていたと認められること

以上から，本件の中皮腫は業務上の疾病と認定されました。

(3) **事例2　石綿小体の数が，肺がんの認定基準値を満たさなかった**

(a) **概要**

被災労働者は，昭和37年から昭和50年にかけて約13年間，石綿含有ブレーキライニングなどの製造作業に従事し，その後，肺がんを発症しました。

胸膜プラークと石綿肺所見は認められなかったものの，3,500本／g（乾燥肺重量）の石綿小体が検出されました。

(b) **労災認定の判断**

石綿小体の数は，認定基準の5,000本／g（乾燥肺重量）を下回るものの，

①ブレーキライニングの製造作業に常時従事し，石綿を含有する材料の切断作業などにより，高濃度の石綿ばく露を受けていたと認められること

②石綿小体数を計測した肺組織は石綿小体及び石綿繊維が一般に少ないといわれる腫瘍側近部で採取したものであり，その肺組織において，3,500本／g（乾燥肺重量）検出されていること

以上から，高濃度の石綿ばく露があったと認められ，本件の肺がんは業務上の疾病と認定されました。

(4) **事例3　肺がんで死亡した労働者の医学的資料が既に廃棄されていた**

(a) **概要**

被災労働者は，昭和27年 6 月から昭和45年10月にかけて約18年間，パッキンなどの石綿含有製品の製造作業に従事した。その後，肺がんを発症し，平成 5 年に死亡しました。

病院におけるエックス線写真，CT画像，カルテなどは保存年限が過ぎて廃棄処分されていることから，医学的資料が全くなく，胸膜プラークや石綿肺所見の確認ができませんでした。

第7章◇石綿（アスベスト）による肺がん，中皮腫，じん肺等の労災認定と民事賠償

(b) 労災認定の判断

医学的資料は全く残っていないものの，

①被災労働者は石綿製品を扱った事業場において約18年間石綿含有製品製造作業に従事し，高濃度のばく露を受けていたことが推定されること

②この事業場において，同一時期に同一作業に従事した労働者が石綿による肺がんで労災認定されている事実があること

以上から，石綿ばく露作業の内容や従事期間などを総合的に判断して，当該労働者についても高濃度の石綿ばく露が推認されることから，本件の肺がんは業務上の疾病であり，特別遺族給付金の対象と認定されました。

4 給付内容

(1) 労災保険給付

①労働者又は労災保険の特別加入者は，療養補償給付（自己負担なし），休業補償給付が受けられます。また，②労働者又は労災保険の特別加入者の遺族は，遺族補償給付（年金又は一時金）等が受けられます。

なお，遺族補償給付の請求権は，本人が亡くなった日の翌日から5年で時効により消滅します。

(2) 特別遺族給付金

平成28年3月26日までに石綿による病気で死亡した労働者（特別加入者を含む）の遺族（労災保険の遺族補償給付請求権を5年の時効により失った場合に限ります。）は，特別遺族年金（原則240万円／年）又は，特別遺族一時金（1,200万円）の給付を受けることができます。なお，平成23年8月30日に施行された「石綿による健康被害の救済に関する法律の一部を改正する法律」により，特別遺族給付金の支給対象が拡大されています。ただし，特別遺族給付金の請求期限は，平成34年（令和4年，2022年）3月27日までとなっており，また，支給対象は，平成28年3月26日までに亡くなった労働者の遺族となっています。

(3) 救済給付

①労災保険等の対象とならない石綿健康被害者（石綿を扱う仕事をしていたかどうかは問わない）及び②その遺族も，石綿健康被害救済制度による救済給付を受

304

Q70 ◆石綿（アスベスト）ばく露作業に従事した労働者の労災認定基準

けられる可能性があります（**Q71**も参照）。

　対象疾病は，中皮腫，石綿起因性肺がん，著しい呼吸機能障害を伴う石綿肺，著しい呼吸障害を伴うびまん性胸膜肥厚となっています。

　石綿にさらされる機会として，石綿取扱い工場の近隣に居住していたこと，石綿取扱い工場で働く人の作業着を洗濯していた，労災保険の対象とならない人が石綿を取り扱う仕事をしていた等の場合が挙げられます。

　給付内容としては，①労災保険等の対象とならない石綿健康被害者は，医療費（自己負担分），療養手当，②①の遺族は，本人が申請しないまま亡くなった場合には，特別遺族弔慰金（280万円）などの支給があります。

〔難波　知子〕

━━ ▨注　記▨ ━━

＊1　厚生労働省「アスベスト（石綿）情報」（https://www.mhlw.go.jp/stf/seisakunitsuite/bunya/koyou_roudou/roudoukijun/sekimen/index.html）。

＊2　厚生労働省＝都道府県労働局＝労働基準監督署「石綿による疾病の労災認定」（https://www.mhlw.go.jp/new-info/kobetu/roudou/gyousei/rousai/dl/061013-4_leaflet.pdf）。

第7章◇石綿（アスベスト）による肺がん，中皮腫，じん肺等の労災認定と民事賠償

 石綿による健康被害の救済制度
（石綿による健康被害の救済に関する法律）

労災補償以外での石綿による健康被害の救済制度（石綿による健康被害の救済に関する法律）の概要，これにより救済される者，救済内容について教えてください。

　　長い潜伏期間を経て発症し，原因の特定が非常に難しいという石綿による健康被害の特殊性に鑑み，石綿による健康被害を受けた者及びその遺族で労災補償等の対象にならない者に対して迅速な救済を図ることを目的とした「石綿による健康被害の救済に関する法律」が存在します。これにより，労災保険等の対象とならない石綿健康被害者（石綿を扱う仕事をしていたかどうかは問わない）及びその遺族への救済給付が可能となっています。また，労災補償を受けずに死亡した労働者の遺族に対する救済措置として，特別遺族給付金の支給も行われています。この法律は，平成18年3月27日から施行されていますが，平成23年8月30日からは，特別遺族給付金の請求期限が延長されるとともに，支給対象が拡大され，さらに被害救済を充実させるための改正法が施行されています。

☑キーワード
　石綿による健康被害の救済に関する法律，特別遺族給付金，救済給付，石綿による健康被害の救済に関する法律改正

Q71 ◆石綿による健康被害の救済制度（石綿による健康被害の救済に関する法律）

1 石綿による健康被害の救済に関する法律の概要，改正経緯・改正内容

　石綿による健康被害は，かつてより業務により発症したときは，労災補償等の対象となりましたが，それ以外の被害者を迅速に救済する仕組みが存在しませんでした。

　そこで，平成18年2月3日，従来は消滅時効により救済されなかった遺族，労働者の家族，企業施設近隣住民をも救済対象とした「石綿による健康被害の救済に関する法律」が成立し，同月10日に公布され，平成18年3月27日より施行されています。

　この法律は，石綿による健康被害の特殊性に鑑み，石綿による健康被害を受けた者及びその遺族に対し，医療費等を支給するための措置を講ずることにより，石綿による健康被害の迅速な救済を図ることを目的としています（1条）。

　ここでいう，「特殊性」とは，石綿が，長期間にわたってわが国の経済活動全般に幅広く，かつ，大量に使用されてきた結果，多数の健康被害が発生してきている一方で，石綿に起因する健康被害については，長期にわたる潜伏期間があって因果関係の特定が難しく現状では救済が困難であることを指しています。

　そして，この法律の救済制度は，①労災補償等による救済の対象とならない者を対象とした「救済給付」と，②労災補償を受けずに死亡した労働者の遺族を対象とした「特別遺族給付金」の2本の柱からなっています。

　さらに，平成20年12月1日から，特別遺族給付金の請求期限が延長され，支給対象が拡大する改正法が施行されています。

　また，その後の，平成21年5月1日の改正により，医療費等の支給対象期間の拡大，認定の申請を行うことなく死亡した者の遺族に対する特別遺族弔慰金等の支給，特別遺族弔慰金及び特別遺族給付金の請求期限の延長，特別遺族給付金の支給対象の拡大がなされています（改正法附則1条）。

第 7 章◇石綿（アスベスト）による肺がん，中皮腫，じん肺等の労災認定と民事賠償

さらに，その後，平成23年 8 月30日から，さらに被害者救済を拡充すべく特別遺族給付金の請求期限が平成34年（令和 4 年，2022年） 3 月27日まで延長されるとともに，支給対象が平成28年 3 月26日までに死亡した労働者の遺族にまで拡大される改正法が施行されています。そして，これにより，平成28年 3 月26日までに石綿による病気で死亡した労働者（特別加入者を含む）の遺族で，労災保険の遺族補償給付請求権を 5 年の時効により失った場合の特別遺族給付金の請求期限は平成34年（令和 4 年，2022年） 3 月27日まで延長されました。

また，石綿による健康被害を受けた地域住民や従業員の家族ら労災補償の対象とならない者に対して，医療費や療養手当を支給するために，政府と地方公共団体，事業主が資金を拠出して「石綿健康被害救済基金」を設け，救済の費用にあてています。

このように，医療費や療養手当の支給対象期間の拡大，認定申請を行うことなく死亡した者の遺族に対する特別遺族弔慰金等の支給，特別遺族弔慰金及び特別遺族給付金の請求期限の延長，特別遺族給付金の支給対象の拡大もなされています。

2 給付対象・内容

(1) 特別遺族給付金

平成28年 3 月26日までに石綿による病気で死亡した労働者（特別加入者を含みます）の遺族（労災保険の遺族補償給付請求権を 5 年の時効により失った場合に限ります）は，特別遺族年金（原則240万円／年）又は，特別遺族一時金（1,200万円）の給付を受けることができます。そして，上記のとおり，平成23年 8 月30日に施行された石綿による健康被害の救済に関する法律の改正法により，特別遺族給付金の支給対象が拡大されています。ただし，特別遺族給付金の請求期限は，平成34年（令和 4 年，2022年） 3 月27日まで，支給対象は，平成28年 3 月26日までに亡くなった労働者の遺族となっています。

厚生労働省，環境省によると，給付についての相談先は，労働基準監督署又は都道府県労働局とされています。

308

Q71 ◆石綿による健康被害の救済制度（石綿による健康被害の救済に関する法律）

(2) 救済給付

①労災保険等の対象とならない石綿健康被害者（石綿を扱う仕事をしていたかどうかは問わない）及び②その遺族も，石綿健康被害救済制度による救済給付を受けられる可能性があります。

対象疾病は，中皮腫，石綿起因性肺がん，著しい呼吸機能障害を伴う石綿肺，著しい呼吸障害を伴うびまん性胸膜肥厚となっています。

石綿にさらされる主な機会として，石綿取扱い工場の近隣に居住していた，石綿取扱い工場で働く人の作業着を洗濯していた，労災保険の対象とならない人が石綿を取り扱う仕事をしていた等の場合が挙げられます。

給付内容としては，①労災保険等の対象とならない石綿健康被害者は，医療費（自己負担分），療養手当（約10万円／月），②①の遺族は，本人が申請しないまま亡くなった場合には，特別遺族弔慰金（280万円）等の支給が受けられます。

厚生労働省，環境省によると，給付についての相談先は，独立行政法人環境再生保全機構とされています。

〔難波　知子〕

第 7 章◇石綿（アスベスト）による肺がん，中皮腫，じん肺等の労災認定と民事賠償

 企業に対する損害賠償請求

　石綿による健康被害を受けた場合に，労災補償給付とは別に，使用者であった企業に対する損害賠償請求をすることができるのでしょうか。また，請求ができる場合，請求する際の法的構成や留意点，同様の請求の過去の判例の内容を教えてください。

　　労災補償給付を受けることとは別に，使用者であった企業に対し，損害賠償請求をすることは可能です。
　　企業に対する損害賠償請求としては，当該石綿の危険性を認識しつつ何ら対策を取らずに労働させてきた，そのため，石綿を原因とする疾病を発症し損害が生じた等と主張して，債務不履行に基づく損害賠償請求，不法行為に基づく損害賠償請求をすることが考えられます。ただし，立証責任や，消滅時効には留意する必要があります。
　　裁判例でも，請求を認めているものが多数ありますので以下紹介します。

☑キーワード
　損害賠償請求，安全配慮義務違反，債務不履行，不法行為

Q72 ◆企業に対する損害賠償請求

解 説

1 損害賠償請求の可否

労災補償給付等の公的な給付を受けることとは別に，使用者であった企業に対し，民事上の損害賠償請求をすることは可能です。

企業に対する損害賠償請求としては，石綿の危険性を認識しつつ何ら対策を取らず労働させてきた，それにより疾病を発症し，労働者に損害が生じた等と主張して，安全配慮義務違反等の債務不履行に基づく損害賠償請求，不法行為に基づく損害賠償請求をすることが考えられます。なお，この点についての主張・立証責任は，請求する被災者等の側にあることには留意が必要です。

2 裁 判 例

裁判例においては，かつては，アスベストによる肺がん，中皮腫等への民事賠償問題につき消極的な例もありました(ミサワリゾート事件[1]では，会社には，従業員のマスク等の自宅持ち帰り防止措置を講じる義務はなかったとして，労働者の子どもの被災と業務との因果関係・安全配慮義務が問題となり，これが否定されています)。

しかし，近時は，じん肺に対する監督行政庁の監督権限不行使による損害賠償を認めた判例が続出した影響もあり（筑豊炭田（じん肺・国）事件[2]，北炭（じん肺・国）事件[3]，近時さらに最判平26・10・9[4]という最高裁判決が出されています），企業に対しても同様の責任を含めて積極的な裁判例が増えてきました（関西保温工業ほか1社事件，同控訴事件[5]）。

その他，昭和62年頃までアスベストの被害が認識できなかったとの会社の主張を認めず，じん肺法(昭和35年)，特定化学物質障害予防規則，及び労働安全衛生法(昭和47年)その他関係法令により，会社のアスベスト粉じんばく露の健康，生命への影響について予見可能性が肯定され，法が要求している局所排気装置による排気，保護具の使用，湿潤化等の措置が講じられていないとして安全配慮義

第7章◇石綿（アスベスト）による肺がん，中皮腫，じん肺等の労災認定と民事賠償

務違反を認めた裁判例が存在します(札幌国際観光(石綿曝露)事件☆6)。

　また，昭和35年4月のじん肺法制定以降，粉じん業務に従事させる時点において，アスベスト被害の予見可能性があり，保護具を備え付けず，着用を指示しなかったことは，安全配慮義務違反に当たる，曝露から発症までの潜伏期間等から死亡との間の相当因果関係があるとし，会社に対し慰謝料の支払を命じた裁判例も出現しました（中部電力事件☆7）。

　なお，石綿による健康被害の救済に関する法律には，他の法令による給付との調整や（26条），遺族が会社から損害賠償の支払を受けた場合の調整規定は存在しますが（65条），同法に基づく給付を受けた場合の会社に対する損害賠償請求との関係での調整に関する特別な規定はありません。

　裁判例では，石綿による健康被害の救済に関する法律に基づき取得した特別遺族年金にかかる損益相殺の可能性を認めましたが，当該事案では請求が慰謝料等のため，結果的には，損益相殺はなされなかったものがあります（三井倉庫（石綿曝露）事件☆8）。もっとも，少なくとも，立法論としては，公平の趣旨からも，当該加害企業との間では損益相殺の対象となされる可能性はあるといえるでしょう。

　また，請求する場合は，**Q74**で説明する消滅時効に留意する必要があります。もっとも，石綿が長い潜伏期間を経て発症する等の特性があることから，その点を踏まえて被害者を救済する方向で判断している裁判例は多数出ています。

〔難波　知子〕

■判　例■

☆1　東京地判平16・3・25労経速1893号24頁〔ミサワリゾート事件〕。
☆2　最判平16・4・27労判872号5頁〔筑豊炭田（じん肺・国）事件〕。
☆3　札幌高判平16・12・15労判885号87頁〔北炭（じん肺・国）事件〕。
☆4　最判平26・10・9民集68巻8号799頁。
☆5　東京地判平16・9・16労判882号29頁〔関西保温工業ほか1社事件〕，東京高判平17・4・27労判897号19頁〔同控訴事件〕。
☆6　札幌高判平20・8・29労判972号19頁〔札幌国際観光（石綿曝露）事件〕。
☆7　名古屋地判平21・7・7労経速2051号27頁〔中部電力事件〕。
☆8　神戸地判平21・11・20労判997号27頁〔三井倉庫（石綿曝露）事件〕。

Q73 ◆国に対する損害賠償請求（国家賠償請求）

 国に対する損害賠償請求（国家賠償請求）

　石綿による健康被害を受けた場合に，国に対する損害賠償請求をすることはできるのでしょうか。また，できる場合，請求する際の法的構成や，留意点，また，同様の請求についての過去の判例の内容について教えてください。

　　石綿による健康被害を受けた場合，国に対して，民事の損害賠償請求（国家賠償請求）をすることは可能です。
　　法的構成としては，国が石綿により健康被害の危険を十分に認識しながら，規制や対策を怠ってきたこと等は違法であることを主張して請求することになります。法的構成としては，安全配慮義務違反を理由とする債務不履行に基づく損害賠償請求，不法行為に基づく損害賠償請求としての，国家賠償請求等を行うことになります。立証責任や時効等については，留意する必要があります。
　　また，規制権限不行使による生命身体への侵害行為についての違法性を認めた最高裁判例も存在していますので，請求をする場合はこれに従い請求をすることになり，現在国もこの最高裁判例の存在を前提に対応しています。

☑キーワード
　国家賠償請求，安全配慮義務違反，不法行為，和解，時効

313

第 7 章◇石綿（アスベスト）による肺がん，中皮腫，じん肺等の労災認定と民事賠償

解　説

1　国に対する損害賠償請求（国家賠償請求）

　石綿により健康被害を受けた場合，国に対しても，民事の損害賠償請求をすることが可能です。

　国が石綿により健康被害の危険を認識しながら，規制や対策を怠ってきたこと等を理由に責任追及することになります。法的構成としては，企業に対するものと同様，安全配慮義務違反を理由とする債務不履行に基づく損害賠償請求，不法行為に基づく損害賠償請求としての，国家賠償請求等を主張していくことになります。

　また，企業に請求する場合と同様に，石綿による疾病を発症したこと，国が健康被害の危険を認識しながら安全対策や規制等を怠ったことにより疾病を発症し，損害が生じたこと等を請求する側が主張・立証していく必要があります。また，消滅時効の規定も存在しますので，その点にも留意する必要があります。もっとも，消滅時効については，**Q74**で述べるとおり，長い潜伏期間を経て発症する石綿による健康被害の特性を踏まえ，被害者を救済する方向での検討がなされています。

2　判　　例

　裁判例では，米海軍基地に勤務し石綿（アスベスト）の粉じん対策が不十分だったため胸膜中皮腫に罹患したとして，元日本人従業員（死亡）の遺族である原告らの，雇用主である国に対する損害賠償請求訴訟において，国の安全配慮義務違反を認め，損害賠償請求を一部認容したものがあります（米軍横須賀基地事件[☆1]）。

　また，石炭じん肺訴訟については，国（通商産業省）のじん肺発生防止のための規制権限の不行使が国家賠償法の適用上違法であることが最高裁により確定

314

Q73 ◆国に対する損害賠償請求（国家賠償請求）

しました（筑豊炭田（じん肺・国）事件☆2）。

　さらに，大阪府南部・泉南地域の石綿（アスベスト）工場の元労働者やその遺族等が，石綿による健康被害を被ったのは，国が規制権限を適切に行使しなかったためであるとして，損害賠償を求めた事案では，最高裁も，上記筑豊炭田最高裁判決を踏まえ，石綿被害に関する国の規制権限の不行使の違法性を肯定し，石綿工場で働く労働者の生命・身体を侵害したことに対する国家賠償請求を認めています☆3。この判例では，昭和33年5月26日から昭和46年4月28日までの間，国が規制権限を行使して石綿工場に局所排気装置の設置を義務付けなかったことが，国家賠償法の適用上，違法であると判断されています。

　この最高裁判例により，国による規制権限不行使による生命・身体に対する被害の救済に確固たる流れができました。

　最高裁判決に照らして，国は，石綿（アスベスト）工場の元労働者やその遺族が，国に対して訴訟を提起し，一定の要件を満たすことが確認された場合には，訴訟の中で和解手続を進め，損害賠償金を支払うと述べています*1*2。

　このように，判例は，石綿に関する規制権限不行使による生命身体への侵害行為についての違法性を認め，国家賠償請求を認容し，被害者救済を図っています。

〔難波　知子〕

■判　例■

☆1　横浜地横須賀支判平21・7・6判時2063号75頁〔米軍横須賀基地事件〕。
☆2　最判平16・4・27労判872号5頁〔筑豊炭田（じん肺・国）事件〕。
☆3　最判平26・10・9民集68巻8号799頁。

■注　記■

＊1　経済産業省「石炭じん肺訴訟について」（https://www.meti.go.jp/policy/safety_security/industrial_safety/sangyo/mine/2017_newpage/zinpai.html）。
＊2　厚生労働省「アスベスト（石綿）訴訟の和解手続について」（https://www.mhlw.go.jp/stf/seisakunitsuite/bunya/0000075130.html）。

第7章◇石綿（アスベスト）による肺がん，中皮腫，じん肺等の労災認定と民事賠償

 74 民事上の損害賠償請求の消滅時効・除斥期間の考え方

　石綿による健康被害についての企業や国に対する民事上の損害賠償請求はいつまでできるのでしょうか。退職してから20年以上経っていると一切請求はできなくなってしまうのでしょうか。石綿による健康被害についての損害賠償請求に関する消滅時効や除斥期間の考え方を教えてください。

　民事の損害賠償請求権は，安全配慮義務違反等を根拠とする債務不履行責任で10年（民167条1項），不法行為責任で3年の消滅時効と20年の除斥期間（民724条，国賠4条）により消滅するとされていますが（民法改正により令和2年（2020年）4月1日からは，生命・身体を侵害されたときは，債務不履行構成，不法行為構成のいずれの場合でも，権利を行使することができることを知ったとき（債務不履行）ないし損害及び加害者を知ったとき（不法行為）から5年と，権利を行使することができるとき（債務不履行）ないし不法行為時（不法行為）から20年で時効消滅することとなります。），長い潜伏期間を経て発症する石綿による疾病の損害賠償請求に関しては，裁判所により，具体的妥当性を図ろうと，起算点をできるだけ遅れた時点にする方法も取られており，できる限りの被害者救済が図ることが試みられています。したがって，退職から20年以上経過していても，損害賠償請求が認められる可能性があります。

☑キーワード
　安全配慮義務違反，債務不履行，不法行為，時効

316

Q74 ◆民事上の損害賠償請求の消滅時効・除斥期間の考え方

```
┌─────────────────┐
│     解　説      │
└─────────────────┘
```

1　法律上の時効の規定

　民事上の損害賠償請求権は，安全配慮義務違反等を根拠とする債務不履行責任を追及する場合，権利を行使できるときから10年の消滅時効（民167条１項），不法行為責任を追及する場合，損害及び加害者を知ったときから３年の消滅時効と不法行為のときから20年の除斥期間（民724条，国賠４条。判例で除斥期間と解釈されていました）により消滅します。

　もっとも，2020年４月１日から施行される民法の改正により，生命・身体を侵害された場合の債務不履行に基づく損害賠償請求権の時効は，権利の行使をすることができることを知ったときから５年と，権利を行使することができるときから20年の消滅時効にかかることになります（改正民法167条）。また，この改正により，人の生命又は身体を害する不法行為による損害賠償請求権の消滅時効は５年とされ（改正民法724条の２），さらに上記不法行為のときから20年で権利が消滅するとは，今まで解釈されていた中断のない除斥期間ではなく，消滅時効と明記されることになり，より被害者の保護が図られるようになりました。

　これにより，生命又は身体を侵害された場合の損害賠償請求については，上記のとおり，債務不履行に基づく場合においても，不法行為に基づく場合においても，権利を行使できることを知ったとき（債務不履行）ないし損害及び加害者を知ったとき（不法行為）から５年，権利を行使できるとき（債務不履行）ないし不法行為のとき（不法行為）から20年と一致することになりました。

　もっとも，この改正によっても，民事上の損害賠償請求権に消滅時効という期間制限があることに変わりはありません。

　したがって，この民法改正にかかわらず，20年を経過してから発症することも多い潜伏期間の長い石綿による健康被害についての損害賠償に関しては，具体的妥当性を欠き，被害者救済を図ることができない事態が生じてしまうこと

317

第 7 章◇石綿（アスベスト）による肺がん，中皮腫，じん肺等の労災認定と民事賠償

になります。

2 判　例

　現在に至るまで判例は，消滅時効の起算点をできる限り遅れた時点で認定するなど様々な方法で被害者の救済を試みてきています。

　例えば，起算点を遅らせる例として，じん肺によって死亡した場合の損害については，じん肺が特異な進行性の疾患であること，最初の決定から次の重い決定を受けるまでの間に20年以上経過する例もある等，その進行の有無，程度，速度等も多様であること等を考慮し，もっとも重い決定を受けた時点からとした判例があります[1]。

　また，さらに進めて，雇用者の安全配慮義務違反により罹患したじん肺によって死亡したことを理由とする損害賠償請求の消滅時効は，死亡の時から進行するとした上，じん肺による死亡に基づく損害額の算定において，じん肺法所定の管理区分に相当する病状に基づく損害賠償請求権の消滅時効が完成しているとしても，当該消滅時効に係る損害賠償額の控除を要しないとした判例があります[2]。

　なお，トンネルじん肺東京損害賠償請求事件[3]では，トンネル建設工事において粉じん作業に従事していた労働者がじん肺に罹患したことについて，国の規制権限の不行使に基づく国家賠償法上の責任が肯定されましたが，規制権限不行使によって，じん肺に罹患したこと，これが原因で合併症を併発したことないし死亡したことを理由とする国家賠償法上の損害賠償請求権の消滅時効の起算点につき，被害者において，加害者に対する損害賠償請求が事実上可能な状況の下に，その可能な程度にこれらを知ったときを意味するとされました。

　このほかにも，承認を認定して中断を認めたものや（民147条 3 号・156条。最判昭41・ 4 ・20等[4]），消滅時効の援用を権利濫用として認めないものもあります（債務者が債権者の時効中断措置を妨害し，若しくは妨害する結果となる行為に出た場合や，債権者に時効中断の挙に出ることを期待するのが酷な場合等，債務者が消滅時効を援用するのが社会的に許容された限界を逸脱するものとみられる場合には，債務者による時効援用は

権利濫用に当たり許されないものと解されています。認容例として西松建設株式会社事件☆5。他方，事案によっては，時効援用が権利濫用にも信義違反にも当たらないとしたものがあります（JFEエンジニアリング事件☆6，リゾートソリューション（損害賠償請求）事件☆7）。

　石綿（アスベスト）による中皮腫等は，潜伏期間が20年以上と非常に長く，また，現在に至るまで無防備な状態でアスベスト粉じんに晒されてきた被害者が数多く存在することに鑑みると，今後も新たに石綿（アスベスト）被害が明らかになり，それに関する紛争が発生することが予測されます。労働者の側からみると，退職から20年以上経っていても，その事実のみで請求を諦める必要はありません。他方，会社の側からすると，長い年月が経過し，曝露当時の状況について資料収集等困難な点も多いといえますが，近時の裁判例，判例は，被害者の積極的な救済を図ろうとしていると評価できるので，その点に十分留意し，十分な対策を立て，対応していくことが必要となっています。

〔難波　知子〕

━━ ▨判　例▨ ━━

☆1　最判平6・2・22民集48巻2号441頁〔日鉄鉱業事件〕。
☆2　最判平16・4・27労判872号5頁〔筑豊炭田（じん肺・国）事件〕。
☆3　東京地判平18・7・7判時1940号3頁〔トンネルじん肺東京損害賠償請求事件〕。
☆4　最判昭41・4・20民集20巻4号702頁。
☆5　広島高判平16・7・9判時1865号62頁〔西松建設株式会社事件〕。
☆6　横浜地判平23・4・28労経速2111号3頁〔JFEエンジニアリング事件〕。
☆7　さいたま地判平23・1・21判時2105号75頁〔リゾートソリューション（損害賠償請求）事件〕。

第 8 章

労災保険給付をめぐる紛争調整

Q75 労災保険給付不支給決定処分に対する行政機関への不服申立て

労災保険給付の申請をしたものの，それが認められなかった場合に，行政機関に対してどのように不服を申し立てることができるでしょうか。

労災保険給付に対しては，まず，労働基準監督所長が支給又は不支給の決定をします。これに対して，不服がある場合には，労働者災害補償保険審査官（以下，「労働保険審査官」といいます）に対して審査請求の申立てを行うことになります。労働保険審査官の決定に対しても不服がある場合には，裁判所に対して不服を申し立てる手段もありますが，なお行政機関に対して不服を申し立てることも可能です。行政機関に不服を申し立てる場合には，労働保険審査会に対して再審査請求の申立てをすることになります。

☑キーワード

審査請求，再審査請求，不服申立前置

解 説

1 審査請求

(1) 概　要

労災保険給付は，被災労働者又はその遺族（以下，「被災労働者等」といいます）がその請求を行い（労災保12条の8第2項），労働基準監督所長（以下，「労基署長」

といいます。）が支給又は不支給の決定をします。その決定に不服がある場合には，被災労働者等は，都道府県労働局ごとに置かれている労働保険審査官に対して，審査請求の申立てを行うことになります（労災保38条1項）。

審査請求の手続については，「労働保険審査官及び労働保険審査会法」（以下，「労保審査法」といいます）7条以下が規定しています。

なお，厚生労働省のホームページにおいて，脳・心臓疾患に関する事案の労災補償状況や，精神障害に関する事案の労災補償状況が公表されています（https://www.mhlw.go.jp/stf/newpage_05400.html（令和元年6月28日現在））。

公表されている資料においては，請求件数や支給決定件数，審査請求事案の取消決定等による支給決定状況等が整理されています。

平成30年度の脳・心臓疾患に関する事案の請求件数は877件で，前年度比37件の増となり，4年連続の増加となっています。

平成30年度の精神障害に関する請求は，1,820件であり，前年度比88件の増となり，10年連続の増加となっています。

(2) 手続等

審査請求は，その期間内に審査請求をすることができなかったことに正当な理由がある場合を除き，処分があったことを知った日の翌日から起算して3ヵ月以内に文書又は口頭で行う必要があります（労保審査8条・9条）。

審査請求は，労働保険審査官に直接するのが原則となりますが，審査請求人の住所又は居所を所轄する労基署長又は原処分をした労基署長を経由して申し立てることも可能となっています（労保審査令3条1項）。

2 再審査請求

(1) 概　　要

労働保険審査官に対して行った審査請求に対して審査決定がなされ，その決定についてなお不服がある被災労働者等は，さらに行政機関に対して不服を申立てる場合には，労働保険審査会に対して再審査請求の申立てをすることができます（労災保38条1項）。

再審査請求の手続については，労保審査法38条以下が規定しています。

(2) 手続等

再審査請求は，審査請求と異なり必ず文書で行わなければなりません（労保審査39条）。そして，再審査請求ができる期間は，労働保険審査官の審査決定を受けた日の翌日から起算して2ヵ月以内です（労保審38条1項）。労働保険審査会に直接行うほか，再審査請求人の住所又は居所を所轄する労基署長又は原処分をした労基署長を経由して申し立てることも可能であるほか，決定をした審査官を経由して行うことも可能です（労保審査令23条1項・2項）。

上記のほか，審査請求をした日の翌日から起算して3ヵ月経過しても労働保険審査官による決定がないときは，決定を経ないで労働保険審査会に対して再審査請求の申立てをすることも可能となっています（労災保38条2項）。

なお，労働保険審査会の構成ですが，同会は，両議院の同意を得て，厚生労働大臣が任命した9名（うち3名は非常勤とすることができる）の委員と事業主代表，労働者代表，それぞれ6名の参与で構成されるものとなっています。（労保審査25条以下）。

3 不服申立前置

行政処分に対して不服申立てを行う場合には，行政機関への不服申立てと，裁判所への不服申立てが考えられます。審査請求は行政機関に対する不服申立てであり，取消訴訟は裁判所に対する不服申立てです。

ある行政処分に対して，審査請求と取消訴訟の2つの不服申立手続が認められる場合に，この両者の優先関係をどのようにするかという問題があります。

その処分について，審査請求ができる場合でも直ちに取消訴訟を提起することができるとする立場を自由選択主義といいます。

それに対して，その処分についての審査請求に対する裁決を経なければ処分の取消しの訴えを提起することができないとする立場を不服申立前置主義といいます。

行政事件訴訟法8条1項は，自由選択主義を原則的に採用しながら，例外として，法令に別段の定めがある場合にはこの限りでないとしています。

この点に関し，労働者災害補償保険法は，不服申立前置主義を採用し，再審

査請求を経なければ取消訴訟を提起できないとしていました。その理由は，保険給付に関する処分が大量に行われており行政の統一性を図る必要があること，処分の内容が専門的知識を要するものが多いこと，保険給付に関する審査請求及び再審査請求の審査機構が第三者性を持っていること，行政庁に対する不服申立てを前置する方が簡易・迅速に国民の権利，利益の救済を図るのに有効であること，などというものでした。

　しかし，平成26年の労働者災害補償保険法改正を受けて，労災保険審査官への審査請求手続さえ経れば，労災保険審査会への再審査請求を行わなくとも取消訴訟の提起が可能となりました（労災保40条）。

　もっとも，審査請求に対する決定について，労災保険審査会への再審査請求の手法を取ることもこれまでどおり可能です（労災保38条1項）。再審査請求の段階では，再審査請求の審理のために，審査資料集なる資料が作成され，請求人や労基署長が提出した資料が整理されています。同資料の中には，労働基準監督官が関係者から聞き取りをし，その内容を記載した書面等も含まれていますので，それまでに知ることができなかった事情が明らかになることもあります。

　なお，時効との関係では，審査請求又は再審査請求は，裁判上の請求と同様，時効中断の効力を生じることになります（労災保38条3項）。ただし，審査請求又は再審査請求が却下され又はこれを取り下げた場合には時効中断の効力は生じないことには注意する必要があります（民149条）。

〔中村　仁恒〕

76 労災保険給付不支給決定処分に対する訴訟手続による救済

労災保険不支給決定に対して，訴訟手続によって争う場合の流れを教えてください。

まずは，労災保険審査官への審査請求を行った上で，その結果に対して不服がある場合に，処分をなしたる国を被告として不支給処分取消訴訟を提起することになります。

☑キーワード

不服申立前置，取消訴訟の審理

解説

1 原則的な手順

前述の不服申立前置主義があるために，労災保険審査官への審査請求を行った上で，その結果に不服がある場合に初めて，処分をなした行政庁としての労基署長が所属する国を被告として処分取消訴訟を提起することができます（行訴11条1項1号）。

第8章◇労災保険給付をめぐる紛争調整

2 審査請求に対する決定がなされない場合の例外

　審査請求があった日から3ヵ月を経過しても決定がない場合には，審査請求が棄却されたものとみなすことができます（労災保38条2項）。その場合には，例外的に，審査請求に対する決定を経ずに，取消訴訟を提起することができます。

3 取消訴訟における審理

　取消訴訟に至る段階では，審査請求あるいは再審査請求を経て資料が整理されているため，訴訟においては，主要な資料は早期に提出されます。
　訴訟段階における新たな証拠としては，証人尋問や当事者尋問が重要となってきます。訴訟においては，早期に提出される客観資料を十分検討し，主張・立証の方針を立てることが重要となります。

〔中村　仁恒〕

77　取消訴訟への補助参加

原告である被災労働者等や被告である国だけでなく，補助参加という手続を利用することにより，事業主も取消訴訟に参加できるということですが，補助参加について教えてください。

不支給決定が取消され，労災保険料率のメリット制により，保険料率が引き上げられるおそれのある事業主は，補助参加することにより，取消訴訟に参加することができます。

☑キーワード

補助参加

解　説

1　補助参加の背景

　理論的には，労災認定と，事業主が民事の損害賠償責任を負うか否かは別の問題であり，労災認定と民事の損害賠償責任の認定とは直接の関係がありません。

　しかしながら，労災認定がなされると，事実上は，事業主の民事の損害賠償責任も肯定されやすくなるとも考えられることから，取消訴訟の結果については，事業主も無関心ではいられません。

第8章◇労災保険給付をめぐる紛争調整

そのため，事業主が被告である国を補助するため（以下，「行政協力型」といいます）に，取消訴訟に補助参加できるかが問題となります。

なお，それとは逆に，被災労働者等を補助するために取消訴訟に参加できるかという問題もあります。

2 補助参加の要件

上記の点について，最高裁は，レンゴー事件☆1において，行政協力型について，初めて，一定の要件を満たす事業者について補助参加を認め得るとの判断を示しました。

具体的には，労働保険の保険料の徴収等に関する法律のメリット制（一定規模以上の事業について当該事業の過去3年間の労災保険給付の額に応じて次年度の保険料率を40％の範囲で増減させる制度であり，災害発生防止のインセンティブとして認められた制度（労徴12条3項））により保険料率増額が引き上げられる可能性がある事業主です。

この判断は，取消判決によって，事業主自身の権利関係（労災保険料率）が影響を受けることを捉えて，補助参加を認めたものと考えられています。

これに対して，上記最高裁決定は，取消判決により，民事の損害賠償請求において，事実上不利益な判断が示される可能性があるだけでは補助参加を認められないと判断しています。その理由としては，①本案訴訟における業務起因性についての判断は，判決理由中の判断であること，②不支給決定取消訴訟と安全配慮義務違反に基づく損害賠償請求訴訟とでは，審判の対象及び内容を異にすること，という理由を挙げています。

〔中村　仁恒〕

═══ ■判　例■ ═══

☆1　最決平13・2・22労判806号22頁〔レンゴー事件〕。

第 9 章

公務員の公務災害補償制度と
民事賠償請求

78　地方公務員公務災害補償制度の概要と留意点

　地方公務員が公務災害に遭った際には，どのような補償がなされるのでしょうか。地方公務員の公務災害補償制度の概要また特徴といえる点，そして適用を受ける際の留意点を教えてください。

　地方公務員が公務上の災害（負傷，疾病，障害又は死亡）又は，通勤による災害を受けた場合には，地方公務員災害補償制度により，その災害によって生じた損害は補償され，また，必要な福祉事業が行われ，地方公務員及びその遺族の生活の安定と福祉の向上が図られることになります。

　地方公務員公務災害補償制度の大きな特徴としては，無過失責任主義が取られていること，使用者の支配下にない通勤途上の災害についても補償が行われること，さらに，一部に年金制が採用されていることが挙げられ，加えて，補償を超えた福祉事業も行うこととされ，被災職員及びその遺族の生活の安定と被災職員の社会復帰を促進した制度となっていることが挙げられます。その他，原則として，実損害の補償ではなく，定型的，定率的補償であること，すべての常勤職員を対象とすること，補償を行うのは，任命権者の補償を代行する地方公務員災害補償基金であること等も特徴として挙げられます。

　また，物的，精神的損害が補償の対象外となっていること，請求主義が取られていること，公務との間に相当因果関係が必要であること，及び時効があること等が留意点として挙げられます。

☑キーワード
　地方公務員災害補償法，無過失責任，通勤災害，地方公務員災害補償基金

第９章◇公務員の公務災害補償制度と民事賠償請求

解　説

1　地方公務員災害補償法（以下，「地公災法」といいます）の特徴

　地公災法は，地方公務員が，公務上の災害（負傷，疾病，障害又は死亡）又は通勤による災害を受けた場合に，その職員又は遺族に対して補償を行い，これらの者の生活の安定と福祉の向上に寄与することを目的としています（地公災1条）。地公災法は，常勤の地方公務員に対する公務災害・通勤災害の補償について定めるものですが，民間労働者に対する労働者災害補償保険法，国家公務員に対する国家公務員災害補償法（以下，「国公災法」といいます）に対応するものです。

　かつて，公務災害が発生した際の補償の実施体制は，地方公共団体ごとに細分化されていましたが，統一的で迅速かつ公正な補償の実施を確保するため，職員の災害について，地公災法に基づく，補償義務等を履行する機関として，地方公務員災害補償基金を設立し，同基金が，支部長による公務上外の認定，補償及び福祉事業の実施を行っています。そして，その活動と補償に必要な財源は，地方公共団体の負担金により賄われています。

　地公災制度の特徴としては，以下の点が挙げられます。

①故意・過失を問わず，使用者に無過失責任を課していること

②公務との間に相当因果関係が必要となること

③補償の対象は，身体的損害に限られ，精神的損害である慰謝料等は含まれないこと，また，療養給付や介護給付を除き，予め定められた基準に従い，典型的な内容で補償が行われること，無過失責任主義であることを前提として，療養給付・介護給付を除き，損害の一定割合分を填補すること

④原則として，実損害の補償ではなく，定型的，定率的補償であること

⑤すべての常勤職員を対象とすること

⑥補償を行うのは，任命権者の補償を代行する基金であること

⑦補償を実施する費用は地方公共団体からの負担金によって賄われているも

334

のであること

⑧請求主義がとられていること

以下，詳しく検討していきます。

2 適用対象

　地公災法は，常勤の職員については，一般職であるか特別職であるかを問わ
ず，すべての職員に適用されるほか，一定の常勤的非常勤職員についても適用
されます（地公災2条1号で，地方公務員のうちその勤務形態が常時勤務に服することを
要する地方公務員に準ずる者で，政令で定めるものを含むとされています）。また，再任
用短時間職員も対象とされています。これに対し，非常勤の職員については，
勤務実態が多様であって，災害補償の内容を一律に定めることが困難であるこ
とから，各地方公共団体の条例に委ねることとされています（地公災69条1項）。
その内容は，地公災法や労働者災害補償保険法で定める内容と均衡をとって行
うべきものとされています。

　地方公務員であっても，地公災法の適用を受ける常勤職員，労働者災害補償
保険法の適用を受ける地方公営企業の非常勤職員，地公災法に基づく条例の適
用を受ける地方議員等に分かれています。これに対し，国家公務員に適用され
る国公災法は，一般職に属する公務員に適用されるとされており，一般府省に
勤務する現業非現業の職員・特定独立行政法人の職員，これらに勤務する非常
勤職員など，特別職以外のすべての国家公務員が対象となっています。

3 「災害」とは

⑴　災害とは

　地公災法において，災害とは，負傷，疾病，障害又は死亡をいうとされてい
ます。

⑵　公務災害

　地公災法が対象とする公務上の災害（以下，「公務災害」といいます）と認定さ
れるためには，「公務遂行性」及び「公務起因性」の2つの要件を満たす必要

第9章◇公務員の公務災害補償制度と民事賠償請求

があります。

公務遂行性とは，任命権者の支配下にある状況で災害が発生したことをいい，公務起因性とは，公務と災害の間に相当因果関係があることをいいます。

この点，職務遂行中や，研修中又は健康診断を受診中の被災，あるいは，職務遂行に伴う合理的行為中の被災による負傷等は，「公務遂行性」，「公務起因性」ともに認められ，公務災害といえることは明らかといえます。

例えば，公務運営上の必要により，入居が義務づけられている宿舎において，宿舎の瑕疵により発生した負傷は公務災害となります。また，職務遂行に伴う怨恨によって，第三者から加害され，発生した負傷は公務災害となります。さらに，任命権者が計画，実施したレクリエーションへの参加中に負傷した場合にも，公務遂行性があり，公務災害に当たるとされています。

なお，過労死自殺の判断基準について，地方公務員については，「精神疾患に起因する自殺の公務災害の認定について」（平成11年9月14日地基補173号）や，「公務上の災害の認定基準について」（平成24年3月16日地基補61号）が適用されます。これは，民間の企業に勤める者については，「心理的負荷による精神障害の認定基準について」（平成23年12月26日基発1226第1号）が適用されるところ，基本的な考え方は類似しています。

裁判例としては，うつ病による自殺の公務起因性を肯定した最判平24・2・22，地公災基金愛知県支部長（A市役所職員・うつ病自殺）事件☆1や，東京高判平24・7・19，地公災基金静岡県支部長（磐田市立J小学校）事件☆2などがあります。

(3) 通勤災害

通勤とは，職員が，勤務のため，①住居と勤務場所との間の往復，②一の勤務場所から他の勤務場所への移動その他の総務省令で定める就業の場所から勤務場所への移動，③①の往復に先行し，又は後続する住居間の移動（総務省令で要件が限定されている）を合理的な経路及び方法により行うことをいい，公務の性質を有するものを除くとされています（地公災2条2項）。公務の性質を有する出勤途上で被災した場合は，公務災害に該当することになります。なお，単身赴任先と自宅との往来についても通勤災害と認められています（地公災2条2項3号）。

したがって，その往復の経路を逸脱し，又はその往復を中断した場合には，当該逸脱又は中断の間，及びその後の往復中の災害は，通勤災害にはならないとされています（地公災2条3項本文）。公務の性質を有する出勤途上で被災した場合は，公務災害に該当するとされています。

ただし，当該逸脱又は中断が日常生活上必要な行為であって，総務省令で定めるものをやむを得ない事由により行うための最小限度のものである場合は，当該逸脱又は中断の間に生じた災害を除き，通勤災害となる（同条項ただし書）とされています。

ここに，日常生活上必要な行為であって，総務省令で定めるやむを得ないものとは，日常品の購入や，理髪店に行く場合，学校又は公共職業能力開発施設における職業訓練を受ける場合，病院・診療所等に行く場合，選挙権の行使をする場合等であるとされています。

通勤災害とは，以上の「通勤」に直接起因し，又は相当因果関係をもって発生した負傷，疾病，障害又は死亡をいいます。

例えば，通勤途上で，自動車と衝突して負傷した場合，駅の階段から転落して負傷した場合，電車にはねられて死亡した場合は，通勤災害に当たります。他方，通勤途上で，私的な怨恨によって暴行を受け，負傷した場合は通勤災害とは認められません。

4　補償の内容

(1)　地公災制度における補償

地公災制度における補償には，①療養補償（地公災26条），②休業補償（地公災28条），③傷病補償年金（地公災28条の2），④障害補償（年金，一時金）（地公災29条），⑤介護補償（地公災30条の2），⑥遺族補償（年金，一時金）（地公災31条～41条の2），⑦葬祭補償（地公災42条），⑧障害補償年金差額一時金（地公災附則5条の2），⑨障害補償年金前払一時金（地公災附則5条の3），⑩遺族補償年金前払一時金（地公災附則6条）があります。

(2)　療養補償

療養補償とは，公務上又は通勤により被災した職員に対し，必要な療養を行

第9章◇公務員の公務災害補償制度と民事賠償請求

い（現物給付），又は必要な療養の費用を支給するもの（現金補償）をいうとされています（地公災26条）。療養の範囲は，①診察，②薬剤又は治療材料の支給，③処置，手術その他の治療，④居宅における療養上の管理及びその療養に伴う世話その他の看護，⑤病院又は診療所への入院及びその療養に伴う世話その他の看護，⑥移送をいい，療養上相当であると認められるものをいうとされています（地公災27条）。

(3) 休業補償

職員が公務上負傷し，若しくは疾病にかかり，又は通勤により負傷し，若しくは疾病にかかり療養のため勤務することができない場合において，給与を受けないときは，休業補償として，その勤務することができない期間につき，平均給与額の60％に相当する金額を支給するものとされています（地公災28条）。

この「平均給与額」とは，災害発生の日の属する月の前月の末日から起算して過去3ヵ月間にその職員に対して支払われた給与の総額を，その期間の総日数で除して得た額をいうとされています（地公災2条4項本文）。

(4) 傷病補償年金

職員が公務上負傷し，若しくは疾病にかかり，又は通勤により負傷し，若しくは疾病にかかり，当該負傷又は疾病に係る療養の開始後1年6ヵ月を経過した日において，①当該負傷又は疾病が治っていないこと，かつ，②障害の程度が傷病等級表の第1，2，3級の傷病等級に該当するときに，その状態が続いている期間，その等級に応じて傷病補償年金が支給されます（地公災28条の2）。

(5) 障害補償

職員が公務上負傷し，若しくは疾病にかかり，又は通勤により負傷し，若しくは疾病にかかり，治ったときに障害等級表に定める障害が残った場合，その障害の程度に応じて，第1級から第7級までは，障害補償年金が支給され，第8級から第14級までは障害補償一時金が支給されます（地公災29条）。

(6) 介護補償

傷病補償年金又は障害補償年金を受ける権利を有する者が，当該傷病補償年金又は障害補償年金を支給すべき事由となった障害であって，総務省令で定める程度のものにより，常時又は随時介護を受けている場合に，当該介護を受けている期間，通常要する費用を考慮して，総務大臣が定める金額が介護補償と

して支給されます（地公災30条の2）。

(7) **遺族補償**

職員が公務上死亡し，又は通勤により死亡した場合においては，職員の遺族に対して，遺族補償年金又は，遺族補償一時金が支給されます（地公災31条）。

(8) **葬祭補償**

職員が公務上死亡し，又は通勤により死亡した場合においては，葬祭を行う者に対して，葬祭補償として，通常葬祭に要する費用を考慮して，政令で定める額が支給されます（地公災42条）。

(9) **障害補償年金差額一時金**

当分の間，障害補償年金を受ける権利を有する者が死亡した場合において，既に支給した年金及び前払一時金の額の合計額が一定の額に満たないときには，その遺族に対しその差額が，傷害補償年金差額一時金として支給されます（地公災附則5条の2）。

(10) **障害補償年金前払一時金**

当分の間，障害補償年金を受ける権利を有する者が総務省令で定めるところにより申し出たときは，補償として，障害補償年金前払一時金の支給を受けることができます（地公災附則5条の3）。

(11) **遺族補償年金前払一時金**

当分の間，遺族補償年金を受ける権利を有する遺族が，総務省令で定めるところにより申し出たときは，その者が受けることができる年金の一部を，遺族補償年金前払一時金として支給を受けることができます（地公災附則6条）。

〔難波　知子〕

=■判　例■=

☆1　最判平24・2・22労判1041号97頁〔地公災基金愛知県支部長（A市役所職員・うつ病自殺）事件〕。

☆2　東京高判平24・7・19労判1059号59頁〔地公災基金静岡県支部長（磐田市立J小学校）事件〕。

79 地方公務員公務災害補償の申請手続及び不服申立て方法

地方公務員が公務災害補償を申請する際の手続や時効について教えてください。また，不服がある場合の不服申立て方法も教えてください。

　地方公務員が公務災害に遭った際に，補償を受けるためには，まず，その災害（負傷，疾病，障害又は死亡）が，公務災害又は通勤災害であるという認定を受ける必要があります。

　認定及び補償は，被災職員又はその遺族等の請求に基づいて行われます。また，認定請求の手続は，すべて所属長，任命権者を通じて行われます。そして，地方公務員災害補償基金の各基金の支部長により，認定が行われることになります。支部長は，認定請求についての内容を審査した上，当該災害が公務又は通勤により生じたものか否か速やかに認定し，その結果を書面をもって被災職員等及び任命権者に通知します。

　また，認定請求を行うこと自体に時効はありませんが，補償を受ける権利は２年間行わないときは，時効によって消滅する点に留意する必要があります。なお，障害補償及び遺族補償については，５年間行わないときは，時効によって消滅します。

　不服申立て方法には，支部審査会への審査請求，審査会への再審査請求，裁判所への取消の訴え提起という方法があります。近時地方公務員災害補償法が一部改正されたことに伴い，平成28年４月１日以降は，再審査請求を経ることなく，原処分に対する取消訴訟を提起することができるようになりました。

☑キーワード

　請求，認定，審査請求，再審査請求，取消の訴え，地方公務員災害補償法

Q79 ◆地方公務員公務災害補償の申請手続及び不服申立て方法

解 説

1 申 請 手 続

　地方公務員災害補償法（以下，「地公災法」といいます）に基づく補償は，当該補償を受けるべき職員若しくは遺族又は葬祭を行う者の請求に基づいて行われることになります（地公災25条2項）（請求主義）。ただし，傷病補償年金よる補償は請求を待たずに行われます。

　手続としては，被災職員又はその遺族等は，基金の支部長に対し，任命権者を経由して，その災害が公務，通勤により生じたものであるとの認定請求を行い，これとあわせて傷病補償年金を除く補償の請求を行うことになります（地公災45条）。任命権者は請求内容を点検して，所要の説明を行うとともに，公務災害又は通勤災害の認定請求について意見を付した上で支部長に送付することになります。

　支部長は，認定請求の内容を審査の上，速やかに認定し，その結果を請求者及び任命権者に通知するとともに，公務災害・通勤災害と認定したものについては補償の決定とその通知を行い，補償の支給を行うことになります。

2 消 滅 時 効

　認定請求を行うこと自体に時効はありませんが，補償を受ける権利は2年間行わないときは，時効によって消滅します。なお，障害補償及び遺族補償については，5年間行わないときは，時効によって消滅します（地公災63条）。

　したがって，災害発生から2年以上経過して認定請求をした場合には，公務（通勤）災害と認定されても，認定請求から遡って2年以内の療養補償等に給付対象が制限されます。また，公務（通勤）災害と認定され，療養補償等の請求を行わない場合には，認定の事実を知り得た日の翌日から2年経過すると時効により補償を受ける権利が消滅してしまう点にも留意する必要があります。

3 不服申立て

第9章◇公務員の公務災害補償制度と民事賠償請求

　基金の支部長が行う補償に関する決定に不服がある者は，地方公務員災害補償基金各県支部審査会（以下，「支部審査会」といいます）に対して，審査請求をすることができます（地公災法51条2項）。

　支部審査会は，審査請求を審査のうえ，却下，棄却，全部又は一部取消の裁決を行い，裁決書を審査請求人等に送付します。

　補償に関する決定には，公務外，通勤災害該当，非該当の認定や，療養補償の決定，休業補償の決定，傷病補償年金の決定又は等級決定等があります。審査請求は，支部長の補償に関する決定があったことを知った日の翌日から起算して3ヵ月以内にしなければなりません（行服18条1項本文）。

　そして，支部審査会の裁決について不服がある者は，地方公務員災害補償基金審査会（以下，「審査会」といいます）に対する再審査請求をすることができます（地公災51条2項）。この再審査請求は，支部審査会の裁決があったことを知った日の翌日から1ヵ月以内にしなければなりません（行服62条1項本文）。

　審査会又は支部審査会の裁決によって支部長の決定が取り消された場合，支部長は，裁決の趣旨に従って改めて補償に関する決定をすることになります。

　支部審査会の裁決について不服がある者又は審査会の裁決を経てもなお不服がある者は，行政事件訴訟法の定めるところにより，取消しの訴えを提起することができます。この訴え提起は，支部審査会又は審査会の裁決があったことを知った日の翌日から起算して6ヵ月以内にしなければなりません（行訴14条1項）。この場合，地方公務員災害補償基金を被告として，基金本部又は支部長の所在地を管轄する地方裁判所に訴えを提起することになります。

　これまで，支部長が行った処分（原処分）に対する取消しの訴えは，本部審査会に対する再審査請求をした後でなければできませんでしたが，地公災法が一部改正されたことに伴い，平成28年4月1日以降は，再審査請求を経ることなく，原処分に対する取消訴訟を提起することができるようになりました。

　これにより，審査請求をした日の翌日から起算して3ヵ月を経過しても支部審査会の裁決がない場合には，裁決を待つことなく，裁判所に対して原処分の取消しの訴えを提起することができるようになりました。

〔難波　知子〕

国家公務員公務災害補償制度の概要と留意点

　国家公務員が公務災害に遭った際には，どのような補償がなされるのでしょうか。国家公務員の公務災害補償制度の概要と留意点を教えてください。
　また，地方公務員と異なる点があるのであれば，その点についても教えてください。

　　　国家公務員災害補償制度は，一般職の国家公務員（非常勤職員，行政執行法人の職員等を含みます）が公務上又は通勤による災害（負傷，疾病，障害又は死亡をいいます）を受けた場合に，被災職員，遺族に対し，災害によって生じた損害を補償し，併せて，被災職員の社会復帰の促進，被災職員及び遺族の援護を図るために必要な福祉事業を行う制度です。
　　　地方公務員の場合と同様な特徴及び留意点としては，故意・過失を問わず，使用者に業務起因性と業務遂行性があれば責任を負わせるという無過失責任を課していること，公務との間に相当因果関係が必要となること，補償の対象は，身体的損害に限られ，精神的損害である慰謝料等は含まれないこと，原則として，実損害の補償ではなく，定型的，定率的補償であることが挙げられます。地方公務員と異なる特徴及び留意点としては，すべての一般職の公務員が対象であること，請求主義が取られていないこと等が挙げられます。

　☑キーワード
　　国家公務員災害補償法，一般職の国家公務員，無過失責任，通勤災害

第9章◇公務員の公務災害補償制度と民事賠償請求

解　説

1　国家公務員災害補償法の適用

　国家公務員には国家公務員災害補償法（以下,「国公災法」といいます）が適用
されます。

　国公災法も,国家公務員法2条に規定する一般職に属する職員（未帰還者留守
家族等援護法17条1項に規定する未帰還者である職員を除く）の公務上の災害（負傷,疾
病,障害又は死亡をいう）又は通勤による災害に対する補償を迅速かつ公正に行
い,あわせて公務上の災害又は通勤による災害を受けた職員（以下「被災職員」
といいます）の社会復帰の促進並びに被災職員及びその遺族の援護を図るため
に必要な事業を行い,もって被災職員及びその遺族の生活の安定と福祉の向上
に寄与することを目的として制定された法律です（国公災1条）。

　国公災法は,民間労働者に対する労働者災害補償保険法,地方公務員に対す
る地方公務員災害補償法（以下,「地公災法」といいます）に対応するものであり,
民間労働者,国家公務員,地方公務員について,実際上は同様の補償制度が確
立されています。したがって,地方公務員の場合と同様,故意・過失を問わ
ず,使用者に業務起因性と業務遂行性があれば責任を負わせるという無過失責
任を課していること,公務との間に相当因果関係が必要となること,補償の対
象は,身体的損害に限られ,精神的損害である慰謝料等は含まれないこと,原
則として,実損害の補償ではなく,定型的,定率的補償であること,地方公務
員とは異なり,非常勤職員を含めたすべての一般職の公務員が対象であること
等が特徴として挙げられます。

　なお,地方公務員法45条4項においては,公務災害についての補償に関する
制度は,法律によって定めるものとし,当該制度については,国の制度との間
に均衡を失わないよう十分考慮が払われなければならないとされています。

　そして,国家公務員の場合は,省庁ごとに取扱規定が詳細に定められていま
す。

344

Q80 ◆国家公務員公務災害補償制度の概要と留意点

2 　地公災法との対比

(1) 　適用対象

　国公災法は，前述のとおり，国家公務員法2条に規定される一般職に属する公務員に適用されます（国公災1条）。一般府省に勤務する現業非現業の職員・特定独立行政法人の職員，これらに勤務する非常勤職員など，特別職以外のすべての国家公務員が包含されます。これに対し，地公災法においては，一部の非常勤職員しか法律上は対象となっていません。なお，特別職に属する公務員にも地公災法は適用されています。

(2) 　公務災害

　国公災法において対象となる災害については，地公災法と同様の規定となっています。国公災法でも，負傷，疾病，障害又は死亡を対象としており，物的な損害や，精神的な損害は対象とされていません（国公災1条）。

　また，国公災法の場合にも，公務災害とされるためには，「公務遂行性」及び「公務起因性」の2つの要件を満たすことが必要となります。「公務起因性」に関しては，判例上も，国公災法上の「『職員が公務上死亡した場合』とは，職員が公務に基づく負傷又は疾病に起因して死亡した場合をいい，右負傷又は疾病と公務との間には相当因果関係のあることが必要であり，その負傷又は疾病が原因となって死亡事故が発生した場合でなければならない」と判示しています[1]。加えて，通勤災害も，①住居と勤務場所との間の往復，②一の勤務場所から他の勤務場所への移動その他人事院規則で定める就業の場所から勤務場所への移動，③①の往復に先行し，又は後続する住居間の移動（人事院規則で要件を限定）を合理的な経路及び方法により行うことをいい，公務の性質を有するものを除くとされています（国公災1条の2第1項）。その往復の経路を逸脱し，又は，その往復を中断した場合には，当該逸脱又は中断の間，及びその往復中の災害は通勤災害にはならないとされており，逸脱又は中断が，日常生活上必要な行為であって，人事院規則で定めるものをやむを得ない事由により行うための最小限度のものである場合は，当該逸脱又は中断の間に生じた災害を除き，通勤災害となります（国公災1条の2第2項）。

345

第9章◇公務員の公務災害補償制度と民事賠償請求

(3) 補償の内容

(a) 補償内容

国公災制度における補償も地公災制度の補償と同様，①療養補償（国公災10条・11条），②休業補償（国公災12条・4条），③傷病補償年金（国公災12条の2），④障害補償（年金，一時金）（国公災13条），⑤介護補償（国公災14条の2），⑥遺族補償（年金，一時金）（国公災15条～17条），⑦葬祭補償（国公災18条），⑧障害補償年金差額一時金（国公災附則4項），⑨障害補償年金前払一時金（国公災附則8項），⑩遺族補償年金前払一時金（国公災附則12項～15項）があります。

(b) 療養補償

療養補償とは，公務上又は通勤により被災した職員に対し，必要な療養を行い（現物給付），又は必要な療養の費用を支給するもの（現金補償）をいう（国公災10条）とされています。療養の範囲は，①診察，②薬剤又は治療材料の支給，③処置，手術その他の治療，④居宅における療養上の管理及びその療養に伴う世話その他の看護，⑤病院又は診療所への入院及びその療養に伴う世話その他の看護，⑥移送をいい，療養上相当であると認められるものをいうとされています（国公災11条）。

(c) 休業補償

職員が公務上負傷し，若しくは疾病にかかり，又は通勤により負傷し，若しくは疾病にかかり，療養のため勤務することができない場合において，給与を受けないときは，休業補償として，その勤務することができない期間につき，平均給与額の60％に相当する金額を支給するものとされています（国公災12条）。

この「平均給与額」とは，災害発生の日の属する月の前月の末日から起算して過去3ヵ月間にその職員に対して支払われた給与の総額を，その期間の総日数で除して得た額をいうとされています（国公災4条）。

(d) 傷病補償年金

職員が公務上負傷し，若しくは疾病にかかり，又は通勤により負傷し，若しくは疾病にかかり，当該負傷又は疾病に係る療養の開始後1年6ヵ月を経過した日において，①当該負傷又は疾病が治っていないこと，かつ，②障害の程度が傷病等級表の第1，2，3級の傷病等級に該当するときに，その状態が続いている期間，その等級に応じて傷病補償年金が支給されます（国公災12条の2）。

346

Q80 ◆国家公務員公務災害補償制度の概要と留意点

(e) 障害補償

職員が公務上負傷し，若しくは疾病にかかり，又は通勤により負傷し，若しくは疾病にかかり，治ったときに障害等級表に定める障害が残った場合，その障害の程度に応じて，第1級から第7級までは，障害補償年金が支給され，第8級から第14級までは障害補償一時金が支給されます（国公災13条）。

(f) 介護補償

傷病補償年金又は障害補償年金を受ける権利を有する者が，当該傷病補償年金又は障害補償年金を支給すべき事由となった障害であって，人事院規則で定める程度のものにより，常時又は随時介護を受けている場合に，当該介護を受けている期間，通常要する費用を考慮して，総務大臣が定める金額が介護補償として支給されます（国公災14条の2）。

(g) 遺族補償

職員が公務上死亡し，又は通勤により死亡した場合においては，職員の遺族に対して，遺族補償年金又は遺族補償一時金が支給されます（国公災15条〜17条）。

(h) 葬祭補償

職員が公務上死亡し，又は通勤により死亡した場合においては，葬祭を行う者に対して，葬祭補償として，通常葬祭に要する費用を考慮して，政令で定める額が支給されます（国公災18条）。

(i) 障害補償年金差額一時金

当分の間，障害補償年金を受ける権利を有する者が死亡した場合において，既に支給した年金及び前払一時金の額の合計額が一定の額に満たないときには，その遺族に対しその差額が，障害補償年金差額一時金として支給されます（国公災附則4）。

(j) 障害補償年金前払一時金

当分の間，障害補償年金を受ける権利を有する者が人事院規則で定めるところにより申し出たときは，補償として，障害補償年金前払一時金の支給を受けることができます（国公災附則8）。

(k) 遺族補償年金前払一時金

当分の間，遺族補償年金を受ける権利を有する遺族が，人事院規則で定める

347

第9章◇公務員の公務災害補償制度と民事賠償請求

ところにより申し出たときは，その者が受けることができる年金の一部を，遺族補償年金前払一時金として支給を受けることができます（国公災附則12項～15項）。

〔難波　知子〕

━━━■判　例■━━━

☆1　最判昭51・11・12判時837号34頁。

Q81 国家公務員公務災害補償の手続及び不服申立て方法

国家公務員が公務災害補償を申請する際の手続や時効について教えてください。また，不服がある場合の不服申立て方法を教えてください。

　国家公務員に対する災害補償は，人事院と実施機関たる各府省が補償を実施することになりますが，実施機関は，補償を受けるべき者に対して，その者が国家公務員災害補償法（以下，「国公災法」といいます）によって，権利を有する旨を速やかに通知しなければならないとされています。そして，被災職員等からの請求を待つことなく，国（実施機関）が自ら，公務災害であるかの認定を行い，公務災害と認定した場合は，被災職員等に対して速やかに通知する義務を負うという考え方に基づいて，補償が実施されています。この点で，地方公務員とは手続が異なります。また，補償を受ける権利は，原則2年間（傷病補償年金，障害補償及び遺族補償については，5年間）で時効によって消滅する点に留意が必要です。

　不服申立て方法としては，人事院に対する審査の申立て，また，公務外とされたときには，国家公務員法に基づく法定補償額の支払を求めて直接訴訟を裁判所へ提起することも可能です。

☑キーワード

国家公務員災害補償法，国家公務員法，人事院，時効

349

第9章◇公務員の公務災害補償制度と民事賠償請求

> ## 解 説

1 手 続

　まず，地方公務員災害補償法（以下，「地公災法」といいます）においては，補償を行うのは，任命権者の補償を代行する基金であるのに対し，国公災法においては，人事院と実施機関たる各府省等がその実施の責めに任ずるものとされています（国公災3条）。

　実施機関は，国公災法及び人事院が定める方針，基準，手続，規則及び計画に従って，補償の実施を行わなければならないとされています（国公災3条3項）。そして，実施機関が責務を行った場合等は，人事院はその是正のため必要な指示を行うことができるとされています（国公災3条4項）。

　地方公務員災害補償制度が，地方公務員の場合は，地方公務員災害補償基金の該当する支部の支部長に対して公務上の災害であるとの認定請求をするという手続を踏み，請求主義を取っているのに対し，国家公務員の場合は，少し手続が異なります。

　また，国家公務員の場合，職員が公務災害又は通勤による災害を受けた場合においては，実施機関は，補償を受けるべき者に対して，その者が国公災法によって，権利を有する旨を速やかに通知しなければならないとされています（国公災8条）。そして，被災職員等からの請求を待つことなく，国（実施機関）が自ら，公務災害であるかの認定を行い，公務災害と認定した場合は，被災職員等に対して速やかに通知する義務を負うという考え方に基づいて，補償が実施されています。

2 消滅時効

　補償を受ける権利は，原則2年間（傷病補償年金，障害補償及び遺族補償については，5年間）で時効によって消滅します（国公災28条）。

350

Q81 ◆国家公務員公務災害補償の手続及び不服申立て方法

ただし，補償を受けるべき者が，この期間経過後その補償を請求した場合において，実施機関が補償を受けるべき者に通知をしたこと又は自己の責めに帰すべき事由以外の事由によって通知をすることができなかつたことを立証できない場合には，この限りでないとされています（同条ただし書）。

3 不服申立て

認定に不服がある場合には，被災職員等は，人事院に対して審査の申立てができます。

具体的には，実施機関の行う公務上の災害又は通勤による災害の認定，療養の方法，補償金額の決定その他補償の実施について不服がある者は，人事院規則に定める手続に従い，人事院に対し，審査を申し立てることができるとされています（国公災24条1項）。そして，この申立てがあったときは，人事院は速やかにこれを審査して，判定を行い，これを本人及びその者に係る実施機関に通知しなければならないとされています（国公災24条2項）。人事院は，認定等に誤りがないか調査した上で，誤りがある場合には，認定等の変更を命じることになります。特別職の国家公務員についても，これに準じた不服申立措置が可能です。

ただし，公務上，外の認定は行政処分とは解釈されていないため，時効にかからない限り，審査の申立期間の制限はなく，また公務外とされたときには，国家公務員法に基づく法定補償額の支払を求めて直接訴訟を裁判所へ提起することも可能となっています。この点が，国公災法の大きな特徴といえます。

〔難波　知子〕

第9章◇公務員の公務災害補償制度と民事賠償請求

 公務災害における民事賠償請求事件の対応上の留意点

　公務員が公務災害に遭った場合に，地方公務員災害補償法（以下，「地公災法」といいます），国家公務員災害補償法（以下，「国公災法」といいます）に基づく補償を受けることとは別に，一般の民事の損害賠償請求をすることはできるのでしょうか。
　できるとすれば，その際に留意すべき点を教えてください。

　　公務員の場合でも，公務災害に遭った場合に，地公災法，国公災法における補償を受けることとは別に，民事上の損害賠償請求をすることができます。被災者，遺族等は，当該地方公共団体又は国に対し，安全配慮義務違反を根拠とする債務不履行に基づく損害賠償請求，不法行為に基づく損害賠償請求として国家賠償請求をすることができます。
　　そして，この請求をする場合には，立証責任，消滅時効，調整規定の存在に留意する必要があります。

☑キーワード
　民法，時効，国家賠償，不法行為，安全配慮義務違反

解　説

1　民事上の損害賠償請求

Q82 ◆公務災害における民事賠償請求事件の対応上の留意点

(1) 損害賠償請求

被災公務員及びその遺族（ないし被災公務員の親族）は，一般の民間の労働者が労働災害に遭った場合に労災補償給付を受けることに加え，民事上の損害賠償請求ができることと同様，地公災法，国公災法による補償を受けることに加え，使用者である地方公共団体ないし国に民事上の損害賠償請求をすることができます。

具体的には，地方公共団体ないし国の安全配慮義務違反を根拠とする債務不履行に基づく損害賠償請求，不法行為に基づく損害賠償請求として国家賠償請求をすることができます。

(2) 安全配慮義務違反（債務不履行）に基づく損害賠償請求

判例では，自衛隊員が作業中に同僚自衛隊員の運転する大型自動車に轢かれ即死し，両親に対して，国公災法に基づく補償金が支給されたのですが，その額につき両親に不満があったので，両親が使用者である国に対して自動車損害賠償保障法3条に基づき損害賠償を請求した事案について，国は，公務員に対し，公務遂行のために必要となる施設や器具等の設置管理にあたって，又は，公務員が国あるいは上司の指示の下に遂行する公務の管理にあたって，「公務員の生命及び健康等を危険から保護するよう配慮すべき義務（以下，「安全配慮義務」といいます）を負っているもの」とされ，この義務に国が違反した場合には，公務員に損害賠償請求権が発生することを認めたものがあり（陸上自衛隊八戸車輌整備工場事件[1]），この判例により，安全配慮義務の判例法理が確立され，今日まで，これを基準とした請求がなされています。

この点に関しては，損害賠償請求をする被災者等が，通常の民間の労働者と同様，安全配慮義務違反の内容を特定し，かつ，義務違反に該当する事実を主張・立証する必要があります。また，負傷，疾病又は死亡が労働者の業務従事によって生じたと認めるのが相当であること，すなわち，相当因果関係が存在することを立証する必要があります。

(3) 不法行為に基づく損害賠償請求

また，被災者等は，使用者である当該地方公共団体ないし国に対し，不法行為に基づく損害賠償請求である国家賠償請求（国賠1条1項）の構成をとり，損害賠償請求することも可能です。この場合，職務を行うについて，故意又は過

353

第9章◇公務員の公務災害補償制度と民事賠償請求

失によって違法に損害を受けたことにつき，請求者である被災者等が主張・立証する必要があります。したがって，被災者等は，上記債務不履行責任を追及する場合とほぼ同様の内容の主張・立証を行うことになります。

(4) 消滅時効

安全配慮義務違反を根拠とする債務不履行に基づく損害賠償請求権は，権利を行使できるときから10年の消滅時効にかかります（民166条・167条）。また，国家賠償請求権の時効は民法の規定によるとされている（国賠4条）ため，民法724条に基づき損害及び加害者を知ったときから3年，不法行為のときから20年の消滅時効（20年は判例上は除斥期間と理解されています）にかかることになります。

もっとも，2020年4月1日から施行される民法の改正により，生命身体を侵害された場合の債務不履行に基づく損害賠償請求権の時効は，権利の行使をすることができることを知ったときから5年，権利を行使することができるときから20年の消滅時効にかかることになります（改正民法167条）。また，この改正により，人の生命又は身体を害する不法行為による損害賠償請求権の消滅時効は5年とされ（改正民法724条の2），上記20年は中断のない除斥期間ではなく，消滅時効と明記されることになり，重要な保護法益である生命身体を侵害される被害を受けた被害者の保護が更に図られるようになりました。

これにより，生命又は身体を害された場合の損害賠償請求については，債務不履行に基づく場合においても，不法行為に基づく場合においても，時効期間が一致することになりました。

したがって，民事上の損害賠償請求をする場合には，債務不履行構成を取っても，不法行為構成をとっても，ほぼ同様の内容の事実につき請求者が主張・立証責任を負うこと，また，同一の期間の消滅時効となることになります。請求する被災者等はいずれの認定がなされてもよいように，いずれの法的構成も主張・立証して，手続を進めていくことになることが想定されます。

2 調整の規定の存在

もっとも，これら民事上の損害賠償請求が認められた場合でも，既に補償を

受けている場合は，地公災法，国公災法で支払を受けた限度で，損害賠償額からは控除されることになります。

他方，民事上の損害賠償義務が認められる場合，地公災法，国公災法による給付の限度を超える損害については，国，地方公共団体基金も，民法上の損害賠償責任を免れないことになります。

具体的には，国や地方公共団体災害補償基金が，国家賠償法，民法その他の法律による損害賠償の責めに任ずる場合において，国公災法による補償を行ったときは，同一の事由については，国は，その価額の限度においてその損害賠償の責めを免れることになります（国公災5条1項，地公災58条1項）。この場合において，補償を受けるべき者が，同一の事由につき，国家賠償法，民法その他の法律による損害賠償を受けたときは，国，地方公共団体災害補償基金は，その価額の限度において，補償の義務を免れることになります（国公災5条2項，地公災58条2項）。

また，国，地方公共団体災害補償基金は，補償の原因である災害が第三者の行為によって生じた場合に，補償を行ったときは，その価額の限度において補償を受けた者が第三者に対して有する損害賠償請求権を取得します（国公災6条1項，地公災59条1項）。

さらに，この場合において，補償を受けるべき者が当該第三者から同一の事由につき損害賠償を受けたときは，国，地方公共団体災害補償基金は，その価額の限度において補償の義務を免れるとされています（国公災6条2項，地公災59条2項）。

〔難波　知子〕

━━━ ▧注　記▧ ━━━

☆1　最判昭50・2・25民集29巻2号143頁〔陸上自衛隊八戸車輌整備工場事件〕。

キーワード索引

あ

アスベスト関係の裁判例 ……… **Q42**，**Q43**
安全衛生確保等事業 …………………… **Q34**
安全衛生体制の強化 …… **Q41**，**Q42**，**Q43**
安全配慮義務 ………… **Q 2**，**Q45**，**Q46**，
　　　　　　 Q48，**Q65**，**Q66**，**Q67**，**Q68**
──違反 …… **Q44**，**Q49**，**Q72**，**Q73**，
　　　　　　　　　　　　　 Q74，**Q82**
慰謝料 ……………………………………… **Q50**
石綿による健康被害の救済に関する法律
　………………………………………… **Q71**
石綿による健康被害の救済に関する法律
　改正 …………………………………… **Q71**
石綿ばく露 ………………………………… **Q70**
遺族特別一時金 …………………………… **Q30**
遺族特別支給金 …………………………… **Q30**
遺族特別年金 ……………………………… **Q30**
遺族補償一時金 …………………………… **Q30**
遺族（補償）給付 …… **Q30**，**Q32**，**Q35**
──の時効 ……………………………… **Q38**
──の提出書類 ………………………… **Q36**
遺族補償年金 ……………………………… **Q30**
遺族補償前払一時金 ……………………… **Q30**
一時差止め ………………………………… **Q37**
一部負担金 ………………………………… **Q32**
一般職の国家公務員 ……………………… **Q80**
因果関係 ………………………… **Q47**，**Q67**
打切補償 …………………………………… **Q27**
上積み補償規程 …………………………… **Q56**
上積み補償制度 ………… **Q54**，**Q55**，**Q57**

か

海外派遣者 ………………………………… **Q10**
会合と業務との間の関連性 ……………… **Q20**
介護給付 …………………………………… **Q32**
介護補償給付 ……………………………… **Q29**
──の時効 ……………………………… **Q38**
──の提出書類 ………………………… **Q36**
化学物質製造・提供等 …………………… **Q41**
化学物質等に係る表示及び文書交付制度
　………………………………………… **Q41**
化学物質をめぐる民事賠償 ……………… **Q43**
化学物質をめぐる労災申請 ……………… **Q42**
過失 ………………………………………… **Q 2**
過失相殺 ………… **Q51**，**Q52**，**Q67**，**Q68**
過労自殺 …………………………………… **Q47**
既往症 ……………………………………… **Q52**
危険性又は有害性等のある化学物質等の
　調査 …………………………………… **Q41**
休業損害 …………………………………… **Q50**
休業特別支給金 …………………………… **Q26**
休業（補償）給付 …… **Q26**，**Q32**，**Q35**
──の時効 ……………………………… **Q38**
──の提出書類 ………………………… **Q36**
休憩時間 …………………………………… **Q 9**
救済給付 …………………………………… **Q71**
給付基礎日額 ……………………………… **Q26**
行政責任 …………………………………… **Q 1**
業務起因性 ……… **Q 3**，**Q 6**，**Q 8**，**Q 9**
業務上外認定 ……………………………… **Q 6**
業務上過失致傷 …………………………… **Q 4**

キーワード索引

業務遂行性 ……… **Q 6**，**Q 7**，**Q 9**	出向労働者の労災 …………………… **Q48**
寄与度減額 …………………………… **Q52**	守秘義務条項 ………………………… **Q69**
警察 …………………………………… **Q 4**	障害等級 ……………………………… **Q28**
刑事記録 ……………………………… **Q64**	障害特別一時金 ……………………… **Q28**
刑事責任 ……………………………… **Q 1**	障害特別支給金 ……………………… **Q28**
健康配慮義務 ………………………… **Q46**	障害特別年金 ………………………… **Q28**
検証 …………………………………… **Q62**	障害補償一時金 ……………………… **Q28**
検証物提示命令 ……………………… **Q62**	障害（補償）給付 …… **Q28**，**Q32**，**Q35**
後遺障害遺失利益 …………………… **Q50**	——の時効 ………………………… **Q38**
控除前相殺説 ………………………… **Q51**	——の提出書類 …………………… **Q36**
告発 …………………………………… **Q 4**	障害補償年金 ………………………… **Q28**
国家公務員災害補償法 …… **Q80**，**Q81**	障害補償年金差額一時金 …………… **Q28**
国家公務員法 ………………………… **Q81**	障害補償年金前払一時金 …………… **Q28**
国家賠償 ……………………………… **Q82**	証拠保全 ……………………………… **Q62**
国家賠償請求 ………………………… **Q73**	常時介護 ……………………………… **Q29**
	傷病等級 ……………………………… **Q27**
	傷病特別支給金 ……………………… **Q27**
さ	傷病特別年金 ………………………… **Q27**
	傷病年金 ……………………………… **Q32**
再審査請求 ………… **Q16**，**Q75**，**Q79**	傷病補償年金 ………………………… **Q27**
裁判における行政上の基準の扱い … **Q17**	傷病補償年金の手続 ………………… **Q36**
債務不履行 ………………… **Q72**，**Q74**	消滅時効 ……………………………… **Q68**
産業医 ………………………………… **Q46**	将来の労災保険年金と損害賠償の調整
算定基礎日額 ………………………… **Q34**	……………………………………… **Q53**
支給制限 ……………………………… **Q37**	心因的要因 …………………………… **Q52**
支給調整 ……………………………… **Q69**	神経系統の機能又は精神の障害に関する
時効 ………… **Q73**，**Q74**，**Q81**，**Q82**	障害等級認定基準について（平成15
自招行為 ……………………………… **Q 8**	年 8 月 8 日基発0808002号）…… **Q59**
執行官送達 …………………………… **Q62**	審査請求 …………… **Q16**，**Q75**，**Q79**
疾病 …………………………………… **Q70**	人事院 ………………………………… **Q81**
指定病院等 …………………………… **Q25**	心理的負荷による精神障害の認定基準に
私的怨恨 ……………………………… **Q 8**	ついて（平成23年12月26日基発1226
私的行為 ……………………………… **Q 9**	第 1 号）………………… **Q12**，**Q13**
死亡遺失利益 ………………………… **Q50**	随時介護 ……………………………… **Q29**
社外行事の際の事故 ………………… **Q 7**	請求 …………………………………… **Q79**
社会的責任 …………………………… **Q 1**	精算条項 ……………………………… **Q69**
社会復帰促進事業 …………………… **Q34**	精神疾患 ……………………………… **Q47**
社会復帰促進等事業 ……… **Q24**，**Q34**	積極損害 …………………… **Q49**，**Q50**
出向先 ………………………………… **Q65**	

358

キーワード索引

素因減額 ················· **Q67**，**Q68**
送検 ································· **Q 4**
葬祭給付 ····················· **Q32**
葬祭料 ······················· **Q31**
　──の時効 ················· **Q38**
　──の提出書類 ··········· **Q36**
葬祭を行う者 ··············· **Q31**
相当因果関係 ··············· **Q 6**
損益相殺
　······ **Q39**，**Q40**，**Q51**，**Q56**，**Q68**
損害賠償 ············· **Q39**，**Q40**
損害賠償請求 ········· **Q44**，**Q72**

た

退職金 ······················· **Q57**
他人の故意に基づく暴行 ··· **Q 8**
団体生命保険 ··············· **Q57**
団体生命保険契約 ··········· **Q56**
地方公務員災害補償基金 ··· **Q78**
地方公務員災害補償法 ······· **Q78**，**Q79**
中小事業主 ················· **Q10**
弔慰金 ······················· **Q57**
調査嘱託 ····················· **Q64**
調査復命書 ················· **Q66**
調整規定 ····················· **Q53**
調停 ························· **Q61**
通勤経路の逸脱 ············· **Q19**
通勤災害 ············· **Q18**，**Q78**，**Q80**
通勤災害制度 ··············· **Q 5**
通勤による負傷（相当因果関係）···· **Q21**
通勤の中断 ················· **Q19**
電通事件 ····················· **Q52**
東北地方太平洋沖地震と労災保険Q＆A
　··························· **Q23**
東北地方太平洋沖地震に係る業務上外の
　判断等について ··········· **Q23**
特定作業従事者 ············· **Q10**

特定保健指導 ··············· **Q33**
特別遺族給付金 ············· **Q71**
特別遺族支給金 ············· **Q70**
特別加入制度 ········· **Q 5**，**Q10**
特別支給金 ··········· **Q34**，**Q53**
　──の時効 ················· **Q38**
取消訴訟 ····················· **Q16**
　──の審理 ················· **Q76**
取消の訴え ················· **Q79**

な

二次健康診断 ··············· **Q33**
二次健康診断等給付 ········· **Q33**
　──の時効 ················· **Q38**
　──の提出書類 ··········· **Q36**
24条終了 ··················· **Q61**
２段階の因果関係 ··········· **Q14**
認定 ························· **Q79**
脳血管疾患及び虚血性心疾患等（負傷に
　起因するものを除く。）の認定基準
　について（平成13年12月12日基発
　1063号）··················· **Q15**

は

派遣先 ······················· **Q65**
被災労働者等援護事業 ······· **Q34**
一人親方 ····················· **Q10**
副業と通勤災害 ············· **Q22**
不服申立前置 ········· **Q75**，**Q76**
不法行為
　······ **Q44**，**Q72**，**Q73**，**Q74**，**Q82**
不法行為責任 ··············· **Q49**
文書送付嘱託 ··············· **Q64**
文書提出命令 ··············· **Q63**
補助参加 ····················· **Q77**

キーワード索引

ま

民事上の損害賠償責任 ………………… **Q49**

民事損害賠償 …………………………… **Q55**

民事調停手続 …………………………… **Q60**

民法 ……………………………………… **Q82**

民法536条2項 ………………………… **Q2**

無過失責任 …………………… **Q78，Q80**

元請企業 ………………………………… **Q48**

元請事業者 ……………………………… **Q65**

元請・下請間の責任割合 ……………… **Q48**

や

役員に対する損害賠償請求 …………… **Q65**

有害物質を利用する作業現場での安全配
慮義務 ……………………… **Q42，Q43**

ら

療養の給付 ……………………………… **Q25**

療養の費用の支給 ……………………… **Q25**

療養（補償）給付 …… **Q25，Q32，Q35**

　　──の時効 …………………………… **Q38**

　　──の提出書類 …………………… **Q36**

労基署 …………………………………… **Q4**

労災 ……………………………………… **Q70**

労災記録 ………………………………… **Q64**

労災保険 ………………………………… **Q54**

労災保険給付 … **Q24，Q39，Q40，Q70**

　　──と損害賠償の調整 …………… **Q53**

労災保険制度 …………………………… **Q3**

労災保険の目的 ………………………… **Q24**

労災保険料 ……………………………… **Q5**

労災補償責任 ………………… **Q1，Q3**

労災民事賠償責任 …………… **Q1，Q2**

労働安全衛生規則 ……………………… **Q46**

労働安全衛生法
………………… **Q4，Q45，Q46，Q66**

労働基準監督署（労基署） …………… **Q4**

労働基準法施行規則別表第1の2 … **Q11**

労働基準法上の業務上補償の担保 … **Q5**

労働契約法5条 ………………………… **Q45**

労働現場の変化 ………………………… **Q41**

労働者災害補償保険法施行規則14条
………………………………………… **Q58**

労働者災害補償保険法施行規則別表第一
………………………………………… **Q58**

労働者災害補償保険法15条 ………… **Q58**

労働者災害補償保険法別表第一及び第二
………………………………………… **Q58**

労働審判 ………………………………… **Q61**

労働審判委員会 ………………………… **Q61**

わ

和解 …………………………… **Q69，Q73**

判例索引

■最高裁判所

最判昭41・4・20民集20巻4号702頁 ··· **Q74**

最判昭45・3・26民集24巻3号165頁 ··· **Q64**

最判昭49・9・2民集28巻6号1135頁〔倉敷労基署長事件〕 ·············· **Q6**，**Q8**

最判昭50・2・25民集29巻2号143頁・労判222号13頁〔陸上自衛隊八戸車両整備工場事
件〕·· **Q44**，**Q45**，**Q48**，**Q65**，**Q67**，**Q82**

最判昭50・10・24民集29巻9号1417頁〔ルンバール事件〕 ··························· **Q47**

最判昭51・11・12判時837号34頁 ·· **Q80**

最判昭52・10・25民集31巻6号836頁〔三共自動車事件〕 ················· **Q53**，**Q69**

最判昭55・12・18民集34巻7号888頁〔鹿島建設・大石塗装事件〕
·· **Q48**，**Q50**，**Q51**，**Q65**

最判昭56・2・16民集35巻1号56頁〔航空自衛隊芦屋分遣隊事件〕 ········· **Q1**，**Q44**

最判昭58・4・19民集37巻3号321頁 ··· **Q68**

最判昭59・4・10民集38巻6号557頁・労判429号12頁〔川義事件〕
·························· **Q1**，**Q44**，**Q45**，**Q66**，**Q68**

最判昭59・5・29労判431号52頁〔十和田労基署長事件〕 ························· **Q6**

最判昭62・7・10労判507号6頁〔青木鉛鉄事件〕 ························· **Q49**，**Q50**

最判平元・4・11民集43巻4号209頁・労判546号16頁〔高田建設事件〕 ······· **Q51**，**Q68**

最判平元・4・27民集43巻4号278頁〔三共自動車事件〕 ························· **Q1**

最判平3・4・11労判590号14頁〔三菱重工神戸造船所事件〕 ············ **Q48**，**Q65**

最判平3・10・25民集45巻7号1173頁・判時1405号29頁〔大塚鉄工・武内運送事件〕
··· **Q48**

最判平4・6・25民集46巻4号400頁 ··· **Q68**

最判平5・3・24民集47巻4号3039頁 ··· **Q53**

最判平6・2・22民集48巻2号441頁〔日鉄鉱業事件〕 ··························· **Q74**

最判平8・1・23労判687号16頁〔町田高校事件〕 ································· **Q6**

最判平8・2・23民集50巻2号249頁〔コック食品事件〕 ··············· **Q53**，**Q68**，**Q69**

最判平8・10・29民集50巻9号2474頁 ··· **Q68**

最判平9・1・23労判716号6頁〔姫路労基署長（井口重機）事件〕 ··············· **Q10**

最判平9・11・28労判727号14頁〔横浜市立保育園事件〕 ························· **Q47**

361

判例索引

最判平12・3・24民集54巻3号1155頁・労判779号13頁〔電通事件〕
.... **Q45**，**Q46**，**Q52**，**Q67**，**Q68**

最決平13・2・22労判806号22頁〔レンゴー事件〕............................ **Q77**

最判平16・4・27労判872号5頁〔筑豊炭田（じん肺・国）事件〕......... **Q72**，**Q73**，**Q74**

最判平16・12・20集民215号987頁.. **Q51**

最決平17・10・14民集59巻8号2265頁...................................... **Q63**

最判平18・3・1民集60巻2号587頁.. **Q5**

最判平18・4・11労判915号51頁.. **Q56**

最判平20・1・24労判953号5頁〔神奈川都市交通事件〕.................. **Q3**

最判平20・3・27集民227号585頁・労判958号5頁〔NTT東日本北海道支店上告事件〕
.... **Q52**，**Q68**

最判平22・9・13民集64巻6号1626頁.. **Q51**

最判平22・10・15集民235号65頁.. **Q51**

最判平24・2・22労判1041号97頁〔地公災基金愛知県支部長（A市役所職員・うつ病自
殺）事件〕.. **Q78**

最判平24・2・24集民240号111頁.. **Q50**

最判平24・2・24民集66巻3号1185頁〔国・広島中央労基署長（竹藤工業）事件〕..... **Q10**

最決平25・12・19労判1102号5頁.. **Q63**

最判平26・3・24労判1094号22頁〔東芝（うつ病・解雇）事件〕......... **Q52**，**Q67**

最判平26・10・9民集68巻8号799頁.. **Q72**，**Q73**

最判平27・3・4民集69巻2号178頁〔フォーカスシステムズ事件〕...... **Q51**

最判平27・6・8労判1118号18頁〔学校法人専修大学事件〕............... **Q5**

最判平28・7・8労判1145号6頁〔行橋労基署長事件〕..................... **Q7**

■高等裁判所

広島高判昭49・3・27訟務月報20巻7号95頁〔呉労基署長事件〕............... **Q8**

名古屋高金沢支判昭58・9・21労働関係民事裁判例集34巻5〜6号809頁〔福井労基署長
事件〕.. **Q7**

東京高判昭60・3・25労判451号23頁〔浜松労基署長（雪島鉄工所）事件〕...... **Q8**

東京高判昭63・7・19民集45巻7号1205頁〔大塚鉄工・武内運送事件〕......... **Q48**

札幌高判平元・5・8労判541号27頁〔札幌労基署長（札幌市農業センター）事件〕... **Q19**

福岡高判平5・4・28労判648号82頁〔大分労基署長（大分放送）事件〕......... **Q6**

福岡高判平6・6・30判タ875号130頁〔佐伯労基署長（けい肺・自殺）事件〕...... **Q14**

東京高判平9・9・26労判724号13頁〔電通事件〕........................... **Q52**

名古屋高判平11・5・31労判764号20頁〔秋田運輸控訴事件〕............... **Q56**

東京高判平11・7・28労判770号58頁〔システム・コンサルタント控訴事件〕..... **Q47**

大阪高判平12・6・28労判798号7頁〔大阪南労基署長（オウム通勤災害）事件〕..... **Q21**

名古屋高判平14・4・24労判829号38頁〔住友軽金属工業事件高裁判決〕……………**Q56**

東京高判平14・7・23労判852号73頁〔三洋電機サービス事件〕…………………**Q52**

大阪高判平15・2・21金融・商事判例1166号2頁……………………………………**Q56**

広島高判平16・7・9判時1865号62頁〔西松建設株式会社事件〕…………………**Q74**

札幌高判平16・12・15労判885号87頁〔北炭（じん肺・国）事件〕………………**Q72**

東京高判平17・4・27労判897号19頁〔関西保温工業ほか1社控訴事件〕………**Q43, Q72**

札幌高判平18・7・20労判922号5頁〔NTT東日本北海道支店事件〕…………**Q46, Q52**

大阪高判平18・11・24労判931号51頁〔JR西日本尼崎電車区事件〕………………**Q47**

大阪高判平19・1・24労判952号77頁〔ミヤショウプロダクツ（損害賠償請求）控訴事件〕
……………………………………………………………………………………**Q43**

福岡高判平19・10・25労判955号59頁〔山田製作所（うつ病自殺）事件〕………**Q47, Q67**

大阪高判平19・11・30労判958号89頁………………………………………………**Q63**

福岡高判平20・8・25労経速2017号3頁〔海上自衛隊（賠償請求等控訴）事件〕……**Q47**

札幌高判平20・8・29労判972号19頁〔札幌国際観光（石綿曝露）事件〕………**Q43, Q72**

東京高判平20・10・22労経速2023号7頁〔立正佼成会事件〕……………………**Q47**

札幌高判平21・1・30労判976号5頁〔NTT東日本北海道支店事件差戻審〕……**Q52**

福岡高判平21・2・9判時2048号118頁〔三菱重工業（損害賠償請求控訴，同附帯控訴）
事件〕………………………………………………………………………………**Q43**

高松高判平21・4・23労判990号134頁・労経速2044号3頁〔前田道路控訴事件〕……**Q47**

東京高判平21・7・28労判990号50頁…………………………………………………**Q65**

東京高判平22・10・13労経速2087号28頁〔ユニプラ事件〕………………………**Q2**

東京高判平23・2・23労判1022号5頁〔東芝深谷工場事件〕……………………**Q1**

大阪高判平23・5・25労判1033号24頁………………………………………………**Q65**

東京高判平24・7・19労判1059号59頁〔地公災基金静岡県支部長（磐田市立J小学校）事
件〕…………………………………………………………………………………**Q78**

東京高判平24・10・18労判1065号24頁〔慶應義塾大学（化学物質過敏症）事件〕……**Q43**

大阪高判平24・12・13労判1072号55頁〔アイフル（旧ライフ）事件〕…………**Q1**

大阪高判平24・12・25労判1079号98頁〔尼崎労基署長（園田競馬場）事件〕………**Q8**

大阪高決平25・6・19労判1077号5頁………………………………………………**Q63**

東京高判平25・7・10労判1076号93頁等）〔学校法人専修大学事件〕………………**Q1**

大阪高判平26・7・17労判1108号13頁〔日本政策金融公庫（うつ病・自殺）事件〕……**Q2**

広島高判平26・9・24労判1114号76頁〔三菱重工下関造船所事件〕………………**Q48**

東京高判平27・8・26労判1122号5頁〔神奈川SR経営労務センターほか事件〕……**Q69**

高松高判平27・10・30労判1133号47頁〔四国化工機ほか1社事件〕………………**Q2**

名古屋高判平29・3・16労判1162号28頁〔国・半田労基署長（医療法人B会D病院）事件〕
……………………………………………………………………………………**Q17**

名古屋高判平29・11・30労判1175号26頁〔加野青果事件〕………………………**Q47, Q67**

判例索引

■地方裁判所

熊本地判昭46・8・23判時649号87頁〔熊本営林局事件〕················· **Q 9**

前橋地判昭50・6・24労判230号26頁〔高崎労基署長事件〕··············· **Q 7**

大阪地判昭55・2・18労判338号57頁〔大阪府立中宮病院松心園事件〕····· **Q46**

東京地判昭57・7・14労判393号8頁〔亀戸労基署長事件〕··············· **Q 8**

佐賀地判昭57・11・5労判397号4頁〔佐賀労基署長（ブリヂストンタイヤ）事件〕··· **Q 9**

東京地判昭57・12・24労判403号68頁〔新聞輸送事件〕··················· **Q 1**

京都地判昭58・10・14労判426号64頁〔日本陶料事件〕··················· **Q46**

札幌地判平2・1・29労判560号54頁〔北海道知事（第八八宝来丸）事件〕··· **Q 8**

東京地判平3・3・22労判586号19頁〔空港グランド・サービス・日航事件〕··· **Q46**

神戸地姫路支判平7・7・31労判688号59頁〔石川島興業事件〕··········· **Q46**

東京地判平8・3・28労判692号13頁〔電通事件〕························· **Q52**

青森地弘前支判平8・4・26労判703号65頁〔東映視覚事件〕············· **Q56**

京都地判平9・9・10労判729号70頁〔地公災基金京都市支部長（京都市バス）事件〕

··· **Q 8**

大阪地判平9・10・29労判728号72頁〔岸和田労基署長事件〕············· **Q14**

岡山地倉敷支判平10・2・23労判733号13頁〔川崎製鉄事件〕············· **Q67**

札幌地判平10・7・16労判744号29頁〔協成建設工業ほか事件〕······ **Q47, Q48, Q67**

名古屋地判平10・9・16労判747号26頁〔秋田運輸事件〕················· **Q56**

東京地判平11・2・26労経速1695号22頁〔成和化成事件〕··············· **Q56**

東京地判平11・8・9労判767号22頁〔立川労基署長事件〕··············· **Q 7**

大阪地判平12・8・9判時1732号152頁··································· **Q 4**

東京地八王子支判平12・11・9労判805号95頁〔富国生命保険事件〕······· **Q46**

名古屋地判平13・2・5労判808号62頁〔住友軽金属工業（団体定期保険第1）事件〕

··· **Q56**

名古屋地判平13・3・6労判808号30頁〔住友軽金属工業（団体定期保険第2）事件〕

··· **Q56**

岐阜地判平13・11・1労判818号17頁〔多治見労基署長事件〕············· **Q 7**

大阪地判平13・11・9労判821号45頁〔アジア航測事件〕················· **Q 1**

和歌山地判平14・2・19労判826号67頁〔みくまの農協事件〕············· **Q52**

大阪地堺支判平15・4・4労判854号64頁〔南大阪マイホームサービス事件〕··· **Q52**

新潟地判平15・7・25労判858号170頁〔新潟労基署長（中野建設工業）事件〕··· **Q 8**

大阪地判平16・3・22労判883号58頁〔喜楽鉱業株式会社事件〕··········· **Q43**

東京地判平16・3・25労経速1893号24頁〔ミサワリゾート事件〕··········· **Q72**

東京地判平16・9・16労判882号29頁〔関西保温工業ほか1社事件〕···· **Q43, Q72**

神戸地尼崎支決平17・1・5労判902号166頁····························· **Q63**

東京地八王子支判平17・3・16労判893号65頁〔ジャムコ立川工場事件〕····· **Q43**

東京地判平17・3・31労判894号21頁〔アテスト（ニコン熊谷製作所）事件〕………… **Q47**

長崎地佐世保支判平17・6・27労経速2017号32頁〔海上自衛隊事件〕………… **Q47**

大分地判平17・9・8判時1935号158頁 …………………………………………… **Q56**

名古屋地判平18・1・18労判918号65頁〔富士電機E&C事件〕………………… **Q46**

大阪地判平18・5・15労判952号81頁〔ミヤショウプロダクツ事件〕……………… **Q43**

東京地判平18・7・7判時1940号3頁〔トンネルじん肺東京損害賠償請求事件〕…… **Q74**

東京地八王子支判平18・10・30労判934号46頁〔みずほトラストシステムズ（うつ病自
殺）事件〕……………………………………………………………………………… **Q47**

名古屋地判平19・1・24労判939号61頁〔ボーダフォン（ジェイフォン）事件〕…… **Q47**

東京地判平19・3・28労判943号28頁〔国・中央労基署長（通勤災害）事件〕…… **Q20**

大阪地判平19・6・6労判952号64頁〔国・中央労基署長（興国鋼線索）事件〕…… **Q48**

福岡地判平19・10・24労判956号44頁 …………………………………………… **Q68**

東京地判平20・2・13判時2004号110頁・労判955号13頁〔テクノアシスト相模（大和製
罐）事件〕………………………………………………………… **Q48, Q66**

東京地判平20・4・17判時2008号78頁〔東京労働局長ほか事件〕………………… **Q5**

東京地判平20・4・22労判965号5頁〔東芝深谷工場事件（原審）〕………………… **Q1**

大阪地判平20・5・26労判973号76頁〔富士通四国システムズ（FTSE）事件〕…… **Q47**

松山地判平20・7・1労判968号37頁・労経速2013号3頁〔前田道路事件〕……… **Q47**

神戸地尼崎支判平20・7・29労判976号74頁〔名神タクシーほか事件〕…………… **Q52**

東京地判平20・9・30労判977号59頁〔ヤマトロジスティクス事件〕……………… **Q47**

名古屋地判平20・10・30労判978号16頁・労経速2024号3頁〔トヨタ自動車ほか事件〕
………………………………………………………………………………………… **Q47**

東京地判平20・11・13労判981号137頁〔岩瀬プレス工業事件〕………………… **Q66**

東京地判平20・12・8労判981号76頁・労経速2033号20頁〔JFEスチールほか事件〕
……………………………………………………… **Q47, Q48, Q65**

東京地判平21・1・16労判981号51頁〔中央労基署長（日立製作所・通勤災害）事件〕
………………………………………………………………………………………… **Q20**

東京地判平21・2・16判時2051号150頁〔損害賠償請求事件〕…………………… **Q43**

横浜地横須賀支判平21・7・6判時2063号75頁・労経速2051号3頁〔米軍横須賀基地事
件〕……………………………………………………………………… **Q43, Q73**

名古屋地判平21・7・7労経速2051号27頁〔中部電力事件〕…………………… **Q43, Q72**

福井地判平21・9・9労判990号15頁〔国・大野労基署長（じん肺・自殺）事件〕…… **Q14**

千葉地木更津支判平21・11・10労判999号35頁〔川島コーポレーション事件〕…… **Q46**

神戸地判平21・11・20労判997号27頁〔三井倉庫（石綿曝露）事件〕…………… **Q43, Q72**

長崎地判平22・4・13労経速2071号27頁〔三菱重工業ほか事件〕………………… **Q66**

大阪地判平22・4・21労判1016号59頁〔渡辺工業事件〕…………………………… **Q43**

奈良地判平22・8・27判タ1341号210頁 …………………………………………… **Q56**

さいたま地判平23・1・21判時2105号75頁〔リゾートソリューション（損害賠償請求）事

判例索引

件〕 ……………………………………………………………………………………… **Q74**

高松地判平23・1・31労判1028号67頁〔三好労基署長事件〕 ……………………… **Q10**

横浜地判平23・4・28労経速2111号3頁〔JFEエンジニアリング事件〕 ………… **Q74**

東京地判平23・11・10労判1042号43頁〔国・三田労基署長（ヘキストジャパン）事件〕

………………………………………………………………………………………… **Q6**

東京地判平24・7・20労判1058号84頁〔国・品川労基署長（後藤塗料商会）事件〕 …… **Q10**

東京地判平25・11・27労経速2200号3頁〔新宿労働基準監督署長事件〕 …………… **Q41**

東京地判平26・1・16労経速2206号8頁〔国・王子労基署長事件〕 ……………… **Q42**

東京地判平26・3・26労判1095号5頁〔医療法人社団明芳会（R病院）事件〕………… **Q2**

東京地判平26・4・24労経速2215号17頁〔横浜西労基署長事件〕 ………………… **Q41**

熊本地判平26・10・17労判1108号5号〔肥後銀行事件〕 …………………………… **Q56**

盛岡地判平26・10・17労判1112号61頁〔地公災基金岩手県支部長（県職員）事件〕 …… **Q42**

福岡地判平26・12・25労判1111号5頁〔環境施設ほか事件〕 ……………………… **Q48**

東京地判平27・1・21労経速2241号3頁〔品川労基署長事件〕 ……………… **Q6，Q7**

甲府地判平27・7・14判時2280号131頁〔Y農業協同組合事件〕 ………………… **Q56**

名古屋地判平27・11・18労判1133号16頁〔国・岐阜労基署長（アピコ関連会社）事件〕

………………………………………………………………………………………… **Q17**

東京地判平28・3・16労判1141号37頁 ………………………………………………… **Q65**

前橋地高崎支判平28・5・19労判1141号5頁〔ヤマダ電機事件〕 …………… **Q2，Q67**

東京地判平29・2・24労判1191号84頁〔テクノマセマティカル事件〕 ………………… **Q2**

大阪地判平30・3・1判タ1452号155頁 ……………………………………………… **Q68**

〔編者紹介〕

ロア・ユナイテッド法律事務所
（編集代表　岩出　誠）

労災の法律相談　　　　　　　　　　最新青林法律相談28

　2019年11月18日　初版第1刷印刷
　2019年12月3日　　初版第1刷発行

　　　　　　　　　　Ⓒ編　者　ロア・ユナイテッド
　　　　　　　　　　　　　　　　法律事務所
　┌─────┐　　　　　　（編集代表　岩出　誠）
　│廃　　検│
　│　　　　│　　　発行者　逸　見　慎　一
　│止　　印│
　└─────┘

発行所　東京都文京区　株式　青　林　書　院
　　　　本郷6丁目4の7　会社
　　　振替口座　00110-9-16920／電話03(3815)5897〜8／郵便番号113-0033

印刷・藤原印刷㈱／落丁・乱丁本はお取り替え致します。
Printed in Japan　　ISBN978-4-417-01781-3

JCOPY〈出版者著作権管理機構　委託出版物〉
本書(誌)の無断複製は著作権法上での例外を除き禁じられてい
ます。複製される場合は，そのつど事前に，出版者著作権管理
機構（電話 03-5244-5088，FAX 03-5244-5089，e-mail；info@
jcopy.or.jp）の許諾を得てください。